KB061576

완벽한 여행이
아니어도
괜찮아

혼자 자전거로 누빈 유럽 /

초판 1쇄 인쇄일 2016년 9월 21일
초판 1쇄 발행일 2016년 9월 27일

지은이 왕해나
펴낸이 양옥매
디자인 남다희
교 정 조준경

펴낸곳 도서출판 책과나무
출판등록 제2012-000376
주소 서울특별시 마포구 방울내로 79 이노빌딩 302호
대표전화 02.372.1537 팩스 02.372.1538
이메일 booknamu2007@naver.com
홈페이지 www.booknamu.com
ISBN 979-11-5776-258-3(03920)

이 도서의 국립중앙도서관 출판시도서목록(CIP)은 서지정보유통지원 시스템
홈페이지(http://seoji.nl.go.kr)와 국가자료공동목록시스템
(http://www.nl.go.kr/kolisnet)에서 이용하실 수 있습니다.
(CIP제어번호 : CIP2016022239)

* 저작권법에 의해 보호를 받는 저작물이므로 저자와 출판사의 동의 없이 내용의 일부를
  인용하거나 발췌하는 것을 금합니다.
* 파손된 책은 구입처에서 교환해 드립니다.

혼자 자전거로 누빈 유럽

'뚜르 드 프랑스' 크리스 프룸을 보고 결심한 자전거 여행
혼자 누빈 유럽, 그리고 그곳에서 만난 친구들의 이야기

왕해나 지음

책낭구

훌륭한 여행가는 일정에 묶이지 아니하며
목적지에 끌려가지 아니한다

노자

프롤로그

더 이상 여행을
미룰 수 없었다

21살, 뒤늦게 들어간 대학을 다닌 지 1학기 만에 학교를 자퇴하고 그해 9월 유럽으로 배낭여행을 떠났다. 그리고 그다음 해, 자전거 전국일주를 계획했다. 이걸 해내면 내가 이 험난한 세상을 살아가면서 해내지 못할 일이 없겠다는 자신감을 얻고 싶어서 결심한 여행이었다. 한참 살인사건도 많이 보도된 때라 막상 여행을 하자니 겁이 많이 났다. 과연 내가 이 여행을 해낼 수 있을까 하는 두려움에 출발 예정일은 점점 늦춰졌고, 뒤늦게 출발한 전국일주는 첫날이 고비였지 둘째 날부터는 흥미로웠다.

물론 여행이 끝날 때까지 국도를 달리는 그 두려움은 벗어내지 못했다. 늘 '미친놈이 차를 세워 날 납치해 가진 않을까?', '재수 없게 음주운전 차량에 치이면 어떡하지?' 하는 두려움에 어깨엔 항상 힘이 들어간 채 긴 머리카락을 항상 감췄고, 터널에 들어가기 전에는 매번 심호흡을 해야 했다. 국도에서 빠른 속도로 옆을 지나가는 차에 자전거가 크게 흔들릴 때마다 몸에 땀이 쫙 나는 그 느낌은 지금 생각해도 너무 싫다.

  그리고 길 위에서 만난 사람들, 나의 첫 대한민국 청춘 여행에 멋진 추억을 만들어 주셨던 대한민국 각 지역의 부모님들. 그 재밌고 따듯한 이야기를 대한민국에 꼭 내고 놓고 싶었다. 아직 대한민국은 살 만하다며 말이다. 그러나 달리는 필력과 요즘 이런 정보는 인터넷에 널렸다는 출판사들의 말에 전국일주 이야기는 책 한 권을 썼다 포기해야 했다. 미련하지만 1년 동안 잡고 있었던 그 책을 포기해야 했을 때는 단숨에 모든 글들을 지웠던 것과는 달리 마음속엔 항상 그러지 못한 것에 대한 한이 남아 있었다.

  31일 간 2,000㎞를 넘게 달리며 만난 사람들, 그들을 통해 배운 인생, 시행착오를 겪으며 얻은 교훈 등 전국 일주는 내게 너무 감사하고 값진 여행이었다. 그러나 그렇게 많은 펑크로 인해 자전거는 여행이 끝나자마자 팔아 버릴 만큼 내게 좋은 친구로는 남지 못했다.

  그리고 2013년 겨울. 자전거 수입사에서 일하시는 친척 아저씨의 영향으로 로드자전거를 찾아보던 중, 우연히 프랑스 자전거 대회인 '뚜르 드 프랑스(Le Tour de France)' 경기 영상을 보게 됐다. 영상의 주요 인물은 이탈리아 전설, 마르코 판타니(Marco Pantani)와 유명 팀의 크리스 프룸(Chris Froom). 스포츠를 좋아해 평소에 올림픽 영상을 찾아보곤 하는데, 그러던 중 본 런던 올림픽 우승자 마리안느 보스(Marianne Vos)의 스프린터는 사이클 매력에 정점을 찍었다.

순간일 줄 알았던 크리스 프룸을 향한 사랑이 점점 커지면서, 직접 뚜르 드 프랑스 대회를 보고 싶다는 막연한 생각으로 발전했다. 그가 자전거를 탈 때 옆에서 그를 쫓아가며 응원하고 싶었다. 그뿐이었다. 하지만 그것 때문에 갈 수 있는 유럽이 아니기에 저번 배낭여행 때와는 달리, 자전거를 이용해 교통비를 절약하고 웜샤워(Warm showers)를 이용해 숙박비를 아끼는 여행을 생각하게 되었다.

하지만 무릎 상태가 좋지 않은 게 문제였다. 병원, 한의원에서는 자전거를 절대 타지 말라고 했지만, 무릎 때문에 젊을 때 할 수 있는 무리한 여행을 포기할 순 없었다. 가서 기차를 타고 다니더라도 대회에서 그(크리스 프룸)가 달린 구간을 나도 직접 자전거로 오르고 싶었다. 더불어, 국경을 제 발로 넘는 로망도.

이 단순한 생각이 이 여행의 시발점이 되었다.

2016년 9월
왕해나

목차

PART 3

누군가와 함께 여행한다는 건

PART 6

오늘도 페달을 밟습니다

1
PART

아, 집에 가고 싶어!

여긴 한국이 아니야

내게 영국 히드로 공항은 조금 특별한 곳이다. 2년 전 혼자 유럽 배낭여행을 했을 때의 일이다. 기대로 부푼 나의 마음을 쪼그라들게 만든 사건이 있었으니, 그건 바로 입국심사였다. 숙박할 곳이 없다는 이유로 소지품 검사를 받아야 했고, 설상가상으로 공항에 짐이 오지 않아 몇 시간 동안 공항에 갇혀 있어야 했다. 그땐 정말 영국에 도착하자마자 여행이 끝나는 줄 알았다.

그러나 이번만큼은 다르다. 직원의 눈빛에 심장이 쫄깃해지는 순간이 몇 번 있었지만 다행히도 통과됐고, 짐도 제때 도착했다. 막상 짐을 모아 놓고 보니 짐이 어마했다. 일단 공항에서 나가려는데, 어제 공항에서 만난 두 여동생이 날 알아봤다. 그중 한 동생이 걱정스런 눈빛으로 내게 물었다.

"언니, 짐이 이렇게 많아요? 언니 혼자 다 들고 갈 수 있겠어요? 어디로 갈 거예요?"

내가 걱정하던 것들이 동생 눈에도 보였나 보다. 일단 같이 지하철을 타기로 했다. 짐과 자전거가 각각 18kg, 10kg이 넘었다. 착한 동생들이 먼저 도와주겠다고 손을 내밀었다. 만일 동생들이 도와주겠다고 하지 않았더라면, 아마 난 오늘 지옥을 맛봤을 것이다. 이 짐들을 바라보고 있노라니, 걱정이 태산이었다. 정말 만만치 않은 여행이 될 게 눈에 훤했다. 자전거 상자를 지하철 안에 들여놓는 데도 땀 한 봉지를 흘렸던 것 같다.

저번 여행 때 보지 못한 근위병 교대식을 내일 꼭 보겠다며 그린파크(Green park) 역에서 내렸다. 도와주겠다며 동생들도 따라 내렸다. 역은 많은 사람으로 붐비는 가운데, 에스컬레이터는 밑도 끝도 없이 길었다. 연속으로 참 난감했다.

에스컬레이터 앞에서 난감해하는 날 본 한 흑인 언니가 선뜻 도와주었다. 언니가 먼저 에스컬레이터에 올라 앞쪽에서 상자를 잡아 줬다. 유난히 커 보이는 상자가 조금은 위태로워 보였다. 흑인 언니가 바로 밑에 서 있는 사람의 표정을 봤는지 한마디 했다.

"옆에 손잡이 꽉 잡아."

미소를 띠고 있던 나도 살고 싶어 손잡이를 꽉 잡았다. 괜히 옆으로 걸어 올라가는 사람이 바빠 보이지가 않았다.

모아 보니 짐이 생각보다 상당했다.

끝까지 도와준 동생들(안해미, 권영은).

개찰구 앞까지 왔다. 동생들과 헤어지려는데, 이번에는 표가 말썽이다. 흑인 직원이 자신의 표를 이용해 문을 열어 줬다. 막상 한 손에는 페니어를, 한 손에는 박스를 끌고 가려니 막막했다. 내 표정을 봤는지, 직원이 또다시 문을 열어 주며 동생 보고 날 도와주랬다. 아, 정녕 이곳은 천사들이 가득한 천국이었다.

동생들과 헤어지고 나니 이제 시작이라는 생각이 절로 들었다. 동양 사람은 좀처럼 보기 힘들었고 모두 다 눈 크고 코 큰 서양 사람들뿐이었다. 자전거 여행을 왔으니, 이제 자전거 조립을 해야 했다. 하필 사람 많은 곳에 내려 시선이 많았지만 신경 쓰지 않기로 했다. 마침 옆에 큰 쓰레기통도 있겠다, 슬슬 시작해 볼까?

집 근처에 있는 자전거가게(마바이크) 사장님한테서 배운 대로 하나씩 끼워 나갔다. 손잡이, 바퀴, 안장, 페달…… 마무리로 페니어까지 장착 완료! 잠시 공원에서 빵을 먹다 와이파이를 이용하기 위해 스타벅스 쪽으로 끌고 올라왔다. 생각보다 짐이 무거웠다. 사실, 자전거에 짐을 달아 본 적은 처음이었다. 짐이 얼마나 무거우면 자전거가 이렇게 떨까? 뭔가 잘못된 느낌이 들었지만, 원인을 알 길이 없었다.

스타벅스에 앉아 늦게나마 웜샤워 메일을 보냈다. 그러나 1시간을 기다려도 답장 하나 오질 않았다. 일단 다른 공원 옆에 있는 호스텔 위치를 적어 가게에서 나왔다. 그런데 이 자전거, 참 심하게 떤다. 추워? 아니면, 유럽이 무서워?

자전거를 타기에도 불안해 지나가는 사람에게 앞바퀴 볼트를 다시 조여 달라고도 했지만 상태는 여전했다. 결국 길을 묻고 물어 자전거 가게를 찾아갔다. 'H2 BIKE RUN'. 이곳에는 자전거 정비와 보관이 가능하고, 헬스장 시설까지 모두 갖추고 있다. 자전거 정비사가 일하는 시간은 끝났지만, 여직원이 정비사를 불러 준 덕에 자전거를 진정시킬 수 있었다.

문제는 손잡이였다. 알고 보니 내가 손잡이를 꽉 끼어 넣지 않아 유격이 생겨 흔들리는 것이었다. 게다가 타이어엔 바람도 없었다. 난 나름대로 공기압 80(Psi)까지는 넣었다고 생각했는데, 겨우 30만큼이 들어가 있었다고 한다. 유럽은 공기를 넣는 것까지도 돈을 받는다 하여 얼마나 받을까 걱정했는데, 다행히 그는 손사래를 쳤다. 필요하기도 하고 고맙기도 해서 튼튼한 자물쇠 하나를 사서 나왔다.

호스텔을 찾아가는 길, 우리나라와는 반대인 영국 차선에 굉장히 혼란스러웠다. 나도 모르게 버스를 이겨먹으려 하기도 하고, 좌회전을 할 때면 빙 돌아 반대 차선으로 들어가려고도 했다. 적응하려면 시간이 꽤 걸릴 것 같았다.

아직 핸드폰 GPS를 사용할 줄 모르기에 사람들에게 주소를 보여주며 겨우 호스텔에 도착했다. 그러나 방이 없다고 했다. 주인은 위쪽으로 올라가면 호스텔이 하나 더 있다며 올라가 보라고 했다. 호스텔 앞에는 세 명의 한국 사람이 나와 있었다. 반가움도 잠시, 자전거를 맡기고 방이 있는지 확인하러 들어갔다. 여기도 방 하나 남아 있지 않은 상태였다. 건물에서 나오자, 이들 중 한 언니가 이곳에서 묵기를 만류했다.

"여기 뜨거운 물도 안 나와요. 전 내일 아래에 있는 호스텔로 옮길 거예요."

찬물이 문제가 아니라 하자, 예약이 취소되는 걸 기다려 보라고 하셨다. 호스텔에 다시 들어가 20분 후에 다시 와 보라는 소릴 들었지만, 다시 갔을 때 역시 여전히 남은 방은 없었다.

권주영 언니와 함께 가격이 싼 호텔이라도 찾아보기로 했다. 그런데 확실히 성수기라 그런지 모두 낭패였다. 한 호텔은 1시간 후에 와 보라고 했지만 가격이 너무 비싸 포기해야 했다.

다시 호스텔로 돌아오자, 언니가 또다시 침대에서 같이 자도 괜찮다고 했다. 아까는 오랫동안 여행하시는 것 같아 보여 잠자리를 방해하고 싶지 않은 마음에 죄송해서 자연스레 넘겼지만, 이번에 다시 권했을 때에는 차마 거절하지 못했다. 나도 잠을 자긴 자야 하지 않겠는가! 이미 시간은 자정을 향해 가고 있었고, 배도 고픈데다 감당이 안 될 정도로 춥기까지 했다. 이제 누울 수만 있다면 감사할 뿐이었다.

그런데 자전거를 묶고 막상 들어가려 하자 덜컥 겁이 났다. '걸리면 어떡하지? 뛰어 들어가는 게 좋을까? 아님 자연스럽게 걸어 들어가는 게 좋을까?'

언니는 아주 당당하게 리셉션 앞을 걸어갔다. 입장은 다르지만 나도 덩달아 당당해졌다. 조금은 빠르게, 하지만 자연스럽게 리셉션을 지났다. 언니가 있는 방에 짐을 놓고 한 술 더 떠 식당으로 내려왔다. 언니는 공짜로 잘 수 있게 도와주신데다 라면에 소시지도 요리해 주셨다.

방으로 올라와 언니가 한 가지 팁을 알려 줬다.

"새벽 5시쯤에 일하러 나가는 사람이 있는데, 그때 그 사람 침대에서 자."

두 명이 한 침대에 누웠다. 좁았다. 언니한테 죄송해 최대한 벽에 붙었다. 볼이 벽에 붙자 한기가 느껴졌다. 잠이 올 리 없었다. 잠에 금방 든다는 언니도 불편해서 잠에 못 드시나 걱정하는 순간, 거친 숨소리가 들리기 시작했다. 소리에 민감한지라 숨소리를 듣고 있는 것도 괴로웠다. 언니의 숨소리가 듣기 싫어 장난삼아 언니의 숨소리를 따라 숨을 쉬다가, 나도 모르는 사이에 잠이 들었다.

새벽 세 시부터 여섯 시까지 한 시간 간격으로 계속 잠에서 깼다. 깰 때마다 피곤한 건 없었지만, 잠에서 깬 김에 언니나 나나 편하게 자자며 주변 침대를 둘러봤다. 마침 옆 침대가 비어 있었다. 침대 주인이 다시 와서 자면 어떡하나 걱정이 되긴 했지만, 그 걱정도 잠시였다. 부지런히 사는 침대 주인에게 감사해하며 누웠다. '언니랑 같

은 침대 맞아?' 가운데에 누워서 그런지 굉장히 푹신했다. 꼴에 침대
가 참 좋았다. 행복했다. 하지만 여전히 옆에 내가 누워 있는 줄 알
고 침대 한쪽에서 쭈그려 자는 언니 모습에 마음이 편치 않았다.

 지출

지하철(5.7)＋자물쇠(4.99) ＝ 10.69 파운드

떠나려는 당신에게

옥스퍼드 서커스(Oxford circus) 역 근처 자전거 샵 & 폴스미스

H2 Bike Run   사진 출처 : H2 홈페이지

자전거 샵 : H2 Bike Run
주소 : Dufours Place, London, W1F 7SP
전화번호 : 020 7 099 1444
월 ~ 금 : 06:00 - 21:30 / 토 : 09:30 - 13:30 / 일 : Closed

자물쇠 등 자전거 용품도 구입 가능하나, 자전거 정비사는 저녁 7시도 안 돼 퇴근한
다. 운 좋게도 여직원이 미케닉을 불러 줘 정비를 받을 수 있었다.

Paul Smith soho   사진 출처 : 홈페이지

Paul Smith soho
주소 : Paul Smith Soho, 46 Beak Street, London W1F 9RJ
전화번호 : +44 20 7287 9998
월~수, 금~토 : 11:00-19:00 / 목 : 11:00-20:00 / 일 : 12:00-17:00

걷다 우연히 본 상점 안에는 피나렐로 자전거와 자전거 선수가 그려진 그림이 전시
되어 있었다. 나중에 사진을 다시 보니 폴 스미스(Paul Smith) 매장이었다.

폴 스미스(Paul Smith)

11살 때부터 사이클링을 시작해 자전거 선수가 되길 꿈꿔 왔으나 17살에 큰 부상을
당하면서 그 꿈을 포기해야 했다. 그 후 그는 동네에서 예술과 패턴을 공부하는 친구
들을 만나 패션에 관심을 갖기 시작했고, 그의 아내를 만나면서 본격적으로 패션의 길
을 걸었다고 한다. 자전거 의류, 헬멧 등 그가 디자인한 작품이 많다.

2

옥스퍼드 찾아 삼만 리

어떻게 자긴 잤다. 늦게 잔데다가 자주 깼는데도 아침에 개운했다.
호스텔 조식도 언니 덕에 공짜로 먹을 수 있었다. 뜨거운 물이 안 나
와 샤워하지 못한 언니는 사람들이 많지 않은 시간을 이용해 환불도
받아 냈다. 짐 정리도 마쳤고, 이제 직원한테 걸리지 않게 무사히 빠
져나가는 일만 남았다. 언니는 내 페니어를 들고 나가겠다며 아는 척
은 하지 말라고 당부했다.

　언니 말대로 곧장 나와 자전거가 있는 곳으로 직행했다. 언니를 기
다리며 자전거 자물쇠를 푸는데, 호스텔 앞에 있던 한 여자가 천천히
내게 다가왔다. 경찰인지 아니면 직원인지 알 수 없었다.

너 : 이거 당신 자전거야?
나 : (쫄지 마! 표정 관리 잘해!) 응.
너 : 자전거를 이렇게 묶어 놓고 가면 어떡해?

　응? 난 옆에 자전거가 묶여 있기에 나란히 묶어 놓았던 것뿐인데?
자물쇠를 풀고 자전거가 있던 부분을 만지자 문이 그대로 열렸다.
"끼이익."
　언니랑 아래에 있는 호스텔로 내려왔다. 할머니, 할아버지들 천지

였다. 혹시 근처에 노인정이 있는 건 아닌지, 나도 모르게 주위를 둘러볼 정도였다. 배터리 때문에 오랫동안 부모님과 연락하지 못한 나는 언니한테 메신저 하나만 대신 보내줄 것을 부탁했다. 짧은 시간 동안 신세만 진 것 같아 헤어질 시간이 다가오자 아쉬웠다.

기분이 참 좋았다. 생각보다 피곤하지도 않고 언니가 준 긴팔 덕분에 춥지도 않았다. 문제가 있다면, 옥스퍼드에 가는 방법을 모른다는 것이다. 아니, 길 찾아가는 방법을 모른다. 그래서 전국 일주를 할 때 쓰던 방법을 쓰기로 했다. 일단 'Oxford'라고 써져 있는 표지판이 보일 때까지 옥스퍼드 방향으로 가기로 한 것이다.

사실, 전국 일주를 할 때도 이번과 마찬가지로 아무 준비 없이 시작했었다. 첫째 날엔 수원에서 오산 가는 방법도 몰랐다. 그저 네이버 지도 앱이 안내해 주는 대로 갈 뿐이었다. 그런데 어느 순간부터 표지판이 보이기 시작했고, 그 후론 우리나라 한 바퀴를 도는 것은 문제가 되지 않았다. 그땐 길 여행을 해 본 적이 없었기 때문에 모든 게 첫 경험이었고 신기하기만 했다. 모든 걸 완벽하게 알고 시작하는 여행과는 달리, 알아가는 재미가 있었다. 그런데 여긴 영국이다. 전국 일주를 해 봤기 때문에 어느 정도 요령이 있을 거라는 생각은 오만이었다.

길을 물어 'Oxford'라고 쓰여 있는 표지판이 보이는 곳까지 어떻게 오긴 왔다. 국도는 우리나라와 별반 다를 게 없어 보였다. 화살표를 따라 고가도로와 이어지는 길을 따라 올라갔는데, 뭔가 조금 이상했다. 차 속도가 굉장히 빨랐다. 핸드폰 지도로 봤을 땐 국도인데, 느낌으로 봤을 땐 영락없는 고속도로였다. 여행을 시작한 지 하루 만에 죽긴 싫었던 나는 터덜터덜 되돌아 내려왔다.

　옥스퍼드로 가는 길을 물을 때마다 모두 날 미쳤다는 표정으로 쳐다보질 않나, 서로 다른 길을 알려 주질 않나, 참 어려웠다. 핸드폰까지 말썽이었다. 죽은 핸드폰은 말이 없다. 마트에서 지도를 사려 했지만 파는 곳을 찾기란 쉽지 않았다. 'Underground(지하철)'라는 간판만 눈에 들어올 뿐이었다. 지하철 노선도가 실제 지리를 바탕으로 되어 있다고 알고 있던 나는 노선도 종이를 한 장 가져다 지도 밖에 있는 옥스퍼드가 있는 방향으로 향했다.

　하루를 일찍 시작하길 정말 잘한 것 같다. 지도 없이, 핸드폰 없이 길 찾아가는 것이 이렇게 힘들 줄은 몰랐다. 그래도 열심히 길을 묻고 다녀서 점심시간 땐 옥스퍼드로 이어진 국도까지 올 수 있었다.

　우선 불쌍한 배를 달래러 맥도날드에 들렀다. 맥도날드가 제공하는 몇 가지 때문인 것도 있었다. 화장실, 콘센트, 와이파이, 비교적 저렴한 햄버거. 콜라도 같이 주문하며 리필이 가능한지 물었다. 그러자 아시아계 여직원은 "리필은 버거킹에서만 돼."라며 콜라를 가득 채워 줬다. 그런데 어째 콘센트 하나 보이질 않았다. 길 찾아가는 건 그렇다 치고, 한국에서 걱정하실 부모님이 마음에 걸렸다. 주영 언니가 내 부탁을 들어주셨을 거라 믿는 수밖에!

　뿌듯했다. 드디어 옥스퍼드까지 나를 데려다 줄 국도 앞까지 왔다니! 역시 선진국이다. 국도 옆에 내 안전을 위한 인도도 있었다. 그렇

혼자 자전거로 누빈 유럽
완벽한 여행이 아니어도 랜찮아

26

게 얼마나 갔을까. 내가 너무 비장했나? 갑자기 길이 '뚝' 끊겼다. 한 남자가 반대편에서 육교를 통해 건너오기에 길을 물으려 기다렸다. 그런데 자전거를 탄 그는 이어폰을 꽂고 있어, 결국 말조차 걸지 못했다.

청년이 간 길을 따라 나가자, 사람이 탄 차가 앞쪽에 대기하고 있었다. 그들에게 길을 묻자 남자는 자길 따라오라고 했다. 그런데 아저씨는 백미러를 안 보나 보다. 차는 자꾸만 멀어져 갔고, 난 뒤에서 죽어라 쫓아갔다. 도로 끝에서 다시 만난 아저씨는 이 길을 따라 쭉 가면 된다고 했다. 날 똥개 훈련시킨 이 남자를 난 못 믿겠는지, 길을 건너 젊은 사람에게 또다시 길을 물었다. 그는 열변을 토해 냈다. "이 길은 진짜 위험해. 저쪽으로 가." 그 후로 몇 번을 더 헛고생한지 모르겠다.

환장하겠다. 주저하다 지나가는 두 여경찰에게 길을 물었다. 이번엔 왠지 확실한 답을 얻을 수 있을 것 같았다. 그러나 예상외의 대답만 돌아왔다. 경찰1이 지도도 없냐, 계획은 어떻게 되냐, 이게 얼마나 위험한지 아냐, 얼마나 먼지 아냐 등등 내 대답이 끝나면 곧장 다른 질문으로 계속 이어 갔다. 어이쿠, 숨어 있던 영국 엄마 납셨다. 내 대답을 들을 때마다 그녀는 자꾸 예수님을 찾았다.

"Jejus Christ."

위험한 상황에서 어디다 전화해야 되는지 아냐는 질문에 핸드폰 배터리가 없다고 했다. 그녀는 무전을 치더니 충전하러 가자며 어딘가로 나를 데려갔다. 경찰은 상황을 심각하게 받아들이고 있었다. 정작 길 잃은 당사자는 뒤에서 따라가며 싱글벙글거렸다.

도착한 곳은 'Harrow-on-the-hill' 역. 경찰2가 밖에서 내 자전거를 지켰고, 경찰1이 날 사무실로 데리고 들어갔다. 그녀는 내 여권을 복사하더니 영사관에 전화했다. 그리고 영사관 직원과 통화를 시켜줬다. 난 무슨 말을 해야 될지 몰라 이 상황을 설명했다. 설명이 끝나고, 난 경찰의 말대로 전화를 끊지 않고 수화기를 넘겼다. 한참 후 전화를 끊은 경찰은 다른 직원에게 영사관 직원과 한 대화를 전달했다. 영사관 직원이 나한테도 했던 말이었다.

　"이건 이 사람의 결정에 의한 여행이라고 하네요." 그녀는 내 위험한 여행에 더 이상 관여할 수 없다는 것을 알고 조언을 해 주기 시작했다. "지하철 타고 에일즈베리에 내려서 거기서부터 옥스퍼드로 가."

　그녀는 에일즈베리에서 옥스퍼드로 가는 길이 설명된 구글지도를 프린트해 줬고, 핸드폰 충전과 표 사는 것까지 모두 도와줬다. 그리곤 자신은 다시 일하러 가야 된다며 신신당부했다. "밖에서 자전거를 지키고 있다가 4시 15분이 되면 꼭 노크하고 핸드폰 찾아가."

차를 따라오라던 아저씨는 백미러를 안 보는 듯했다.

공간이 좁아 불편했다. 앞지도 못하고 자전거만 붙들고 서 있었다. 충전된 핸드폰을 켜니, 얼마 안 있어 영사관에서 전화가 왔다. 걱정된다며 무슨 일 있으면 연락하라는 말에 안심이 됐다. 문자도 폭풍으로 왔다. 엄마랑 잠시 통화하고 에일즈베리 역에서 내렸다.

기차 시간이 될 때까지 문 앞에서 기다려야 했다.

언제까지 길을 잃고 있어야만 하는가.

경찰이 뽑아 준 종이지도를 보고 찾아가는 것도 만만치 않았다. 길 설명서에는 'onto, forward' 등 날 헷갈리게 하는 전치사 천지였다. 알아서 해석해서 가려니 나의 영어 실력을 도무지 믿을 수 없었다. 애들과 자전거를 타러 나온 아줌마한테 길을 물어보니 많이 멀다고 했다. 시간도 시간인지라 바로 포기했다. 오늘 옥스퍼드에 가는 건 무리인 것 같아, 이 근처에서 잘 곳을 찾아보기로 했다.

'옥스퍼드' x100. 오늘 하루 종일 옥스퍼드만 외치고 다닌 것 같다. 누가 보면 옥스퍼드에 보물을 숨겨 놓은 줄 알겠다. 이미 시간은 5시가 다 되어 있었다. 괜히 하늘도 한층 어두워 보인다.

옆에 있는 한 조용한 주택 단지에 들어갔다. 부자 동네 느낌이 나는 이 동네는 매우 조용하고 깨끗했다. 문제는 여기 어디에도 잘만 한 곳이 없어 보인다는 것이었다. 마침 옆에 있는 집에서 정원을 가꾸던 집

주인이 집 밖으로 나왔다. '물을까 말까?' 고민이 되긴 했지만, 어느 여행기에서 본 무모한 짓을 해 보기로 했다. 되면 다행이지만, 안 되어도 쪽팔릴 일은 아니기 때문에 눈치를 조금 살피다 물었다.

나: 저 죄송한데요. 혹시 댁 마당에서 텐트 치고 잘 수 있을까요? 잠만 잘게요.

그: 음…… 안 돼요.

나: 그럼 혹시 이 근처에 호스텔 같은 곳이 있나요?

그: 조금만 가면 공원이 있는데, 아마 텐트 쳐도 될 거예요.

나: 아, 감사합니다! 혹시 알려 주실 수 있나요?

가깝다는데 길 설명은 꽹장히 복잡했다.

그가 알려 준 공원은 엄청나게 컸다. 이건 그냥 숲이라고 말하자. 입구에서 가족과 같이 놀러온 아줌마가 눈에 들어왔다. 이곳에 텐트를 치기엔 너무 개방되어 있는 것 같아 아줌마께 물어보자, 안쪽에는 쳐도 괜찮다고 했다. 밤에는 경찰이 지키고 있긴 하지만 말이다.

그녀와 걸으며 얘기하다 보니 이건 기회라는 생각이 들었다. 속으로는 열 번도 더 물어본 것 같다. '당신 마당에 텐트 쳐도 돼?' 물었다가 거절당하면 그만인데, 이 두 문장이 쉽게 입 밖으로 나오질 않았다. 속으로 끙끙 앓다 이건 하나님이 용기를 주기 위해 내게 주신 마지막 기회라는 생각이 들었다. 꾹 붙어 있던 입을 뗐다.

나: 저…… 진짜 죄송한데, 혹시 댁 마당에 텐트 치고 잘 수 있을까

요? 질문 드리는 것 조차 죄송해요.

그 : 음…… 남편한테 물어볼게요. 남편이 대장(boss)이거든요.

또다시 확률은 50%. 짐 덩어리인 자전거를 큰 나무 밑에 던지다시피 뉘었다. 나무 벤치에 앉아 대답을 기다리는데 왜 그렇게 초조했는지 모르겠다. 괜스레 서러운 마음에 자꾸만 눈물이 나오려고 했다. 얼굴에 조금만 미동이 생겨도 눈물이 펑펑 쏟아져 나올 것만 같았다. 그 와중에 이때 눈물을 흘리면 대장한테 눈물로 호소하는 것 같아 보일까 봐 또 다른 감정 조절에 몰입했다. 어디서부터 잘못된 걸까? 난 왜 사서 고생하고 있냐며 눈을 동그랗게 뜨고 눈물을 참아냈다.

한참 후, 대장이 어린이용 오토바이를 타고 옆에서 다가왔다.

그 : 우리 집 마당에 텐트 쳐도 돼요.

나 : (막상 된다니까 표정 관리가 안 됐다.) 흑…… 감사합니다. 정말 감사해요.

눈물이 바로 쏟아질 수도 있었지만, 연신 감사하다는 말만 쏟아져 나왔다. 벤치에서 벅찬 가슴을 진정시키고 아줌마가 있는 쪽으로 갔다. 죄송하고 감사하다고 인사를 드렸다. 그제야 눈물이 곧 쏟아질 것 같았다. 그리고 아줌마에게서 등을 지자마자 하염없이 눈물이 흘러내렸다. '이 멍청한 눈! 주체가 안 돼!' 아이들은 대장과 좀 더 놀다 오기로 했다.

Nora Nicklen. 그녀와 함께 뒷문을 열고 마당으로 들어왔다. "우와!" 살고 있는 사람에겐 답답할 수 있는 구조지만, 한국에선 전혀 보기 힘든 형태의 집이었기 때문에 감탄이 절로 나왔다. 너무 예쁜 집이었다.

살면서 한 번도 텐트를 쳐 본 적이 없다. 텐트에서 자 본 기억도 없다. 초보도 한 번에 설치할 수 있다는 텐트라지만, 막상 하나둘 꺼내 보니 막막했다. 다행히 노라는 텐트를 칠 줄 아는 듯했다. 마당에 엎혀 자는 마당에 그녀가 기둥을 다잡아 줬다. 그 와중에 아이들이 들어왔다.

텐트가 완성되고 난 기쁜 마음에 원래 웜샤워 호스트에게 주려고 했던 선물을 하나둘 꺼냈다. 말로는 부족한 이들을 향한 내 마음을 표현하고 싶었다. 먼저 어린이들의 올바른 젓가락 사용을 도와주는 에디슨 젓가락을 두 세트 주었다. 감출 수 없는 미소, 다물어지지 않는 입. 노라는 예상 못한 나의 선물에 활짝 웃었다. 그녀의 반응에 나도 기분이 좋아 연양갱, 고추장을 덤으로 줬다. 그녀는 시험용으로 첫째 아들한테 연양갱을 바로 먹였다. 아이의 얼굴은 연양갱을 한 입 씹자마자 일그러졌다. 내가 연양갱을 처음 먹었을 때의 표정과 똑같았다. 하긴, 그건 나도 아직 못 먹어!

핸드폰을 충전하는 동안 커피를 마시며 아줌마와 이런저런 이야기를 나눴다. 이제야 안 사실이지만, 아까 그 공원에는 저녁에 마약하는 사람이 많아 경찰이 지키는 거라고 했다. 영국 사람은 굉장히 괜찮은데 영국에 사는 외국사람은 조심하라고 했다. 주제가 집값과 교육으로 흘러가자 대화는 밑도 끝도 없이 길어졌다. 울어서 그런지 시차적응이 안 돼서 그런지 슬슬 졸음이 쏟아졌다. 한국 시각으로 따지면 하룻밤을 새고 자정까지 수다를 떨고 있는 셈이니 그럴 만도 하다. 지친 게 보였는지 그녀는 한국 시각을 묻더니, 피곤하면 자라며 자리에서 물러났다.

　텐트에서의 첫 하룻밤이었다. 작은 집 안에 누워 있는 기분이 묘했다. 피곤했지만, 잠은 쉽게 오지 않았다. 밖은 여전히 밝았고 해는 밤 9시가 돼서야 진다는데 아직 1시간이나 남은 상태였다. 내일 제대로 달리려면 억지로라도 잠을 자야 될 것만 같았다. 체온이 올라가면 잠이 올 것 같아 푹신한 침낭에 얼굴을 파묻었다.

 지출

점심 맥도날드 2.3파운드

이 브랜드(MSR)의 플라이는 선명한 로고가 안쪽으로 가야 된다고…… 플라이가 뒤집혔다.

3

나, 이 여행 못하겠어!

새벽 6시. 아주 밝다. 잠들려고 온몸에 싼 침낭 덕분에 숙면을 취할 수 있었다. 찝찝할 정도로 온몸에 땀도 났다. 눈을 뜨자마자 블로그 포스팅이 생각났다. 밀리면 답이 없다는 생각에 넷북을 챙겨 거실로 들어갔다. 그런데 생각보다 문제가 많았다. 어제 잠시 빌려 썼던 아이폰 usb는 보이질 않았고, 넷북 충전기마저 먹히질 않았다. 어제 대장이 알려 준 와이파이도 먹히질 않았다. 아무것도 못 하는 답답함에 슬슬 누군가가 깨어 내려오길 바랐다.

   제일 먼저 1층으로 내려온 사람은 바로 대장. 사실 마당에서 잘 수 있었던 건 대장 덕분이었다. 그런데 정작 대장이랑은 어제 몇 마디 나누질 못했다. 실제로 두목같이 생긴 것도 한몫했지만, 날 어려워 하는 것 같아 나 역시 그에게 쉽게 말 걸지 못했던 것 같다. 다행히 그는 내가 필요로 하는 핸드폰 잭, 넷북 충전기를 모두 가지고 있었다. 삼성이 이렇게 세계적인 기업이 되지 않았더라면, 넷북 충전은 오늘날 불가능했을 것이다.

   그가 오늘은 어디로 갈 건지 물었다. 옥스퍼드에 꼭 가겠다니까 아이패드를 이용해 길을 자세히 알려 줬다. 이 길은 위험하다, 이 구역은 차가 빠르다 등등 세심한 부가 설명도 덧붙였다. 친절하게도 그는 호스텔에 자리가 있는지도 확인해 줬다. 처음엔 그가 어려웠는데,

몇 마디 나누다 보니 착하고 친절하서서 어제 몇 마디 못 나눈 것이 오히려 아쉬울 정도였다.

아이들이 한 명씩 내려오고 다 같이 시리얼을 먹었다. 보안 쪽 일을 하는 대장은 제일 먼저 집을 떠났다. 뒤늦게 노라도 1층으로 내려왔다. 그녀는 아이들을 학교에 보내고 운동하러 간다고 했다. 편안하게 나가라는 대장의 말에 늦어진 짐 정리 때문에 노라가 집을 떠나고 한참 후에야 마당에서 기어 나왔다.

운동하러 가는 노라.

유치원에 가는 그녀의 아들.

정신이 없었다. 생각보다 표지판이 많이 보이질 않았다. 다시 런던으로 돌아가고 있는 건 아닌지 흠칫하는 순간이 많았다. 자꾸만 나오는 로터리에서는 타이밍을 놓쳐 뱅글뱅글 돌았다. 도로는 어찌나 좁던지 이 길로 다녀도 되는지 의문이 들 정도였다. 게다가 한국과

준비 완료.

반대 차선으로 달리니, 세상에 거역하는 기분이었다. 한 번은 옆으로 지나가는 차가 뜸해 감사할 때가 있었다. 뒤가 조용해 뒤돌아보니 내 뒤로 10대가 넘는 차가 줄을 서고 있었다. 이 많은 차가 민망한 속도로 내 뒤를 졸졸 따라오는데, 언제부터 이랬는지 참 민망했다. 그런데 참 이상했다. 왜 아무도 빵빵거리거나 앞지르지 않은 걸까? 자전거 운전자가 놀랄까 빵빵 한 번 누르지 않은 영국인에게 너무 감사했다. 그 이후로 고마우면서도 미안해서 수시로 뒤를 돌아보는 습관이 생겼다. 낯설게 왜 이래!

물은 버리는 게 아니라는 걸 절실히 느끼는 순간이 왔다. 아침에 짐 무게를 조금이라도 줄인다고 집 마당에 버리고 온 물이 그렇게 그리울 수가 없었다. 차뿐인 국도를 달려서 그런지 목이 굉장히 텁텁하고 코 안은 메말라 콧물도 안 잡힐 정도였다. 다행히 몇 십 킬로미터

영국 국도.

끝에 캠핑카를 대여해 주는 곳이 나왔다. 쉴 생각도 없이 먹이를 찾아 헤매는 하이에나처럼 콜라를 찾아 여기저기 묻고 다녔다. 맥주를 좋아하는 사람은 보통 맥주를 사 마시지만, 난 술을 마시지 않기 때문에 라이딩 내내 콜라 생각밖에 나질 않았다. 역시 콜라만 한 건 없다. 마침내 진짜 국도가 나왔다. 도로 사정이 너무 안 좋다. 그래도 잘 나가는 자전거에 기분이 좋은 상태였는데, 점점 자전거가 안 나가기 시작했다. "끼익-." 뒤에서 쉴 새 없이 나는 기분 나쁜 소리에 앞에 보이는 주차 공간으로 곧장 꺾어 들어갔다.

소리가 나는 곳을 찾아 여기저기 살펴보니 지지대를 서로 연결하던 나사가 빠져 짐받이(렉)가 주저앉아 있었다. '그래서 자전거에서 소리가 나며 안 나갔던 거구나!' 이럴 때 사용할 줄 알았다며 케이블

타이를 꺼내다 고정시켰다. 하지만 주저앉은 렉은 다시 일어설 줄을 몰랐다. 아무래도 짐받이가 무거운 짐의 무게를 감당하지 못하는 듯했다.

버릴 것이 없는지 가방을 뒤지다 두꺼운 여행 책을 발견했지만 다 버리긴 아까워 영국 부분만 찢어 옆에 살포시 놓았다. 몇 그램 안 돼 보였다. 한쪽에 짐이 쏠려 이렇게 된 것이 아닌지 짐도 다시 재분배했다.

힘으로 올린 렉은 다시 출발하자 도로 주저앉았다. 아까보단 "끼익-." 소리의 주기가 길어지긴 했지만 소리가 날 때마다 머리가 쭈뼛 서는 건 정말 끔찍했다. 히치하이킹을 할까 생각도 해 봤지만, 도저히 용기가 안 났다. 소리가 날 때마다 한 번씩 렉을 올리기도, 자전거를 탈 힘이 없을 땐 직접 손으로 받치며 끌고 가다 보니 어느새 옥스퍼드에 도착했다.

맥도날드에 들러 작은 햄버거를 챙겨 자리를 잡았다. 한인민박과 호스텔의 위치를 모두 사진으로 찍어 두고, 핸드폰이 꺼지는 사태에 대비해 공책에 약도도 그려 놓았다. 다시 출발하러 나오자마자 비가 오기 시작했다. 가방에 숨겨 놨던 겉옷을 챙겨 입고 전국 일주 때 필요성을 절실히 느꼈던 쪽모자도 챙겨 썼다. 쪽모자는 내가 전국 일주 때 절실하게 필요로 했던 물건 중 하나이다. 전국 일주를 하는 31일 중 7일 이상 비를 맞으며 라이딩을 했는데, 비가 내리는 족족 얼굴을 때리는 게 내 기분을 언짢게 했던 기억이 난다. 다행히 이번엔 쪽모자를 쓴 덕에 눈을 제대로 뜰 수 있었다.

라이딩 시작과 동시에 오르막이 나왔다. 시도할 것도 없이 바로 안장에서 내려와 자전거를 끌었다. 100m나 끌고 올라갔을까? 또다시 자전거가 앞으로 안 나가기 시작했다. 페니어를 서로 바꿔 달아 보기도 했지만 상태는 마찬가지였다. 오르막에서 이런 사태가 발생한데다 비까지 오니 짐은 더 무겁게만 느껴지고, 체온이 점점 떨어지는 게 느껴질 정도로 추웠다. 이제 더 이상 움직일 수가 없었다. 제자리에서 이 사태를 어떻게 수습해야 할지 머리 굴리기에 바빴다.

1. 한 손으로 페니어 두 짝을, 다른 한 손은 자전거를 끈다.
2. 작은 수레를 빌려 짐을 옮겨 넣고 다른 한 손으로 자전거를 끈다.
3. 자전거를 근처에다 묶어 놓고 짐만 들고 간다. 자전거는 내일 가지러 온다.
4. 3번과 반대로, 근처에 있는 집에 짐을 맡기고, 자전거를 타고 숙소에 갔다가 자전거를 고쳐 내일 짐을 가지러 온다.
5. 히치하이킹을 한다.
6. 한인민박에 전화해서 데리러 와달라고 부탁한다.
7. 여행을 때려치운다.

7번에 대해 곰곰이 생각해 봤다. '너무 힘들면 더 준비해서 내년에 다시 하자.' 정말 울고 싶었다. 여행을 두 달로 줄이는 건 어떨까? 두 달이 지나고 나머지 한 달은 앞 두 달의 연장선이 되지 않을까 하는 생각에서였다. 물론 나라가 바뀜에 따라 새로운 문화를 겪고 보고, 느끼고, 새로운 사람을 만나 새로운 걸 느끼겠지만 말이다. 하지만 그것이 전부라면, 느낀 걸 또 느끼는 것이 반복되는 한 달이라면 시간 낭비가 될 수도 있겠다 싶었다. 이게 말도 안 되는 생각이라면 이 여행을 계속하고 싶게 만드는 이유나 해야 하는 이유가 최대한 많이 있었으면 좋겠다. 지금은 여행을 때려치우고 싶을 뿐이니까!

그런데 이렇게 불쌍한 표정으로 비 맞고 몇 십 분 동안 서 있으면 누가 도와준다냐?! 도와주길 바란 나도 웃기지만. 멍하게 서 있다 어느 순간 정신이 번쩍 들었다. 이러고 있을 때가 아니야!

자전거에 최대한 충격이 안 가게 좋은 길만 골라가다 버스 정류장 앞에 있는 한 아시아 사람에게 다시 길을 물었다. 그는 도와주는 듯하더니 내게 지금 돈이 어느 정도 있는지를 물었다. "별로 없는데, 호스텔에 30유로까지 낼 수 있어." 내 대답을 들은 그는 전혀 예상치 못한 대답을 했다. "40유로에 우리 집에서 잘래?" 어디서 개 짖는 소리가 들리는 듯했다.

"나 돈도 없고, 한인민박에 가서 한국 사람이랑 한국말 하고 싶어."

정말 도와줄 생각이었는지, 돈 벌고 싶은 속셈이었는지, 돈 벌면서 나쁜 짓도 하려고 했는지는 몰라도 어찌 됐건 도움이 된 녀석이었다. 이 녀석을 통해 구글맵으로 내 위치도 확인하고, 한인민박으로 가는 길도 알아낼 수 있었으니 말이다.

일본인이 보여 준 지도를 따라가자 아까 지나온 길이 또 나왔다. 미치고 환장하는 줄 알았다. 비에 하늘은 벌써 어두컴컴하고, 내 지친 몸처럼 후미등도 점점 맥아리가 없어지기 시작했다. 이미 밟은 땅을 또 밟으려니 힘이 쫙 빠졌다. 도움을 청하려다 엄두가 안 나 몇 사람을 보내고서야 자전거를 타고 오는 한 사람을 불러 세웠다. 영국으로 공부하러 온 스페인 학생이었다. 길을 묻자, 자기가 근처까지 데려다 주겠다고 했다.

"주저앉은 렉이 바퀴를 눌러서 속도가 엄청 느려. 가다가 그냥 멈출 수도 있어. 혹시 내가 안 보이면 그냥 가. 근데 거기까지 어떻게 간다고?"

답답해서 날 버리고 갈 법도 한데, 그는 길이 갈라지는 곳까지 함께 가 주었다. 스페인 학생과 헤어지고 몇 번 핸드폰 GPS로 내 현재 위치를 확인하다 보니 핸드폰은 결국 꺼졌다. 이 사람 저 사람에게 물으며 찾아가길 수십 번. 표지판 하나 없는 옥스퍼드가 참 미웠다.

한인민박 근처 도로에 가까워질 즈음, 한 가게 앞에서 책을 읽고 있는 한 아줌마에게 길을 물었다. 그녀는 가게 안에서 일하는 직원에게 길을 묻더니 자기가 데려다 주겠다며 따라오라고 했다. 영국 사람들, 특히 옥스퍼드 사람들. 해도 해도 너무한다. 왜 이렇게 다들 친절한 거야? 그럴 필요 없다면서 열심히 그녀의 뒤를 쫓아갔다. 그녀 덕분에 얼마 안 가 '3 walton well road'에 도착할 수 있었다.

번지수를 찾아 앞에 선 한인민박에는 아무런 간판도 없었고, 집 안의 불은 모두 꺼져 있었다. 당황하긴 했어도 노크를 하면 문을 열어 주겠거니 생각했다. 그러나 아무리 두들겨도 집 안의 불은 켜질 줄을 몰랐고, 문에 귀를 갖다 대도 소리 하나 들리지 않았다. 망할. 망했나 보다! 다리에 힘이 쫙 풀렸다. 이 와중에 아줌마의 한두 마디에 힘이 더 풀려 버렸다.

"동전 있으면 주겠어? 나도 먹고 살아야 되니까……."

내 기분을 알겠는지 아줌마의 목소리는 기어 들어갔다. 한인민박이 정상 영업을 했더라면 동전이 아니라 지폐라도 쥐어 줬을 것이다. 그런데 다른 숙박집을 찾아 가야 될 판인데다 돈을 바라고 이렇게 도와줬다는 게 너무 얄미웠다. 차라리 처음부터 돈을 요구했더라면 좋았을 텐데……. 밑에 뭐가 있나 보고 오겠다 하고 내려갔다 올라오자, 아줌마는 내가 자신만큼 불쌍해 보였는지 가고 없었다.

이제 내겐 잘 곳이 없다. 자전거도 정상이 아닌데다 짐도 무거워 다 갖다 버리고 싶은 마음뿐이었다. 망연자실한 채 이제 어떻게 해야 하나 멍 때리고 있던 중, 내가 있는 쪽으로 한 남자가 자전거를 타고 오고 있었다. 가속이 붙었을 때 멈춰 세우면 기분이 좋지 않을 것 같아 순간 고민이 됐지만, 그만큼 절실했기 때문에 급히 그를 불러 세웠다.

나 : 진짜 미안한데, 혹시 호스텔이 어디 있는지 알아?
그 : 음. 한 군데 아는 데가 있는데 데려다 줄게. 따라와.
나 : 근데 렉이 주저앉아서 같이 가다가 못 따라갈 수도 있어. 그냥 길만 알려 줘.
그 : 내가 도와줄게. 어디 봐봐.

그의 요구대로 렉을 조일 때 필요한 전용 공구를 꺼내 그에게 건넸다. 그는 처음 해 보는 게 아닌지 렉을 들어 올려 나사를 최대한 조였다. 그러자 렉은 내가 오늘 하루 동안 고생한 게 민망할 정도로 원래대로 되돌아왔다. 짐 무게에 비해 끈을 세게 조이지 않은 게 렉이 흘러내린 원인이었던 것이다.

"이렇게 또 흘러내리면 더 세게 조여."

렉 문제를 해결해 주고 나니 그의 손과 무릎은 흙투성이었다.

이번엔 호스텔에 같이 가기로 했다. 그의 자전거는 로드였기 때문에 속도 차이가 많이 날 수밖에 없었다. 그러나 그는 브레이크를 잡으며 내 속도에 맞춰 옆에서 달려 주었다. 영락없는 신사다.

호스텔 앞에 도착하자, 그는 올라가서 방이 있는지 확인하고 내려오라고 했다. 친구네 가고 있었다는 그한테 미안하다, 괜찮다 하고 싶었지만 남이 도와줄 땐 굳이 거절하지 말자는 게 이 짧은 시간 동안 느낀 것이었다. 혹시라도 방이 꽉 찼을 때 그가 다른 호스텔을 알려 줄 수도 있으니 말이다. 호스텔로 올라가서야, 이 호스텔이 아침에 보스가 알려 준 곳이라는 걸 알게 됐다. 아침엔 빈 방이 없어 예약도 못했었는데 다행히 직원은 자리 하나가 남았다고 했다. 난 금방 올라오겠다며 또다시 뛰어 내려갔다. 그에게 어떻게든 보답하고 싶은 난 그와 사진을 찍으며 꼭 연락하겠다고 했다. *See you!*

나의 구세주. Alex.

Oxford backpackers hostel. 녹초가 돼 방으로 들어온 나는 씻을 생각도 안 하고 곧바로 침대에 누웠다. 참, 기나긴 하루였다. 옆에 있는 창문을 통해 차 소리가 생생하게 들려오는 가운데, 오늘 하루 동안 있었던 일도 같이 생생하게 떠올랐다. '그래도 잃어버린 거 하나 없잖아!' 자기 주문을 걸며 천장을 바라보니 눈물이 하염없이 흘러내렸다. 여행을 잘못하고 있는 걸까? 왜 이 먼 곳까지 와서 잘 곳 하나 제대로 알아 놓지 않은 거지? 오늘 고생한 것이 하나둘 떠오르니 서럽기까지 했다. 행여나 우는 소리가 새어 나갈까 주먹을 입에 넣는게 마치 조인성의 오열 신을 연상케 했다. 여행하기 전까지 내가 이 여행을 얼마나 하고 싶어 했는지는 전혀 생각나지 않았다.

그러다 한두 명, 보고 싶은 사람들과 이 여행을 응원해 준 사람들의 댓글이 생각났다. 오늘은 울면서 잠에 들지만 적어도 내일은 웃으면서 자자며 일단 눈을 꾹 감았다.

 지출

아침(0.55) + 캔콜라(0.65) + 버거 & 콜라(2.48) + 호스텔(30) = 총 33.68파운드

#4.
호스텔에서 쫓겨나다

오후에 비가 온다는 소식이 있다. 어제 비한테 두들겨 맞으며 고생한 걸 생각하면 밖에 한 발짝도 나가고 싶지 않았다. 재정비하며 에너지도 충전할 겸 오늘은 쉬자고 마음을 굳힌 후, 방을 잡기 위해 리셉션을 찾아갔다. 혼자 무슨 쓸데없는 고민을 했던 거야? 민망하게 예약은 꽉 차 있었다. 호스텔은 방이 없다 하지, 밖에 나가기는 싫지. 결국 호스텔에서 버티는 걸로 결론을 내렸다. 내 판단과 바람이 담긴 예상 시나리오는 이랬다.

1. 오전과 오후에 일하는 호스텔 직원이 다르므로 웬만하면 내가 체크아웃을 안 한 사실을 오후 직원은 모른다. (이게 말이 되냐?)
2. (어제 체크인을 도와준) 오후 직원은 내가 오늘도 여기서 자는 줄로 알 것이다. (숨길 겸 짐도 그대로 방 사물함에 넣어 둔다.)
3. 자연스럽게 로비에서 쉬고 있다가 밤에 소파에서 잔다.

오후, 로비에서 넷북으로 포스팅을 하며 시간을 보내고 있었다. 그런데 내 예상은 생각보다 빨리 산산조각 나고 말았다. 오후 직원은 생각보다 빨리 출근했고, 성실한 그녀는 오자마자 여기저기 둘러보며 다니기 시작했다. 그녀의 눈을 피해 넷북을 응시했건만 호스텔에 한 명뿐인 동양인이 기억 안 날 리가 없었다.

그 : 체크아웃 했어?
나 : 아니.
그 : 짐은?
나 : 방에.
그 : 빼야지. 다른 사람이 써야 되는데.

　짐만 빼고 상황이 종료되는 것 같아 한숨 놓았다. 넷북을 하던 자리 옆에 페니어를 두고 실패하면 받으려 했던 보증금을 받기 위해 리셉션에 찾아갔다.
　"체크아웃 시간이 지나서 줄 수 없어."
　변명 한 번 댈 생각도 못하고 그대로 5파운드를 날려 먹었다. 나의 이 머저리 같은 판단력은 빛도 보지 못했다. '넌 적어도 돈 없는 여행자를 눈 감아 줄 줄 알았는데. 이 직원, 혹시 호스텔 딸인가?'
　한참 후 순찰을 돌다 한마디 또 던진다. "여기 계속 있을 순 없어."
쫓겨날 거란 생각보단 여직원한테 걸렸다는 사실에 막막하긴 해도 다시 넷북 앞에 앉았다. 인터넷까지 느려 한숨이 푹푹 새어 나왔다. 내가 자꾸만 한숨을 쉬자, 앞에 앉아 이를 다 지켜본 여자가 신경이 쓰였는지 내게 말을 걸었다.

그 : 내 침대에서 같이 잘래?
나 : 아냐, 아냐. 괜찮아. 고마워!

그 : 난 상관없어. 너만 괜찮다면 내 침대에서 같이 자도 돼. 저 사람한테 같이 자도 되는지 물어보자.

안 된다는 대답이 돌아올 줄 알면서도 직원한테 찾아가 물어봤다. 대답은 예상대로였다. 제자리로 돌아가 흑인 여자에게 알려 줬다.

"규칙이라서 안 된대. 저 직원이 어제 10시에 일을 마치는 걸 봤는데, 한번 기다려 보려고."

그녀는 샤워를 하러 갈 테니 도움이 필요하면 언제든지 말하라고 했다. 그리고 얼마 안 있어 난 복도에서 쫓겨났다. 난 그대로 짐을 싸 들고 로비에 있는 소파에 자리를 잡았다. 마지막으로 내가 버틸 곳이었다. 게스트들 사이에서 소파에 자연스레 앉아 있었다. 10시가 되길 기다리며 말이다. 그러나 여직원은 예상 퇴근시각 10시가 지나도 퇴근할 생각을 않고 다른 직원과 수다를 떨고 있었다.

직원은 나만 보고 있었는지, 한참 후에 내게 다가왔다. 그녀는 다른 곳을 알아봤냐며 이제 우리도 어쩔 수 없다고 했다. 그러면서 관광 지도와 함께 인근에 있는 호스텔을 표시해 줬다. 처음엔 '내 입장도 잘 알 텐데, 봐줄 수도 있는 거 아니야?'라고 생각했지만 그녀를 욕할 입장이 아니었다. 어떻게 보면 그녀는 밖에 비가 올 때 내가 안에 있을 수 있게, 충분히 다른 숙소를 찾을 시간을 주었다. 돈 주고 자는 곳에 몰래 있다 가려고 했던 내가 바람직하지 못했던 건데, 괜히 생사람을 욕하려 했던 내 자신이 부끄러워졌다.

창고에 보관해 두었던 자전거를 챙겨 호스텔 밖으로 나왔다. 어디로 가야 하나 방향을 잡으려는데, 아까 앞에 앉았던 흑인 여자가 때

마침 밖으로 나왔다. 그녀는 나를 알아보고 진심어린 눈빛으로 내게 말을 걸었다.

그녀 : 샤워하고 나왔는데 네가 없더라고.
나 : 소파에 있었어. 지금도 방이 없대서 다른 호스텔에 가 보려고. 진짜 너무 고마워. 고마워서 추억으로 남기고 싶어서 그런데 같이 사진 찍어도 될까?
그녀 : 물론이지!

그녀는 정말 좋은 사람이다. 그녀와 헤어지고 다른 숙소를 찾아다녔다.

호스텔 사람들이 모두 로비에 나와 브라질 월드컵을 시청 중이다.

여섯 군데가 넘는 숙소를 다 다녀보았지만 내가 들어갈 수 있는 곳은 한 군데도 없었다. 중심 도로로 올라온 나는 지도를 보며 호텔을 찾아다녔지만 그마저도 쉽지 않았다. 자포자기 상태로 자전거를 끌고 목적지 없이 걸었다. 반대편에선 자전거를 탄 남성이 내가 있는 쪽으로 길을 건너오고 있었다. 많은 생각을 갖게 하는 자전거 속도였다. 이건 마지막 기회다 싶어 그가 다 건너왔을 즈음 멈춰 세웠다. 그의 이름은 Andrew. 난 그냥 '앤디'라고 불렀다. 그에게 머물 곳을 묻자, 바로 반대편에 있는 호텔을 알려 줬다. 자전거를 그에게 맡기고 안으로 들어가는 게 불안하긴 했지만, 그를 믿고 들어가 가격을 물어봤다. 방은 있었지만 값이 상당했다. 직원에게서 인근에 있는 호텔을 안내받고 나왔다.

그는 잠시 리코더 연주를 보여 주더니 자신을 따라오라고 했다. 앞장서 자전거를 타던 그는 중간중간 멈춰 사람들에게 숙박집을 물었다. 행인이 알려 준 숙박집 밖에는 '방 있어요.'라고 적힌 현수막이 걸려 있었다. 하지만 막상 들어가 물어보니 직원은 방이 없다고 했다. 앤디는 화가 나 "그럼 저 현수막을 걸어 놓지 말아야지!"라고 말하곤 다른 숙박집 주소를 받아 나왔다.

조금 더 가자 다른 숙박업소가 나왔다. 한 방에 두 침대, 50파운드. 새벽 4시가 다 돼 가는데다 앤디한테 미안해 이쯤에서 그만두고 싶었다. 여기서 자기로 하고 자전거를 보관하기 위해 주인을 따라 차고지를 확인하고 자전거를 가지러 돌아왔다. 앤디는 자신이 홈리스라며 재워 달라고 했지만, 농담으로 생각하고 자연스레 넘겼다. 그는 남은 동전이 있으면 달라고 했다. 난 내 숙박을 위해 최선을 다해 준 그에게 원래 웜샤워 호스트에게 주려고 했던 김광석 CD를 주었다. 다행히 그는 음악을 좋아한다며 감사히 받았다.

일단 자전거를 보관하기 위해 차고지로 향했다. 그런데 집을 끼고 왼쪽, 오른쪽으로 모두 가 봤지만 밤이라서 그런지 차고지 입구를 찾는 게 쉽지 않았다. 앤디는 주인에게 차고지 위치를 찾아낸 뒤, 차고지에 자전거를 보관하는 것을 도와줬다. 그런데 문제가 생겼다. 아까 요금을 물어보러 들어갔다 카운터에 핸들가방을 놓고 나왔었는데, 돈을 지불하려고 지갑을 여니 그 많던 돈이 없는 것이다. 50파운드는 거뜬히 갖고 있다고 생각했는데 지갑에는 40파운드가 채 안 되었다. 순간, 바로 앞에서 계산을 기다리는 할배가 의심되기 시작했다. 내가 돈이 모자라다고 하자, 그는 종이를 집어던지며 신경질을 냈다. 왜? 찔려?

미친 할배 : 나가. 지금 너흰 내 시간을 뺏고 있어.

착한 앤디 : 40파운드에 해 주면 안 될까? 우리 3시간 동안 숙소를 찾아다녔어.

나 : 혹시 당신(할배), 내 가방 만졌어? 가방이 여기 있었잖아.

앤디 : 이 사람이 가져간 것 같아?

나 : 아냐. 나가자!

뒷문을 통해 차고지로 왔다. 돈이 얼마나 비는지를 지출 내역을 보며 계산했다. 생각보다 적은 차이로, 10파운드 정도밖에 비질 않았다. 혹시 내가 메모를 덜한 게 아닐까 싶어 기억을 더듬어 봤다. 정말 애매했다.

앤디 :　얼마 없어졌어?

나 :　한 10파운드 정도?

앤디 :　에이. 그건 말이 안 돼.

나 :　왜? 다 가져가면 너무 티 나니까 조금만 가져갔을 수도 있지!

앤디 :　경찰에 전화할까? 그럼 복잡해지긴 하는데.

　신고하고 싶었지만, 내 실수로 모두가 고생하는 건 아닌가 싶었다.

앤디 :　다른 데 확인하고 올게. 여기서 기다려.

나 :　응, 고마워.

　시간이 조금 걸리긴 했지만 앤디는 차고지로 돌아왔다. 다른 숙박 집에 방이 없다고 했지만, 나를 위해 이렇게 고생해 주는 앤디 덕분에 가슴이 따뜻했다. 그도 많이 지쳤는지, 자기가 자는 데서 자자고 했다. '박스(BOX)'라는 단어가 들린 걸 보니, 아까 자신이 홈리스라고 한 말이 사실이었나 보다.

　결국 우리가 처음 만났던 곳으로 되돌아왔다. 맥도날드 앞에 멈춰 잠시 기다리라던 앤디는 한참 후에 손에 샐러드와 샌드위치를 들고 나타났다. 그는 그 사이에 리코더 연주로 돈을 벌어 사 온 것이었다. 감동을 받기도 했지만, 저 음식들을 보니 목이 메어 왔다. 난 맥도날드 콜라로 보답했다.

다시 올라선 안장 위는 더 춥고 더 배고팠다. 잘 가다가 길 한복판에 멈춰선 앤디는 갑자기 건물 옆에 조성되어 있는 나무 사이로 들어갔다. 자전거를 건물에 세우고 나무 밑에 깔려 있는 종이박스를 보는 순간, 내가 누울 자리라는 걸 직감했다. 그는 정말 집 없는 거지였고, 잘 곳이 이런 데인 줄 모르고 텐트가 있다고 말한 내 자신이 뭔가 부끄러웠다.

불안하긴 하지만 자전거는 페니어를 그대로 달아 놓은 채 옆에 있는 건물에 기대어 놓았다. 핸들가방만 챙겨 작은 나무 밑으로 들어가자, 오랫동안 안 씻은 앤디의 구린 냄새가 이 구역 전체에서 진동했다. 앤디는 박스를 내게 더 건네주었고, 난 침낭 안으로 쏙 들어가 누웠다.

"내가 바깥에서 자니까 넌 안전해. 아무도 날 못 건드려."

피곤했지만 잠은 쉽사리 오지 않았다. 건물 안에서 노숙한 적은 많아도 이렇게 대놓고 밖에서 자긴 처음이었다. 게다가 침낭 냄새, 앤디의 구린 냄새가 숨을 쉴 때마다 코를 찌르니 숨 쉬는 것 자체가 고통이었다. 애써 잠을 청하는데 앤디는 얼마 안 있어 뭐라 말하더니 벌떡 일어났다. 한발 늦긴 했지만 곧 쫓아갔다.

앤디 : 왜 따라와?

나 : 누가 온다고 자리 뜨자는 거 아니었어?

앤디 : 아니야. 가서 자.

나 : 어디 가는데?

앤디 : 내일 쓸 돈 벌러 가. 네가 있을 때 못 버니까 지금 가야 돼.

벌레 때문인지 앤디는 불을 지폈다.

 지출

콜라(0.50) + 콜라2(1.99) = 총 2.49파운드

#5.
거지와 노숙하기

새벽 다섯 시가 다 돼 잠에 들었다. 새벽 6시가 되자 눈이 저절로 떠졌고, 눈을 떴을 땐 하늘을 빼곡히 가린 나뭇잎이 내 눈에 바로 들어오는 게 여기서 잔 게 꿈이 아니었음을 실감케 해 주었다. 난 어젯밤 얼떨결에 들어가 자게 된 이곳의 위치 파악에 나섰다. 지나가는 사람이 없는 틈을 타 풀 속에서 나와 건너편으로 건너가 내가 잤던 위치를 바라봤다. 가관이었다. 내 시력이 나쁜 것도 한몫했겠지만, 어떤 각도에서 봐도 앤디는 보이질 않았다. 바로 옆에 있는 도보에서 행인처럼 걸어가며 풀숲을 봐도 마찬가지였다.

버스 터미널은 그리 멀지 않았다. 개방되어 있는 화장실에 우린 말도 없이 각자 알아서 들어가 씻고 나왔다. 기회만 되면 머리도 감을 정도로 기름진 머리는 꽤나 신경 쓰였다. 잠자리를 내어준 앤디에게 보답으로 커피를 사 줬다. 숙소(?)로 들어오는 길엔 앤디의 아지트에 들렀다. 그는 매일 이곳에 와 쓰레기를 줍는다는데, 오늘은 유난히 양이 많다고 했다. 내가 봐도 많아 보이는 쓰레기를 그는 하나둘 쓰레기봉투에 주워 담았다. 내가 챙겨 온 아몬드는 우리 주위를 맴도는 오리에게 던져 주기도 했다. 그의 선심을 느낄 수 있었던 짧은 순간이었다.

오리 배를 아몬드로 채워 주고 숙소로 돌아가는 길. 주택가 옆에는 라벤더가 심어져 있었는데, 앤디는 손으로 비벼 라벤더 냄새를 맡는 방법을 알려 주기도 했다.

앤디: 오늘 뭐 할 거야?
나: 일단 버스표를 사고 옥스퍼드를 구경할 거야.

내 말을 들은 앤디는 표 사는 것과 시내 구경하는 것을 도와주겠다고 했다. 숙소에 돌아왔을 때, 자전거는 예상대로 멀쩡히 놓여 있었다. 자전거 보안 하나는 끝내줬다. 당연히 있어야 된다는 듯 안도감조차 들지 않았다. 우린 자전거를 나란히 타고 시내를 달렸다.

앤디의 뒤를 쫓아가는데, 한 가지 이상한 점을 발견했다. 길은 하나밖에 없는데 그는 자꾸만 급제동을 하며 옆으로 새어 나갔다. 발은 왜 자꾸 질질 끄는지, 그 정도가 심해 땅과 마찰이 생길 때마다 언제 그의 발에 불이 붙는지 궁금해질 정도였다. 그의 속도는 점차 줄어드는 게 아니라 매번 급하게 줄어드니, 나 역시 급하게 멈춰야 했다. 같은 상황이 몇 번 일어나자 나는 슬슬 짜증이 나기 시작했다. 그래도 길을 잘못 들었다거나 하는 다른 이유가 있겠거니 생각하고 말았다.

그러나 버스 터미널에 도착해서야 그가 여태 왜 그렇게 발을 질질 끌었는지 알 수 있었다. 그의 자전거에는 브레이크가 하나도 달려 있지 않았다. 어이가 없어서 한참을 제자리에서 웃었다.

"뭐야! 브레이크 어디 갔어!"

그도 민망했는지 씨익 웃었다. 미리 인터넷으로 봐둔 새벽 표를 사기 전, 직원에게 자전거도 실을 수 있는지 물었다. 내가 다른 터미널의 버스표를 본 건지, 그녀는 다른 시간대의 표를 알려 주었다. 그리고 자전거는 실을 수 없다고 했다. 낙담한 난 사무실에서 나와 앤디에게 말했다. 그러자 앤디는 자신이 말해 보겠다고 했다. 사무실에서 한참 동안 얘기를 하다 나온 앤디는 패킹을 하면 가능하다고 했다.

게다가 새벽표가 있는 줄 알았건만 막상 구매가 가능한 표는 오후 시간대여서 오늘 가는 건 이미 불가능한 상태였다. 그러나 맨체스터에 하루 일찍 가는 것이 이곳에서 앤디랑 있는 것보다 알찰 순 없다며 좋게 생각하기로 했다. 내가 언제 이런 거지같은(?) 경험을 하겠

아침에 확인한 아지트 위치.

는가? 물론 살면서 거지가 될 수도 있다. 하지만 편하게만 살려고 하는 요즘 젊은이 중 한 명으로서 유럽에서, 그것도 현지인이랑 이렇게 생활할 수 있는 기회는 쉽게 오지 않는다고 생각한다. 그래 봤자 하룻밤을 같이 보내는 것이지만 말이다. 내일 4시 버스를 타겠다고 하자 그는 좋아했다. 다행히도!

우리는 옥스퍼드를 구경하기로 했다. 앤디는 탄식의 다리, 만들어진 지 100년이 넘은 우체통, 유명한 펍, 묘지가 모여 있는 곳까지 모두 차례대로 구경시켜 줬다. 그는 꽃을 보면 항상 냄새를 맡았다. 나도 꽃을 좋아하지만 남자가 이러기는 쉽지 않을 텐데?! "꽃을 좋아하나 봐." 내 말에 앤디는 예전에 플로리스트였다고 대답했다. 그래서 그런지 그는 꽃 이름을 척척 뱉어 냈다. 앤디에 대해 점점 궁금해지기 시작했다.

대화를 나누다 주제는 애인으로 넘어갔다. 앤디에겐 7년 사권 여자 친구가 있었다고 한다. 저급한 영어 실력에 모든 얘기를 알아듣진 못했지만, 그녀는 먹으면 모두 토해 내는 증상을 가진 병을 가지고 있었다고. 그리고 투병 생활을 하다 죽었다고 한다. 앤디는 그녀를 마지막으로 계속 솔로였다고 한다. 그 충격이 얼마나 컸을지는 모르겠지만, 앤디가 이렇게 술을 많이 마시고 담배를 많이 피는 원인 중에는 그녀의 죽음도 있지 않을까 싶다. "의사가 검사하러 오래서 이번 주에 가야 돼. 네가 가는 날, 나도 집으로 돌아갈 거야."

앤디와 난 영화 〈해리포터〉의 촬영지로 유명한 크라이스트처치(Christ Church) 옆을 지나 호숫가가 있는 곳으로 향했다.

무덤가에서.

앤디는 아지트에서 나올 때부터 오늘 수영할 생각을 하고 있었나 보다. 미리 챙긴 보자기를 펼치더니, 여기서 기다리란다. 앤디는 웃옷을 벗고 준비운동을 하더니 호숫가로 뛰어들었다. 주변에는 오리가 물장구를 치고 있었고 그 옆으로는 카누가 지나갔다. 앤디가 준비운동을 하는 동안 옆에서 사진을 찍고 있었던 중국인 두 명이 있었는데, 앤디가 물속으로 뛰어들고 수영을 하는 동안 그들과 대화를 나눴다. 이들은 옥스퍼드 대학을 다닌 지 4년이 됐다고 한다. 우리는 간단하게 대화를 나누다 헤어지기 직전에 기념사진을 찍었다. 나랑 적극적으로 대화를 나누던 남자, Raphael Chow는 필름카메라로 나를 찍어 줬고, 몇 달 후엔 메일로 사진을 보내 주기도 했다.

수영을 마치고 나온 앤디는 씻고 싶다고 했다. 옆에서 오리도 헤엄쳤으니, 씻은 게 씻은 게 아닐 것이다. 앤디는 아까 산 맥주를 들이키며 몸을 말렸다. 옆으로 오는 오리에게 아몬드를 나눠 주는 것도 잊지 않았다.

이곳을 뜨기 전 앤디와 많은 대화를 나눴다. 앤디는 날 처음 만난 날 자신은 홈리스라고 했지만, 사실 그는 평범한 사람이었다. 옥스퍼드에서 자전거로 30분 거리에 있는 곳에서 목장을 관리하시는 부모님과 함께 산다고 했다. 처음엔 실례가 될 줄 알고 하지 않았던 질문들에 앤디는 하나둘 대답해 줬다. 그는 그의 부모님에 대해서도 서슴없이 내게 얘기해 주었다.

나: 목장도 있는데, 왜 이런 생활을 하고 있는 거야?

앤디 : 난 이런 자유로운 생활이 좋아. 잠깐 쉬러 옥스퍼드에 온 거
　　　　야. 네가 가는 날 나도 집으로 돌아갈 거야.
나 : 　이런 생활한 지 얼마나 됐어?
앤디 : 삼 주 정도.

　바쁜 일상에 지쳤던 걸까? 이유야 어찌됐든 돈 한 푼 안 갖고 이런
생활에 뛰어든 그의 용기가 참 대단하다.

이 시각 최대 피해자. 맨 앞사람.

"그다음엔 뭐 할 거야?"
앤디가 물었다.
"글쎄. 카페 가서 블로그 포
스팅 좀 해야 될 것 같아."
　카페 앞엔 자전거를 세워 둘
데가 없어 결국엔 조금 떨어져
있는 나무에 기대야 했다. 카
페에선 보이지도 않는 위치였
다. 그러나 가져가라고 대놓고
자전거를 세워 놔도 멀쩡히 있
던 상황을 몇 번 봐서 그런지,
그다지 걱정되진 않았다.
　'정직한 영국인'이라는 인상이 머릿속에 제대로 박힌 듯하다. 실제
로 벨기에, 스페인에서 자전거를 잃어버린 사람은 봐도 영국에서 잃
어버렸다는 얘긴 들어 본 적이 없다. 그래도 방심은 금물! 내가 포스

팅을 하고 있는 동안 앤디는 돈을 벌러 가겠다고 했다.

오랫동안 열 줄 알았던 카페는 오후 5시도 안 돼 문을 닫았다. 카페 앞에 서서 추적추적 내리는 비를 바라보며 앤디가 오길 기다렸다. '아깐 그렇게 자주 들르더니 왜 이렇게 안 오는 거야?' 한참 후 비가 그치고 도착한 앤디는 아까보다 더 반가웠다.

앤디와 나란히 자전거를 타고 도착한 곳은 그의 친구들이 있는 곳이었다. 계단이 달린 동상이 있는 곳엔 딱 봐도 꾀죄죄한 사람 세 명이 앉아 있었다. 앤디는 한 명 한 명 그들과 인사시켜 주었다. 처음에 내가 앤디 역시 진짜 거지인 줄 알았기 때문일까? 거지에 대한 경계심이 없어 이들 역시 무섭거나 꺼려지지 않았다. 이들에게 술 냄새가 좀 났을 뿐, 내 침낭에서 나는 악취보다 심한 냄새는 나지 않았다. 우리끼리 이렇게 웃고 떠드는 동안 앤디는 여러 불량식품을 사갖고 왔다. 앤디는 이들과 대화하는 나의 모습에 뭔가 불편했나 보다. 모두에게 먹을 것을 나눠 주곤 그들과 바싹 붙어 앉아 있지 않은 나의 모습에 "넌 친구고 이들은 가족이야."라며 괜찮다고 했다.

난 절대 이들이 거지같아서 경계한 것이 아니었다. 절대. 원래 낯선 남자 옆엔 바싹 붙어 앉지 않는데, 여자인 그녀한테서 떨어져 앉은 것은 그녀가 입을 열 때마다 나는 술 냄새 때문이었다. 사실 그들을 거지라고 하기도 민망하다. 내가 어렸을 때부터 매달린 영어도 이들은 유창하게 하고 있고, 나와 달리 아무런 걱정도 없어 보였다. 한 남자는 내가 그토록 키우고 싶어 하는 대형견과 놀고 있기도 하다. 내 눈에만 살짝 거지같아 보일 뿐, 이들은 어쩌면 나보다 훨씬 더 행복한 삶을 살고 있는지도 모른다.

피곤한데다 너무 추웠다. 햇빛 한 점 보이질 않았다. 햇빛이 저 멀리 들어서면 쪼르르 달려가 등을 지질 정도로 온몸이 으슬으슬 떨렸다. 자리를 못 견디고 앤디에게 아지트로 데려다 달라고 했다. 앤디는 고맙게도 가족과 대화하는 와중에 나를 데리고 아지트로 향했다.

아지트에 도착해 자리를 잡자 앤디는 내게 이렇게 말했다.

"넌 놀라운 여자야. 너에 대해 많이 생각해 봤어. 우린 친구야. 난 널 존중해. 너도 날 존중하지?"

이외에도 뭐라고 말했지만 특별히 기억나는 문장은 저뿐이다. 저 말들을 듣고 있는데 뭔가 기분이 묘했다. 어떤 의도를 갖고 말한 건진 모르겠지만, 앤디가 내게 "우리 친구 맞지?"라고 물었을 때밖에 대답을 못했다. "응." 앤디는 그렇게 자신의 생각을 말하고는 가족이 있는 곳으로 돌아갔다.

그의 친구들.

그리고 말도 안 되게 5분 후 비가 쏟아지기 시작했다. 하필 난 왜 하늘이 뚫려 있는 곳에 누워 있었던 건지, 날벼락도 이런 날벼락이 다 있을 수가 없었다. 내 꼴도 이렇지만 비를 맞으며 친구들에게 돌아가고 있을 앤디가 생각났다. '앤디한텐 브레이크가 없는데…… 젖은 땅에 발브레이크가 먹히려나?'

나는 부리나케 옆으로 비를 피해 몸과 박스를 사수했다. 비는 꽤 오랜 시간 동안 내려 땅이 흠뻑 젖어 버렸다. 다행히 몸을 피하며 치워 놓은 박스 덕에 차가운 땅에 눕는 일은 간신히 피할 수 있었다.

앤디가 이곳에 돌아와 내게 한 말을 잠결에 들었다. 네가 많이 생각났다고. 그리고 혼자 있게 해서 미안하다고. 그 짧은 순간에 아버지가 생각났다. 약주 몇 잔 하시고 집에 돌아와 자고 있는 날 괴롭히던 아버지가 말이다.

 지출

커피2(3.8) + 버스표(33.6) + 커피(2.8) = 총 34.4파운드

6

맨체스터(Manchester)

10시간이나 잤다. 오히려 너무 많이 자서 머리가 띵했다. 앤디는 언제 들어왔는지 바구니 요람에 머리를 박고 아기처럼 자고 있었다. 지켜보다 심심함을 참지 못하고 흔들어 깨웠다. 앤디가 속삭였다.

"어제 낮에 너무 많이 (술을) 마셨어. 5분만."

어쩜 이렇게 분(分)도 똑같을까? 수험생 때 느껴 봤기에 앤디가 얼마나 피곤한지 단번에 알 수 있었다. 유대감이랄까. 5분 후 다시 깨웠다. "5분만 더……." 안쓰러워서 봐줬다. 그다음에 흔들어 깨웠을 땐 벌떡 일어났다. 이제 슬슬 가 볼까?

짐 정리가 끝나고 자연스럽게 역으로 온 우리는 이번에도 알아서 각자 화장실에서 씻고 나왔다. 어제와 다르게 돈이 없어 커피는 사 먹지 못했다. 곧장 아지트로 돌아와 자전거를 챙겨 자전거 가게를 찾아 나섰다. 샵은 멀리 가지 않고 발견할 수 있었다. "혹시, 빈 박스 하나 있나요?" 하나쯤은 가뿐히 갖고 있을 줄 알았건만 샵 주인은 없다고 했다. 어쩔 수 없이 우린 마트로 돌아가 뽁뽁이(에어캡)와 테이프를 샀다.

본격적으로 자전거 포장을 하기 전, 앤디에게 맥도날드가 있으면 들르자고 했다. 앤디는 어제 내가 들렀던 매장으로 날 데려갔다. 힘든 작업을 해 줄 앤디를 위해 맥모닝을 대접했다.

조금 남는 시간 동안 난 웹샤워 메일을 보내는 시간을 가졌다. 그 동안 앤디는 박스를 구해 오겠다고 했다. 그리고 한참 후, 앤디는 맥도날드 커피 쿠폰을 가지고 왔다. 친구 거라고 했다. '10+1' 언제 열 잔을 다 마셨는지 열 칸 모두 도장이 찍혀 있었다. 앤디는 나를 밖에서 기타 연주를 하고 있는 쿠폰 주인에게 데려가 서로 인사를 시켜 줬다. 앤디는 아침을 사 준 것이 고마웠는지 작게나마 보답하고 싶었나 보다. 그나 그의 친구나 날 생각해 준 성의가 고마웠다.

버스 시간이 다가오니, 앤디는 박스를 한가득 챙겨 맥도날드 앞으로 가지고 왔다. 아직 시간이 많이 남았다고 해도 앤디는 서둘러야 한다고 했다.

뽁뽁이만 이곳저곳 붙이면 된다고 생각했던 내 생각과는 달리, 앤디는 자전거 포장에 진지했다. 구석에 모든 걸 내려놓고 본격적으로 자전거 포장에 나섰다. 모든 겉면은 부분마다 사이즈에 맞게 박스를

버스 터미널에서.

잘라 감쌌다. 박스로 감쌀 수 없는, 충격이 가면 안 되는 중요한 부분은 꼼꼼하게 뽁뽁이로 마무리했다. 그가 너무 급하게 포장하기에 천천히 하라고 했지만, 앤디는 빨리 해야 된다고 했다. 처음엔 몰랐는데 계속 붙여도 나오는 빈틈에 앤디가 그렇게 서두른 이유를 알 수 있었다. 이 망할 포장. 포장은 생각보다 오래 걸렸고, 앤디가 하는 자전거 포장은 내 생각과는 달리 굉장히 정교했다.

혼자선 감히 하지 못했을 작업. Thank you, Andy!

어찌 시간도 안 보고 포장을 했을꼬? 포장이 막 끝나고 기념사진을 찍자, 어느새 버스시간이 다 돼 있었다. 슈퍼 자전거. 포장이 된 슈퍼 자전거를 본 사람들의 눈이 한결같이 동그래진다. 앤디에게 맛있는 점심 하나 사 주지 못하고 급하게 버스에 올라야 했다. 앤디와 처음이자 마지막으로 함께 기념사진을 찍고 포옹을 했다.

차가 천천히 후진하는 동안 앤디 역시 자전거를 타고 이동하고 있었다. 버스 이동 경로를 알고 있었는지, 그는 공교롭게도 내가 탄 버스를 따라 달렸다. 그런 그에게 손을 흔들며 바라보는데 너무 슬펐다. 앤디의 시력이 많이 나쁘다는 걸 알고 있기 때문에 더욱 그랬다. 그와 함께한 둘째 날, 서로 시력이 얼마나 나쁜지 테스트한 적이 있다. 내 시력도 심각하지만 그는 10m도 안 되는 거리에 있는 것이 안 보인다고 했다. 그런데 훨씬 더 멀리 있는 내가 아예 보이지도 않을 텐데, 그는 한 손으로 자전거 손잡이를 잡고 나머지 한 손으로 날 향해 손을 흔들었다.

그 순간을 마지막으로, 버스는 빠르게 시내를 내달렸다. 그가 저만치 멀어지자 눈에선 눈물이 미친 듯이 흐르기 시작했다. 그 와중에 버스 안이 너무 조용해 애를 먹었다. 콧물 먹는 소리, 흐느낌 모두 죽여야 했다. 단번에 풀어내지 못하는 콧물은 젖은 물티슈에 닦고 또 닦아 내야 했다. 영화라도 찍듯 난 이 세상 누구보다도 서럽게 울어댔다. 언제 또 앤디를 보겠는가. 그동안 너무나 잘해 준 앤디의 행동 하나하나를 떠올리면, 나는 왜 더 잘해 주지 못했는지 후회될 뿐이었다.

언제 다시 올지 모르는 나라의 인연, 상황, 순간. 모두 후회해 봐야 소용없는 상황이고 멈출 수 없는 눈물이었다. 이런 후회를 하고

돈 주고도 할 수 없는 경험을 하게 해준 좋은 친구. 언젠간 또 보자구!

싶지 않아 그땐 최선의 선택을 했다고 생각했는데, 그 순간을 떠나와 아쉬움이 남는 걸 보니 아무래도 그때 할 수 있었던 최선이 따로 있었던 모양이다. 앞으로 조금이라도 더 후회 없는 이별을 하기 위해 순간순간 옆에 있는 사람에게 최선을 다해야겠다.

드디어 도착한 맨체스터. 슈퍼자전거를 들고 일단 역 밖으로 나왔다. 박스를 고정시킨 테이프를 뜯으려는데 생각보다 쉽지 않았다. 몇 번이고 덧붙여진 테이프를 뜯으려 뾰족한 공구를 이용해 보기도 했지만 버거웠다. 다른 이유로 앤디 때문에 또 눈물 날 판이었다. 그러나 날 불쌍하게 여긴 사람이 나뿐만이 아니었나 보다. 혼자 낑낑대는 날 계속 보고 있었는지, 역 앞 맨 앞에서 대기하던 택시기사가 날 불렀다.

"이걸 이용해 봐."

순간 나를 공격하는 줄 알고 식겁했다. 그의 손에는 갖다만 대도 손이 베일 것 같은 커터칼이 들려 있었기 때문이다. "고마워. 다 쓰고 돌려줄게." 그러자 그는 "너 가져."라고 말한 후 얼마 안 있어 손님을 태우고 자리를 떴다. 그 덕분에 난 빛의 속도로 테이프를 잘라낼 수 있었다.

그런데 이번엔 박스와 각종 쓰레기가 문제였다. 깨끗한 역 앞에 두고 갈 수도 없는 노릇이었다. 주변을 둘러보던 중 마침 밖에 나와 있는 직원과 눈이 마주쳤다. 순간 어제 오늘 겪은 영국인 성깔에 겁이 나기 시작했다. 영국에선 가끔 가다 박명수같이 성격 지독한 영국인을 만날 수 있다. 난 몹시 쫀 상태였지만 그가 호통 치기 전에 먼저 말을 뱉었다. "혹시 이거 버릴 데 있어?"

그의 대답은 내 예상과 크게 빗나갔다. 그의 덩치와 달리 그는 굉장히 온순했다. "그대로 둬. 내가 치울게." 뭐라고??? 그의 말을 믿을 수가 없었다. 산더미가 된 박스, 뽁뽁이, 밟힌 은행열매같이 테이프 찌꺼기는 이미 바닥을 더럽히고 있었다. 이쯤 되면 유난히 맨체스터 사람들이 착한 건지 내 인복이 타고난 건지, 정말 궁금하다.

다시는 옥스퍼드처럼 고생하고 싶지 않아 이번엔 호스텔을 미리 예약해 놨다. 호스텔 위치는 미리 길을 캡처한 지도를 보고 찾아갔다. 많이 헤매긴 했지만 그래도 거의 근접하게 잘 찾아왔다. 더 자세하게 나와 있지 않은 캡처 지도에 더 이상의 이동은 힘들 거라는 판단에, 어느 건물 앞에 나와 있는 남자에게 길을 묻기로 했다. "야. 안녕. 혹시 YHA 호스텔이 어디 있는 줄 알아?" 절대 영국인 같아 보이지 않는, 출생지를 전혀 알 수 없는 생김새의 그는 신난 표정을 지으며 자신이 알려 주겠다고 했다.

그러나 이 친구는 허당이었다. 알기는 개뿔, 다른 사람에게 같이 길을 묻고 다녔다. 그중 차에 탄 한 남성이 건물의 위치를 알려 주었다. 그 건물은 알고 보니 내가 허당을 만났던 건물이었다. 허당 친구와 같이 그 건물로 가자, 내가 찾던 호스텔 이름이 고스란히 박혀 있었다. 그런데 왜 이 청년이 헷갈려 했는지 알 만하다. 이 호스텔의 이름은 두 개였다.

울고 뜯고 헤매고 자전거를 끄느라 지친 나는 체크인만 하고 건물 밖 테라스에 나와 앉았다. 지친 나의 심신을 아는지 모르는지, 이 청년은 쉴 새 없이 내게 질문을 쏟아냈다. 대화를 하는 도중엔 그의 친구들이 하나둘 밖으로 나왔다. 친구 세 명은 어째 모두 저스틴 비버 같이 훈남이었다. 난 허당한테 이름을 묻지도 않았지만, 그는 내 이름을 곧잘 불렀다. "해나해나."

허당은 독일에서 왔고 고등학생이라고 했다. 얼굴을 보면 그의 말을 전혀 믿기 힘들 정도로 그는 노안이었다. 허당은 내게 굉장히 살갑게 굴었다. 나를 쫓아다니며 내 이름을 불렀다. 그것도 꼭 두 번씩.

그가 잠깐 자리를 비운 사이 차고지에 자전거를 보관하고 방으로 올라갔다. 같은 방을 쓰게 된 두 외국인은 이미 잘 준비를 하고 있었다. 난 미안하다며 오랫동안 빨지 못한 옷을 처벅처벅 짓눌렀다.

마음 같아선 이들과 같이 눕고 싶었지만, 해야 할 게 많아 넷북을 챙겨 로비로 내려갔다. 바(Bar)는 운영되고 있었지만 손님은 없었고, 넷북을 하기 딱 좋은 곳엔 중국인이 앉아 노트북을 하고 있었다. 콘센트가 가능한 자리였기 때문에 나 역시 그와 같은 곳에 자리를 잡았다. 막상 넷북을 켜 와이파이를 잡으려 하자, 회원만 가능하단다. 리셉션에 있는 직원에게 비밀번호를 물었지만 회원권이 있어야 가능하다고 했다.

나 : 저 혹시 인터넷 어떻게 사용하고 있는 거야?
그 : 난 회원이야. 필요하면 아이디랑 비밀번호 알려 줄게.
나 : 아 진짜로? 정말 고마워.

그의 이름은 Bei Zhao. 금방 알려 줄 것 같던 그는 잠시 기다리라며 방으로 뛰어갔다 왔다. 돌아왔을 때 그의 손에는 아이디와 비밀번호가 적힌 종이가 들려 있었다. 이런 중국 천사 같으니라고!

사진을 컴퓨터에 옮기는 과정은 너무도 괴로웠다. 시계와 컴퓨터를 번갈아 보고 있자니 입술이 바짝 타들어갔다. 쓸데없는 스트레스에, 때 아닌 밤중에 출출했다. "혹시 맥도날드 어디 있는지 알아?" 그는 너무도 친절하게 대답했다. "아니, 몰라. 맥도날드 가고 싶어? 내가 찾아볼게." 그는 괜찮다는 내 말에도 불구하고 구글 지도를 이용해 맥도날드 위치를 확인시켜 주었다. "같이 가자." 그는 배가 고팠던 걸까? 심심했던 걸까? "그래!"

밖에는 추적추적 비가 내리고 있었다. 그는 겉옷도 없이 그냥 비를 맞으려는 내게 바람막이를 벗어 내게 건네주었다. 그러면서도 그는 엄청 추워했다. 옷을 몇 번 돌려주려 해도 그는 괜찮다고 했다. 추워도 춥다고 말하지 않는 대륙의 남자가 그렇게 안쓰러울 수가 없었다.

나 : 맨체스터에서 사는 거야?

그 : 아니. 영국에서 4년째 공부하고 있는데, 지금은 방학이라 잠시 여행하는 거야.

나 : 그렇게나 오래? 안 외로워?

그 : 어떻게 안 외로울 수가 있겠어.

난 고작 일주일밖에 안 있었는데도 이렇게 힘들고 외로운데, 그는 얼마나 외로울까? 전공이 엔지니어인 그는 그만의 목표가 있기에 이렇게 버티고 있는 거겠지.

맥도날드에 도착해 그가 뭐라도 먹길 바랐지만, 그는 괜찮다고 했다. 심지어 그는 여기서 햄버거를 먹고 가라며 나를 배려해 주기도 했다. 그러나 아무것도 먹지 않으면서 나를 기다리게 할 순 없어 매장에서 나와 다시 호스텔로 향했다.

그는 방에 두었던 노트북을 도로 갖고 내려와 내 옆에서 컴퓨터를 했다. 새벽 2시가 되도록 내가 잠을 자지 않자, 그는 언제 자냐며 자신은 먼저 자겠다며 먼저 올라갔다. 아마 내가 잘 때까지 그도 버티려 했던 것 같다. 아, 중국 남자란!

 지출

포장 재료(13.58) + 맥모닝2(3.90) + 버거세트(6.0) = 총 23.48파운드

#7.
서러움의 눈물

아침에 일어나자마자 넷북을 들고 리셉션으로 내려갔다. 얼마 안 있어 짜오 오빠도 내려왔다. 그는 두 종류의 중국 음식을 내게 보여 주며 어떤 걸 먹겠냐고 했다. 어쩐지 당연히 하날 골라야 될 것 의무감(?)이 생겼다. 그러나 딱 봐도 중국 향신료가 느껴지는 음식뿐이었다. 그중 숨을 안 쉬면 그나마 먹을 수 있을 것 같은 만두를 골랐다. "쒜쒜!" 만두가 배달되었을 땐 몸에 좋은 거라며 과일주스를 컵에 한가득 따라 주었다. 그는 천사임에 틀림없다. "많이 쒜쒜!"

만두를 다 먹어 갈 즈음, 이번엔 어제 만났던 독일인이 친구들과 로비로 내려왔다. 내 이름이 쉬운지 내 이름을 잊지 않고 있었다. "해나해나!" 딱히 할 말이 없어도 이 동생은 내 옆에서 알짱거리며 "해나해나"거렸다. 그는 학급에서 다 같이 맨체스터 유나이티드 구장에 간다고 했다. 나도 조금 있으면 가니까 되면 보자고 했지만, 솔직히 만나기 힘들 거라 생각하고 있었다. 먼저 호스텔에서 나가는 허당과 서로 손을 흔들며 헤어졌다.

이땐 그가 조금 귀찮았지만, 막상 그렇게 헤어지고 나니 어느 누구보다 생각나고 그리운 사람이 돼 있었다. 역시 나 좋다고 하는 사람을 만나야 되는가!

독일 동생.

축구 선수 중에 좋아하는 사람이 있다면 박지성, 드록바, 마리오 발로텔리, 루니 등이 있다. 그들이 속했던 혹은 속해 있는 구장은 거의 다 가 봤지만 내가 제일 좋아하는 선수, 루니가 있는 맨유는 첫 유럽 배낭여행 때 돈이 없어 오질 못했었다. 그래서 꼭 한 번은 올드 트래포드에 와 보고 싶었다.

Bei Zhao.

맨유 구장은 멀리 있지 않았다. 구장으로 가는 길에는 맨유 로고와 선수 사진이 새겨져 있는 음식점이 줄을 이었다. 마침내 내가 이곳에 왔다는 생각에 흥분되기 시작했다. 맨유 본 건물이 공사하는 바람에 살짝 김이 새기도 했지만, 벽마다 붙어 있는 퍼거슨의 사진은 다시금 이곳이 어디인지를 깨닫게 해 주었다. 퍼거슨을 등진 채 엄지를 세우고 사진을 찍자, 이를 본 맨유 직원이 옆에서 이렇게 말했다. "Very nice."

그러다 축구 구장으로 들어가는 길을 보게 됐는데, 그 구간을 보는 순간 말로 표현할 수 없는 묘한 감정을 느꼈다. 올드 트래포드를 한 달에 한 번씩 들락날락하는 사람, 홈경기 티켓을 사기 위해 열심히 일한 젊은이, 자신이 좋아하는 선수를 보기 위해 들뜬 마음으로 구장을 입장했을 각국의 축구팬들. 경기가 진 날엔 슬픈 표정을, 이긴 날엔 행복한 표정을 지으며 걸었을 이 길. 어둡게 깔린 조명이 이 길을 오고 갔을 수많은 사람들의 감정과 추억들을 고스란히 담고 있었다.

마지막으로 상점에 들렀다. 상점 크기는 아스날과 비슷하지만 상품은 더 다양하고 많았다. 그러나 옷이 하나같이 다 허접했다. 행여나 아스날처럼 사고 싶은 옷이 많으면 어쩌나 걱정한 게 민망할 정도였다. 여자가 입을 수 있는 유니폼 사이즈 역시 없었고, 사고 싶은 옷 하나 찾기 힘들었다. 아쉬운 마음에, 당장 쓰지도 못하는 털모자를 하나 사서 나왔다.

표지판 하나 제대로 있지 않은 이곳에서 리버풀로 가는 것은 너무도 고달팠다. 리버풀로 가는 길을 물어볼 때마다 사람들은 하나같이 미국인 리액션을 취하며 모두 멀다고 했다. 핸드폰 지도를 봐도 멀긴 했지만, 그래도 충분히 갈 수 있는 거리라고 생각했다. 그러나 의지가 약한 탓인지 몇 명의 한숨 섞인 조언은 내 마음을 자꾸만 흔들었다. "그냥 기차 타." 길을 알려 주는 사람들은 모두 뭐 하러 힘들게

Robert와 함께. 그의 아버지가 멋지게 사진을 찍어 주었다.

자전거를 타고 가냐는 눈빛으로 날 한심하게 쳐다봤다.

저녁이 되기 전에 리버풀에 도착할 자신이 점점 없어지기 시작한 나는 일단 정신줄을 붙잡으러 맥도날드로 일보 후퇴했다. 햄버거를 주문하고 결국 가장 가까이 있는 버스 역을 검색했다. 멀지 않은 곳에 있었다. 그러나 버스 시간이 얼마 안 남은 상태였다. 그다음 버스 시간까지 간격이 꽤 됐기 때문에 쉬지 않고 달려야 했다.

표를 사기 위해 기계 앞에 섰다. 잘되던 PIN코드번호가 어쩐지 안 먹혀 제자리에서 상당한 시간이 소요됐다. 버스 출발 시간이 얼마 남지 않은 상황이었다. 그제야 정신이 들었다. '자전거 포장해야 되나?' 앤디랑 했던 자전거 포장을 생각하면 이미 버스는 물 건너가고 리버풀은 글러 먹은 상태였다. "혹시 자전거 포장해야 돼?" 바로 옆에 서 있던 직원에게 물어봤다. 그는 당연하다는 듯 대답했다. "응."

그리고 내가 당황하려는 찰나, 그는 전혀 예상치 못한 행동을 했다. 옆에 있는 직원에게 "큰 비닐봉지 두 장을 가져와."라고 말하는 것이 아닌가! 직원은 좋지 않은 표정으로 멀리 가더니 검은 비닐봉지 두 장을 가져왔다. 그래! 다른 짐을 더럽히지만 않으면 되잖아? 자전거를 덮기엔 크기가 애매해 보였지만, 대기시간 없이 곧장 버스 앞으로 달려갔다. 혹시 몰라 비닐로 자전거를 덮기 전, 옆에서 표 검사를 하는 버스 기사한테 먼저 물어봤다.

나 : 자전거 포장을 못했는데, 다른 짐이랑 안 닿게만 넣으면 되지?

그 : (단호박인 줄.) 안 돼.

나 : 이렇게 자리도 많은데. 이 비닐 두 개로 감싸도?

그 : 안 돼. 회사 규칙이야.

나 : 그럼 저 사람이 비닐을 왜 준 거야?

이런 상황을 지켜보던 옆에 있던 직원은 내가 불쌍했는지 내게 이렇게 말했다. "내가 다음 운전기사한테 한번 물어볼게." 속으론 '아싸!'를 외쳤지만 겉으론 티를 낼 수 없었다. '울다가 웃으면 엉덩이에 뿔나잖아!' 속으론 기뻤지만 건물 안에 짐을 들여놓을 때까지도 눈물은 멈출 줄을 몰랐다. 접이식 자전거였다면 얼마나 좋았을까? 접히지 않는 내 자전거가 너무도 원망스러웠다. 다 때려눕히고 싶을 정도로 모든 게 미웠다.

다행히도 착한 직원과 착한 운전기사 덕분에 아무런 포장 없이 자전거를 실을 수 있었다. 그러나 아무리 잘해 줘도 이미 터진 눈물은 멈출 줄을 몰랐다. 고맙다는 말이나 제대로 하고 버스에 올랐나 모르겠다. 이틀 연속 버스에서 흘리는 눈물이 내게 묻는다. '너 여행 잘하고 있는 거니?'

기분 탓인지, 리버풀은 맨체스터보다 추웠다. 자전거를 끌고 호스텔로 가는 길에 마주한 햇빛은 절대 그냥 지나칠 수 없었다. 맨체스터선 뒤돌아 등을 지졌다면, 여기선 대놓고 서 있어야 몸이 녹을 정도로 더 추웠다. 리버풀 코치 역(Norton St Coach Station)에서 호스텔까지 거리는 800m. 1㎞도 안 되는 이 거리가 왜 그렇게 길게 느껴지는지……. 아니나 다를까, 오늘도 길을 잃었다.

초점 잃은 눈으로 한곳만 응시하던 내 눈에 들어온 젊은 중국인 세 명. 캐리어를 끌고 오는 걸 보니, 이들도 숙소를 찾아가는 듯 했다. 그들 중 한 명이 지도를 보는지 핸드폰과 건물을 번갈아 봤다. 내 쪽으로 오는 그들에게 망설이지 않고 말을 걸었다. 그 결과, 그들의 작은 도움으로 모퉁이 돌아 바로 있던 호스텔에 도착할 수 있었다.

호스텔은 기대 이상이었다. 값도 싼데 시설도 굉장했다. 일단 호스텔이 굉장히 컸고, 방 역시 뛰놀아도 될 만큼 드넓었다. 밤에는 바(bar)로 변신하는 레스토랑에서는 하루 종일 커피와 차를 제공한다. 그뿐만 아니라 아침까지 제공해 주니, 어느 누가 만족하지 않을 수가 있겠는가!

방에 가서 씻고 조금 자려고 했지만, 레스토랑에는 와이파이가 나름 잘 터지고 있었다. 전자기기를 충전할 콘센트가 없다는 게 흠이었지만, 안락한 분위기의 레스토랑은 이미 많은 사람들로 가득 차 있었다. 난 웬만큼 컴퓨터를 하다 리버풀 시내 구경 한번 하지 않고 잠자리에 들었다.

＊ 호스텔 : Hatters Hostel Liverpool

 지출
털모자(10) ＋ 호스텔(예약1.5+18) = 29.5파운드

#8.
리버풀(Liverpool)은 안필드(Anfield)지!

미리 씻고 조식 시간에 맞춰 레스토랑으로 달려갔다. 레스토랑에는 각종 시리얼, 요거트, 차, 빵 등이 진열되어 있었다. 여행하면서 이렇게 화려하고 정성이 가득한 아침은 처음이었다. "우오!" 나도 모르게 튀어나온 탄성에 옆에 있던 아줌마 역시 맞장구를 쳐 줬다. "훌륭한 아침이야." 토스트에 구운 식빵은 차원이 달랐다. 여태 먹던 빵과 다를 바 없을 텐데 이 녀석들은 입으로 거침없이 들어갔다. 입이 짧아 맛있다고 극찬한 것에 비해 많이 먹진 못했지만, 호스텔에서 이렇게 먹어 보긴 처음이었다.

편안한 로비에서 오랫동안 눌러앉아 있으니 점점 움직이기 귀찮아졌다. 와이파이나 이용하다 기차 시간에 맞춰 체크아웃 할까? 축구를 좋아한다는 사람이 그러면 안 되지! 리버풀에는 안필드(리버풀 FC 구장)가 있는데! 고민하다 남은 시간이 더 짧아지긴 했지만, 잠깐이라도 들르기로 마음먹었다.

생각보다 잘 찾아간 안필드는 생각과는 달리 작은 마을 구석에 자리 잡고 있었다. 그럼에도 안필드를 구경하는 학생들과 어른들로 구장 앞은 북적였다. 직원의 도움으로 자전거는 작은 사무실 뒤에 보관할 수 있었다. 1층에는 박물관 접수를 받고 2층에는 박물관이, 그 옆에는 술을 마실 수 있는 펍이 있었다. 비싼 박물관은 엄두도 못 내는 나한텐 벽에 붙어 있는 선수들의 사진이 더 인상 깊었다.

　대충 훑고 내려온 상점은 생각보다 넓었다. 그리고 나의 주머니를 자극하는 상품들이 많았다. 길게 나열되어 있는 상품들은 맨유와 크게 비교됐다. 첫째, 아기 옷, 그리고 여성 팬들을 소홀히 하지 않았다. 여러 사이즈에 내가 찾던 긴팔 옷까지. 내가 그토록 찾던 긴팔인데다 가격도 생각보다 저렴해 사 볼 만했다. 물론 라이벌만 아니라면! 두 번째, 선수들의 얼굴이 새겨진 옷과 상품이 많다. 특히 수아

조용한 동네 깊숙한 곳에 자리 잡고 있는 안필드. 상품이 굉장히 다양하고 아이들 옷도 굉장히 많다. 타 팬도 진짜 주머니 털리는 수가 있다.

레스. 똘끼가 충만해도 실력이 있으니 그의 옷을 사는 사람도 있겠지? 세 번째, 스냅백! 예쁜 모자 때문에 주머니에서 돈이 나왔다가 도로 들어갔다. 마리오 발로텔리가 여전히 리버풀에 남아 있었다면, 아마 난 그의 얼굴이 새겨진 상품은 다 사고 택배로 보냈을 것이다. 그가 리버풀을 떠난 게 다행이었을까? 구경만으로도 정말 행복한 자리였다.

리버풀에서 파리로 넘어갈 계획이다. 중간에 한 번 환승을 해야 하므로 기차표는 총 2장이어야 한다. 그런데 난 알고 있었지. 기차표 이티켓 하나가 없다는 것을! 리버풀에 다가올수록 이것이 계속 신경 쓰이긴 했지만 말 그대로 신경만 쓸 뿐이었다. 부족한 이티켓 한 장 때문에 역에 도착하자마자 고군분투해야 했다. 직원을 통해 조회해 봐도 예약 티켓은 한 장뿐이었다. 여기저기 묻고 다녔지만 답은 나오질 않았다. 기차 시각은 2시 47분. 이때 시각 2시 38분. 시간은 조여오고 이대로는 안 되겠다 싶어 유로스타 홈페이지에 접속하기 위해 로밍을 시도했지만, 실시간으로 돈이 빠져나가는 줄 알았던 나는 느려 터진 인터넷 속도에 로밍을 켰다 바로 껐다(미쳤지).

그리고 2시 40분. 넷북 역시 확인해 봤지만 내가 갖고 있는 이티켓 뿐이었다. 1분 1초가 긴박했던 나는 바로 옆 건물에 있는 직원에게 태블릿PC 사용을 부탁했다. 빠른 승낙! 난 빛의 속도로 유로스타 홈페이지에 들어갔다. 몇 차례 접속 실패 후, 직원에게 자초지종 설명하며 도움을 청했다. 2분을 남겨둔 상황. 직원은 태블릿에 뜬 정보를 보곤 옆에 있는 무인기계로 다가가더니 번호를 하나씩 누르기 시작했다.

기계에선 표가 세 장이나 튀어나왔고, 난 표가 나오는 동시에 고맙다 말하며 기차가 있는 쪽으로 달려 나갔다. 그러나 이미 기차 출발 시각은 지난 후였다. 난 문이 잠긴 입구 앞에 서서, 그저 멍하니 내가 타야 했을 기차를 바라볼 수밖에 없었다. "이미 늦었어." 입구 안쪽에 있던 직원이 말했다. '이렇게 또 돈과 시간을 날리는구나.' 난 겁나 멍청하다며 좌절할 찰나, 방금 전엔 문을 열어 줄 수 없다던 직원이 멀리서 손짓한다.

난 문을 열고 그녀가 있는 곳을 향해 미친 듯이 달려갔다. 경사 높은 계단에서 30㎏이 넘는 짐을 들고 올라가는데, 순간 폭발적인 힘이 필요했다. 그런데 다급한 상황이어서 그런가? 순간 내가 코끼리인 줄!

우여곡절 끝에 런던에 도착했다. 기차 안, 겨우 편안해진 마음이 다시 심란해지기 시작했다. 역 이름을 묻고 찾아간 건물은 그저 같은 이름의 건물일 뿐이었다. 건물에서 나와 길을 묻자, 사람들은 조금 멀리 떨어져 있는 건물을 알려 줬다. 충분했던 시간은 또다시 촉박해졌다. 그러나 나의 초능력(?)은 생각보다 대단했다. 몇 년 전에 한 번와 봤다고 헤매지 않고 뛰어다니고 있는 게 아닌가! 단숨에 유로스타 입구에 도착해 줄을 섰다.

어쩐지 아무도 자전거에 대한 언급이 없어 자전거 값은 지불하지 않아도 될 줄 알았는데, 표 검사에서 딱 걸리고 말았다. 자전거 요금은 25파운드(약 45,000원).

"짐 다 빼고 자전거는 나한테 주면 돼."

내가 자전거를 갖고 올라가야 할 것 같았지만, 유로스타 기차에 자전거를 실은 적이 없으니 직원을 믿을 수밖에 없었다. 이대로 여행이 끝나는 건 아닌지 걱정됐지만, 얼마 남지 않은 시간에 난 또 달려야 했다. 내 손에 들린 페니어 2팩에 침낭, 텐트는 양손에 들고 뛰기엔 너무 무거웠다. 런닝맨도 이 정도는 아닐 텐데! 긴 에스컬레이터에는 캐리어를 쥔 중국인들이 많이 늘어서 있었다. 너흰 왜 안 뛰냐?! 한 명 두 명 제치자 기차 한 대가 대기하고 있었다. 그제야 숨을 고르고 착석했다. 당이 땡긴다. 연양갱이 이렇게 맛있었나!

기차 이동 3시간. 도착 시간이 되지도 않았는데 사람들이 모두 내릴 준비를 하기 시작했다. 1시간이 더 남아 있는 상태에서 다들 이러니, 정신이 혼미해지기 시작했다. 시각은 정확히 도착 시간 1시간 전을 가리켰다(영국과~ 1시간). 알고 보니 도착 시간은 프랑스 시간 기준으로 적혀 있던 것이었다.

정신을 차리고 기차에서 내리니, 이번엔 자전거를 찾아야 했다. 직원을 찾아 걷던 중 돼지처럼 갈고리에 걸려 있는 내 자전거가 실려가는 걸 발견했다. 한 중국인 언니와 짐수레를 쫄래쫄래 따라가며 얘기를 나눴다. 유학 생활을 하고 있다는 언니는 캠핑장을 간다는 내 말에, 자신의 남자 친구가 마중 나왔다며 그에게 물어보라고 했다. 짐을 찾으며 만난 그의 남자 친구는 "나도 캠핑을 좋아하지만 파리에는 캠핑장이 없어."라고 했다. 신뢰가 느껴지는 그의 표정에 점점 멘붕이 오기 시작했다. 게다가 설상가상으로 밖에선 주룩주룩 비가 내리고 있었다.

일단 북역에서 나왔다. 커플은 역 앞에 있는 호텔에서 묵길 권했다. 역 앞에는 호텔 간판이 즐비했다. 호텔은 우리가 서 있는 곳에서 앞, 왼쪽, 오른쪽에 한 군데씩 있었는데, 이들은 내게 자전거를 맡아 준다며 갔다 오라고 했다. 졸지에 미션이 생겼다. 오른쪽 호텔에 갔다 오면 정면에 있는 호텔을, 그다음은 왼쪽 호텔을 가라고 했다. 시간이 계속 가도 기다려 주는 그들 때문에 더 바삐 뛰어다녔다. 빗속의 미친년같이.

그 과정에서 난 지쳤고, 이들을 더 이상 서 있게 할 수 없었다. 값은 비쌌지만 마지막으로 갔던 호텔에서 결국 묵기로 했다. 헤어지기 전, 현지인인 그녀의 남자 친구는 내게 단단히 일러 줬다.

"파리 진짜 위험해. 이렇게 밤늦게 절대 다니지 마. 정말 조심해야 돼."

호텔에서 묵긴 처음이었다. 얼떨떨했다. 영화에서나 볼 법한 엘리베이터를 타고 5층에서 내렸다. 문 여는 데만 한참 걸렸다. 아마 멍청하게 문을 잠갔다 열었다 했던 것 같다. 방은 생각보다 작았지만 이 작은 방에 침대, 샤워실, 화장실 다 있다는 게 그저 신기했다. 찝찝한 옷을 입고 침대에 누울 필요도 없다. 짐은 아무데나 던져 놔도 뭐라 하는 사람 한 명 없으니, 이 얼마나 좋은가!

샤워를 하고 저녁을 먹으러 내려왔다. 로비에는 한 동양인이 방을 잡고 있었다. 혹시나 한국인은 아닐까 하는 마음에 입을 열었다. "한국……인?" 놀랍게도 그는 한국인이었다. 비즈니스차 파리에 왔다가 서류가 없어 오늘 영국으로 돌아가지 못했다고. 아저씨가 방에 올라갔다 내려오면 함께 저녁을 먹기로 했다.

한국 음식이 너무 먹고 싶었다. 행인에게 아무리 물어봐도 한식당

성수 오빠.

을 아는 사람은 한 명도 없었
다. 결국 아무 레스토랑에 들어
갔는데, 그게 화근이었다. 두
음식 모두 실패였다. 연어에 뿌
려져 있는 소스는 입술에 대지
도 못할 정도로 냄새가 역했다.
만만할 줄 알았던 스파게티 역
시 심각했다. 술을 못 먹는 난
와인도, 음식도 못 먹고 콜라
만 빨아야 했다. 그럼에도 불
구하고 이 자리가 행복할 수 있

었던 건 앞에 앉아 있는 성수 오빠 덕이었다. 혼자 겪은 설움을 오빠
한테 털어놓으니, 맘이 한결 편해졌다. 먼 타지에서 한국인을 만나는
건 큰 행운이다.

사진만 봐도 속이 니글거린다.

지출

리버풀에서 파리 북역까지 50.5파운드, 자전거요금 25파운드,
Picardy Hotel 하루 숙박비 50유로, 최악이었다.

떠나려는 당신에게

런던에 있는 축구 구장

① 아스날(ARSENAL EMIRATES STADIUM)
아스날 역에서 내렸다면 다리를 건너면서 보이는 스타디움에 감탄을 금치 못할
것이다. 이곳에 왔다 아스날 팬이 될 수도 있다.

아스날

상점에 들어가기 전엔 심호흡 한번 하시길. 가격이 다른 곳에 비해 저렴해서 웬만하
면 한 개씩 사 들고 나간다. 한 중국인은 장바구니 두 개를 가득 채우고도 계속 고민
하며 고르고 있었다. 예쁜 옷이 굉장히 많다. 옷이 대체로 크니 입어 보고 사시길!

② 첼시(CHELSEA STAMFORD BRIDGE)
아주 다양하게 '첼시' 발음을 시도했지만 알아듣는 사람은 없었다. 스펠링을 불
러 주는 것이 빠를지도. 기대하지 않고 가길 바란다. 상점에서 주머니 털릴 일도
없을 것이다. 벽 여기저기에 선수들의 사진이 많이 걸려 있어 기념사진 찍기가
좋다.

첼시

③ 퀸즈 파크 레인저스(LOFTUS ROAD STADIUM)
아주 뜬금없이 QPR이 적힌 건물이 나온다. 박지성 선수가 입단해 있을 당시 상점
엔 그의 사진과 태극기가 박힌 목도리를 팔고 있었다. 상점 직원에게 물어보니, 한
국 사람들이 엄청 온다고 했다(나는 운 좋게도 직원을 통해 공짜로 구장에 입장할
수 있었다).

퀸즈 파크 레인저스 LOFTUS ROAD STADIUM

당시 첼시 구장 근처에서. 뒤에 토레스와 존 테리가 보인다.

리버풀 박물관 입구.

니글니글 연어구이.

영국와서 처음으로 제대로 먹어본 음식. 감자튀김이 제일 맛있었다.

2
PART

대망의 뚜르 드 프랑스

#1.
한국인은 나의 힘!

성수 오빠와 헤어지고 시내를 통해 캠핑장으로 향했다. 그 길에 샹젤리제 거리에서 상점 구경을 하고 로드샵 GAP에 들렀다. 여전히 쌀쌀한 날씨 때문이었다. 그러나 이미 아이쇼핑이 되어 버린 지도 오래. 옷값이 상당했다. 여기저기서 한국말이 들려왔다. 그중 아저씨 두 분과 대화를 나누게 됐고, 저녁도 함께 먹기로 했다. 아저씨는 마치 기다렸다는 듯이 한식당을 지도앱에 입력하셨다.

자전거 여행을 하고 있는 내가 다 민망할 정도로 아저씨들은 길을 잘 찾아가셨다. 덕분에 무사히 한식당에 도착할 수 있었다. 그런데 가게 안이 뭔가 어수선했다. 무슨 일인고 물어보니, 전기가 나갔다며 오늘 영업을 못한다고 했다. 세 명 모두 허탈함을 감출 수 없었다. 여기까지 어떻게 걸어왔는데……. 그러나 얼마 떨어지지 않은 곳에 한식당이 있었다. 2층으로 되어 있는 코리안 바비큐. 한국인이 운영하는 건 아니었지만, 한국말을 잘하는 여직원이 있어 주문이 편리했다. 19유로짜리 세트메뉴를 시켰다. 전식으로 샐러드, 된장국, 군만두가 나왔고 비빔밥이랑 고기가 메인으로 나왔다. 맛은 모두 깔끔하고 맛있었다. 특히 고기랑 비빔밥은 말도 못할 만큼 맛있었다. 아저씨들은 배불러서 손 놓으신 지 오래됐고, 나 역시 힘들어서 숨쉬기가 힘들 정도였다. 하지만 손이 자꾸만 가는 걸 어떻게 해!

윤동기, 황정규 아저씨와 헤어지며.

* 한식당 : Korean Barbecue Champs-Elysees

   아저씨와 헤어지고 본격적으로 파리 캠핑장을 향해 달렸다. 내가 길을 헤매서 그런지 캠핑장으로 가는 길은 참으로 복잡했다. 복잡한 골목길에서 빠져나와선 불로뉴의 숲(bois de boulogne, 프랑스 Paris 서쪽의 대공원) 사이를 끼고 달렸다. 어두컴컴하고 음침했다. 한참을 달렸지만, 이상하리만큼 끝은 보이질 않았다.

   조깅을 하고 있는 아저씨가 겨우 보였지만, 달리는 사람을 붙잡고 길을 묻진 못했다. 아저씨는 지도를 든 나의 간절한 눈빛을 보셨는지 나를 외면하지 않았다. 통했다! 소리 없는 아우성! 기회를 놓치지 않고 그를 불렀다. "Excuse me!" 밝은 인상의 아저씨는 곧장 길을 건너오셨다. 내 질문은 간단했다. 내가 잘 가고 있는 건가! 그는 이 길로 쭉

아저씨.

가면 캠핑장이 나온다고 했다.
"이 길은 빨리 지나가. 되게 위험해. 인도보다는 차라리 차도로 가는 게 나아. 누가 불러도 멈추지 말고 사람이 있어도 절대 멈추지 말고 지나가. 이대로 쭉 가면 돼." 아저씨의 신신당부는 안 그래도 깜깜한 밤에 나를 더 긴장하게 만들었다.

겨우 찾아온 Camping Indigo Paris. 1박에 20.5유로. 처음에 4박을 지불하려다 일단 2박만 지불했다. 중간에 한인민박에 가고 싶을 수도 있고, 관리가 허술할 수도 있잖아? 리셉션에는 콘센트도 있고 와이파이도 잘 터졌다. 포스팅을 하다 보니 어느덧 새벽 1시가 다 돼 가고 있었다.

아직까지도 혼자 텐트를 쳐 본 적이 없다. 시력도 안 좋아 눈에 뵈는 것도 없다. 그야말로 눈 감고 집 짓는 꼴이었다. 빈 공간이 많았지만 텐트도 많았다. 아무리 조용히 텐트를 치려 해도 손이 닿기만 하면 다 소음 각이었다. 무엇보다 텐트에 폴대를 끼우는 것이 제일 힘들었다. 길이가 제각각인 폴대는 육안으로 구분이 힘들었다. 그렇게 입에는 자전거 라이트를 물고 여기다 끼웠다 저기다 끼웠다를 반복. 아~ 제대로 미치는 줄 알았다.

스트레스는 하늘 끝을 찔렀다. 풀 위에 그냥 누워 잘까도 생각해 봤지만, 폴대 하나가 맞아 들어가자 나머지는 일사천리였다. 그 와중에 펴지고 접히면서 나는 폴대 소리에, 뒤척이는 소리가 여기저기서 들려왔다. 그러나 미안한 마음에 도리어 천천히 움직이면 흐르는 게 시간인지라 후다닥 해치웠다. 여기서 끝날 줄 알았지? 에어매트리스에 공기 불어 넣는 소리가 정점을 찍고 침낭 소리가 마무리를 해 줬다. I'm sorry!

* 캠핑장 : Camping Indigo Paris

 지출

점심(28.80유로) + 캠핑(20.50) = 49.30유로

#2.
외롭고 또 외로운

파리 시내로 가기 위해선 어젯밤에 왔던 길을 되돌아가야 했다. 그런데 어제 만났던 아저씨가 왜 그렇게 조심하라고 했던 것일까? 대낮에 그 이유를 알 수 있었다. 인도 위에는 여자 몇 명이 야한 옷을 입고 포즈를 취하고 있었다. 남자를 유혹하는 듯했다. 어떻게 대낮에, 그것도 운동하는 사람들이 많이 다니는 곳에서 이럴 수 있는지, 커진 내 눈은 도무지 작아질 줄을 몰랐다.

2년 전엔 배낭여행으로 파리에 왔었다. 그때 걸었던 길을 똑같이 걷고 있는데, 그땐 전혀 느끼지 못했던 외로움과 신체적 피로가 느껴졌다. 피곤한 건 그렇다 쳐도, 외로운 건 견디기 힘들었다. 한국인만 보면 따라가서 말을 걸고 싶을 정도였다. 한 번은 한국인 무리가 한 방향에서 우르르 몰려오고 있었다. 같은 한인민박을 이용하는 사람들끼리 뭉친 듯했다. 말을 걸고 싶었지만 한국 사람 대부분이 혼자 여행하는 게 아닌 이상 다른 한국인은 잘 거들떠보지 않기 때문에 말 걸기도 뭐 했다.

이 무리 뒤에는 거리를 두고 걷는 두 남자가 있었는데, 괜히 사람 수가 적으니 인사라도 하고 싶었다. 혼자 한국말 하는데도 한계가 있지. 한국말로 나누는 대화는 말 그대로 힐링(치유, Healing)이 된다. 난 놓칠세라 그들에게 인사했다. "같이 다녀도 될까요?"

제빵사한테 추천받아 산 프렌치파이. 짜도 너무 짜다.

이제 와서 생각하면 붙임성이 좋은 걸 넘어 공포 수준이다. 그들 역시 날 경계했다. 친구처럼 보이던 그들은 형제(20살, 24살)라고 했다. 형은 처음 파리에 도착하던 날, 지하철에서 흑인이 던진 동전을 주워 주다 가방을 분실했다고 한다. 그 안에 여권, 지갑, 핸드폰 등 중요한 건 다 들어 있었는데 다 가져갔다고.

파리는 절대적으로 방심하지 말아야 하는 곳이다. 내가 처음 배낭 여행을 떠나기 전에 열심히 들락날락한 네이버 카페가 있다. '유랑'. 유럽여행을 떠나려는 사람들에게 아주 유익한 카페다. 그런데 과장이 심한 내용에 여행 내내 사람을 불안하게 만들기도 한다. 자신을 둘러싸고 여러 명이 소지품을 빼갔다, 가방에 자물쇠를 채워야 한다, 심지어 카메라에 달려 있는 렌즈까지 단숨에 빼간다고 하니 말 다했다. 소지품 때문에 여행이 자유롭지 못할 수도 있지만 경계한다고 해서 나쁠 건 없다. 항상 관광객이 많은 장소에선 사방을 경계해야 한다.

오리의 여유가 부럽다.

캠핑장에 돌아오자마자 넷북을 켜고 이메일을 썼다. 웜샤워를 포기할 수 없었기 때문이다. 런던에선 호스트에게서 답장 하나 못 받았기 때문에 이번엔 한 사람한테라도 답장을 받는 게 목표였다. 성의 있게 이메일을 써 보기로 했다. 먼저, 남들은 어떻게 쓰는지 궁금해 현재 여행 중인 지호 언니한테 물어봤다. 언니는 자신이 보내던 이메일 내용을 아예 복사해서 내게 보내 줬다. 우와! 문장이 어찌나 길던지, 입이 그냥 떡 벌어졌다. 문장 길이는 이미 포기한 지 오래. 어떤 식으로 써야 될지 감을 잡았다. OK!

먼저 메일 제목부터 고쳤다. 런던에선 매번 "Help me!"라고 적었다면, 이번엔 "Hello! I'm Korean, Haena Wang."으로 통일했다. 내용도 180도 바꿨다. 저번 메일은 내가 봐도 '잠자리를 해결하기 위한 수단'으로 웜샤워를 이용하려는 것으로 느껴질 정도였다. 이번엔 나의 신분, 여행 경로, 현재 위치, 언제 그 도시로 갈지를 순서대로 적어 나갔다. 상대방에 따라 메일 내용도 조금씩 바뀌었다. 그 결과, 몇 시간 후에 열어 본 이메일에는 답장이 꽤 와 있었다. 그 답장도 가지 각색이었다.

1. 여기 파리긴 한데 미국이야.
2. 지금 휴가라 파리에 없어.
3. 내가 지금 파리에 없어. 정말 친한 친구를 소개해 줄 순 있어. 연락해 줄까?

사실이든 핑계든 호스트에게 답장이 온 것만으로도 난 너무 행복 했다. 웜샤워를 포기하고 있었기 때문에 그 행복감은 배였다. 런던 에서 일찍이 웜샤워를 포기했던 건 생각이 짧은 행동이었다. 제목을 "Help me!!"로 하고, 내용도 짤막한데, 나 같아도 불쾌해서 답장도 하기 싫었을 것이다.

웜샤워 이메일을 보내기 위해서는 여유가 필요하다. 미리 보내야 한다는 것. 와이파이를 쓰지 못하는 상황이 올 수도 있다는 생각에, 스위스로 넘어가기 전 도시까지 미리 메일을 보내 놓기로 했다. 그래 야 호스트의 스케줄에 맞춰 움직일 수도 있으니까!

 지출

프렌치파이(3.5) + 캠핑(20.50) + 빵 & 콜라(3.60) = 총 27.60유로

떠나려는 당신에게

웜샤워(Warmshowers) : : 여행객에게 잠자리를 제공해 주는 카우치서핑 (Couch surfing)과 달리 자전거 여행자만을 위한 커뮤니티이다.

이용 방법

1. 홈페이지 접속 & 회원 가입 → www.warmshowers.org
   예를 들어, 나와 호민 오빠가 프랑스 그르노블 호스트를 구할 경우.

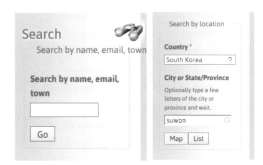

2. 자신이 도착할 도시를 검색
   〈나의 경우, MAP보단 LIST를 이용한다. 먼저 호스트 이름 옆에 '호스팅 가능 (Available for hosting)'으로 표시되어 있는지 확인한다. 호스트 집 위치가 그르노블 시내에서 얼마나 떨어져 있는지에 대해선 일단 생각하지 말고, 호스트의 소개를 읽어 보고 괜찮다 싶으면 클릭해서 정보를 확인한다.

HAENA WANG

Mobile Phone

[Update] [Set Location]

Responsiveness: 100%
(2 responses to 2 requests over the
past year)

① 프로필 & 피드백(호스트 파악)
급하면 어쩔 수 없지만, 될 수 있으면 호스트가 쓴 소개 글을 꼼꼼하게 읽어 보길 바란다. 게스트가 여자, 호스트가 남자일 경우 피드백(Feedback) 글이 큰 도움이 될 수도 있다.

② 제공 내역(얼마나 누릴 수 있는가)
– 우린 2명이므로 Maximum Guests는 최소 2명으로 표시되어 있는 사람만 봐야 한다. 정말 급할 경우, 최대 수용 가능 인원이 1명이 표시되어 있더라도 텐트 칠 자리가 있다고(Space for tents) 표시되어 있다면, 최대한 정중한 태도로 부탁해 보도록(1명은 Bed, 1명은 Tent).
– 음식을 제공해 준다고 써 있다 해도 저녁으로 한국 음식을 해 주면 좋아할 것이다.

③ 그다음으로 확인할 것들
– Languages Spoken : 영어가 적혀 있어야 그나마 대화가 가능하지 않겠는가!
– Responsiveness : 답장률이 얼마나 되는지 확인할 것. 80% 이상이면 좋겠지만, 70% 이상인 사람들에게도 메일을 보내 볼 만하다.
– Active * months * days ago : 1년 동안 접속하지 않은 호스트라면 답장이 올 확률도 낮다.

4. 메일 보내기
성의가 중요하다. 나의 경우, 메일을 보낼 때마다 매번 다시 써서 보냈다. 멍청해 보일지는 모르겠지만, 같은 도시에 사는 사람일지라도 그 사람의 직업이나 특징을 언급하며 써서 보냈다. 자기소개 후 현재 어떤 여행을 하고 있는지를 간단하게 설명한 후, 현재 위치는 어디이며 언제쯤 그곳에 도착할 것 같다며 풀어 나가면 쉽다. 양보다 질이 중요하다.

5. 요령
– 미리미리(두 도시 전 또는 일주일 전) 이메일을 보내야 좋다.
– 여러 사람에게서 와도 된다는 답장을 받았다면 프로필과 피드백, 호스트의 집 위치 등을 고려해 결정하면 된다. 거절을 할 땐 솔직하게 말하는 것이 좋다.
– 호스트가 초대를 하면 그의 이름을 미리 핸드폰 메모장에 적어 놓고, 핸드폰으로 그의 프로필 글을 캡처해 두길 추천한다. 호스트를 만나기 전에 그의 프로필을 먼저 훑어본 후, 그의 직업과 관련해 질문을 하면 한결 친해지기 쉬울 것이다.

#3.
드디어 내게도 찾아온 기회

웬 비? 일찍 맥도날드에 가려고 했건만 비 때문에 꼼짝없이 텐트 안에 갇혔다. 우산이 없다. 대체 짐을 줄이면 얼마나 줄이겠다고 그 작은 우산 하날 안 챙겨 온 건지, 알다가도 모르겠다. 결국 비가 그친 오후에야 맥도날드에 도착했다. 비싼 가격 탓에 얄짤없이 해피밀을 시켰다. 생각보다 웜샤워 답장이 많이 와 있었다. 하나는 바로 다음 도시인 리옹에 사는 선생님한테서 온 답장이었다. 내용은 대충 이랬다. "와도 돼. 아침에 아들을 유치원에 데려다 줬다가 역으로 마중 갈게."

다른 하나는 리옹 다음 도시인 그르노블 호스트인데, 그중에서도 내가 꼭 만나고 싶어 했던 한국인 언니였다. "와도 돼요. 사무실이 집에서 10분 거리니까 혹시 집에 일찍 도착하면 문 열어 주러 갈게요." 기분이 째져 내 입가에는 미소가 멈추질 않았다. 진즉 이렇게 메일을 보낼 걸! 여럿 아쉬움과 후회 섞인 한숨이 10초 간격으로 튀어나왔다. 진즉 성의 있게 이메일을 보냈더라면 하루라도 편하게 쉬지 않았을까?

 지출

맥도날드 해피밀(4) + 음료수(2) = 총 6유로

#4.
여행의 의미

원래 계획대로라면 파리 근교를 갔다 와야 했다. 파리에서 리옹으로 가는 기차표를 여유 있게 끊은 것도 그 이유에서였다. 그런데 몸과 마음은 생각처럼 되지 않았다. 생각도 못한 회의감에 급기야는 아무 것도 하고 싶지 않은 지경에 이르게 됐고, 그래서 파리에 있는 내내 의미 없는 나날을 보냈다. 그러다 보니 어느덧 파리를 떠나기 하루 전날이 되었다.

파리에서의 마지막 날을 의미 있게 보내진 못하더라도 생각을 정리하는 날이 되길 바라며 시내로 나왔다. 아침을 제대로 못 먹어서 그런지 시내로 오기 전부터 배는 계속 요동쳤다. 뭔가를 먹긴 먹어야겠는데 아무거나 먹고 싶진 않고. 사람이 많아 보이는 곳에 들어가 먹으려다 행인에게 유명한 레스토랑을 추천받았다. 그가 알려준 오래된 레스토랑이 많이 있다는 거리에 도착했지만, 눈에 띄게 사람이 많은 레스토랑은 찾기 힘들었다. "뭘 가려 먹어." 배고파서 더 이상 음식을 가려 먹을 힘도 없었다. 마트에서 빵과 음료수를 사 갖고 나왔다.

벤치에 앉아 빵과 음료를 번갈아 먹는데, 갑자기 화장실이 무척 가고 싶어졌다. 참고 참아도 자꾸만 들어가는 음료수에, 유럽에서 단련된 내 방광도 속수무책이었다. 같은 벤치에 앉아 있던 한 흑인에게 주변에 화장실이 있는지 물었지만, 흑인은 내 말을 알아듣지 못했다. 화장실을 몸짓으로 어떻게 표현하지? "Toilet! Rest room!" 아는 화장실 다 나왔다. 흑인은 내 말을 알아듣곤 옆에 있는 레스토랑을 가리켰다. "아무것도 안 사 먹었는데…… 이용해도 될까?"

흑인은 직접 레스토랑에 가더니 직원에게 말을 하고 내게 손짓했다. 눈치가 보였지만 덕분에 급한 불을 끌 수 있었다. 벤치에 돌아와 흑인과 대화를 시도했으나, 그는 일절 영어를 할 줄 몰랐다. 나 역시 불어를 할 줄 모르기 때문에 서로 궁금한 게 많아도 대화가 불가능했다. 답답해서 몸짓 팔짓으로 보디랭귀지를 하면, 그는 웃겨 죽겠다며 배꼽을 잡았다. 그런 그를 보고 나 역시 웃어 젖혔다. 마음만은 말 잘 통하는 동네 친구 같았다.

여전히 대화는 안 되고, 뚝뚝 끊기는 대화에 그는 지나가는 사람마다 무언가를 물어봤다. 영어를 할 줄 아냐고 묻는 것 같았다. 그중 한 젊은 여자가 영어를 할 줄 아는 듯했다. 그녀는 내가 영어로 말하면 불어로 통역해 그에게 전달했다. 그가 불어로 말하면 그녀는 영어로 내게 말해 줬다. "번호 알려 줘." 그가 알고 싶었던 건 내 번호였다. 결코 작업 거는 게 아니라, 친구의 의미에서 번호를 주고받고 싶었던 것이다.

디아비 마하메(Diaby Mahamet). 도움을 준 착한 그녀가 가고 그가 자신을 따라 오라고 했다. 난 의심 않고 그를 따라갔다. 그리고 도착한 곳은 100m 떨어진 곳에 있는 빵집이었다. 빵집에는 여직원 두 명이 빵을 진열하고 있었다. 그제야 실감이 났다. 그는 이곳 빵집 사장님이었던 것이다. 그는 빵을 구경하는 나를 구석으로 데리고 갔다.

안에는 방이 서너 개 있었는데, 모두 빵을 만들거나 굽는 공간이었다. 바게트가 만들어지는 곳이라니! 신기했다.

한 방에서는 바게트 반죽이 기계에 들어갈 준비를 하고 있었다. 그는 내게 보란 듯이 바게트가 만들어지는 과정을 보여 주었다. 간단했다. 커터칼로 반죽된 빵에 칼집을 여러 번 내더니 30개가 넘는 반죽이 놓여 있는 판을 통째로 기계에 넣었다. 이 과정을 영상으로 담으려는 나를 위해 그는 천천히 움직여 주기도 했다. 그는 남은 방도 하나씩 구경시켜 주었다.

빵집 삶의 현장이 끝나고 가게로 돌아왔을 때, 그는 내게 먹고 싶은 빵을 고르라고 했다. 예상은 했지만 감동이었다. 내가 빵순이라는 걸 어찌 알았을꼬! 난 영어를 할 줄 아는 직원 언니를 통해 그에게 내게 어울리는 빵을 골라줄 것을 부탁했다. 그는 딸기가 물씬 묻어나는 작은 케이크(Fraicheur)를 하나 골라 주었다(뒤늦게야 불어 'fraicheur' 뜻을 찾아봤는데 소름 돋았다). 바게트와는 540도 다른 느낌의 딸기 케이크였다. 보자마자 기분이 좋아 펄쩍 뛰었다.

"뚜르 드 프랑스 마지막 스테이지가 파리에서 열려서 다시 올 거든. 그때 또 들를게. 너무 고마워."

빵집을 떠나 무작정 걷는데, 가슴 한쪽이 시렸다. 일정을 무사히 소화해 내가 한 약속을 지킬 수 있을까?

 지출

인도 음식(5) + 빵 & 음료 & 샌드위치(5,71) = 총 10,71유로

떠나려는 당신에게

빵집 DESGRANGES

주소 : 5 rue Pierre Demours 75017 Paris
전화번호 : 01 45 74 10 73
수요일~월요일 : 07:00~20:00 (일요일 07:00~19:30)
화요일은 쉼

앙리 닮은 제빵사 아저씨.

5

고대하던 웜샤워(Warmshowers)

프랑스 혁명일(Bastille day). 7월 13일, 14일에 걸쳐 열리는 프랑스 혁명 기념일은 프랑스 최대의 국경일로, 에펠탑 불꽃 축제가 열린다. 그래서 이 불꽃 축제를 보기 위해 한국에서 기차표를 혁명일 다음 날로 예약했다. 그런데 어제 맥도날드에서 나오자마자 들리던 불꽃 소리. '하…… 또야?' 혁명일 날짜를 14일로 알고 왔는데 13일에 불꽃이 터진 것이었다. 내 자신이 너무나 한심해 캠핑장으로 돌아오면서 죽어라 한숨을 쉬었던 기억이 난다.

그런데 오늘. 밤늦게 기차역으로 가겠다는 생각으로 낮부터 잠을 자는데, 텐트 밖 저 멀리서 또 불꽃 소리가 나더라. '아, 또 뭐야…….' 하고 말았다. 몸이 지쳐 힘드니까 이젠 불꽃이고 뭐고 안중에도 없었다. 그저 소음에 불과했다. 예상 출발 시간을 넘어 새벽 3시까지 잠을 자고서야 정신을 차리고 겨우 잠에서 깼다. '10분만'이 이렇게 될 줄이야!

또 시작됐다. 새벽에 짐 싸기. 매트 바람 빼기, 침낭 말기, 폴대 빼기, 텐트 걷기, 자전거 자물쇠 풀기까지! 조용한 짐 하나 없었다. 그렇게 올 때도 민폐를 끼치더니 갈 때도 민폐를 끼치고 나왔다. 그리고 3일 무료 숙박을 하고도 뻔뻔하게 직원에게 길을 물어 지도를 얻기도 했다. 그 와중에 직원은 내 자전거 헬멧을 보고는 언제 없어졌는지도 몰랐던 헬멧 부품을 챙겨 주었다. 미안하게시리……

새벽 질주는 시작됐다. 일단 무서운 숲길을 빠져나와 다시 지도를 살폈다. 급한 마음에 이상하게 길은 더 잘 찾아갔다.

역내 화장실은 아직 사용 금지라 괴로웠지만, 그래도 시간이 빨리 가 다행이었다. 문제가 있다면, 직원이 자전거 포장을 하지 않으면 실을 수 없다고 한 것이었다. 다음 기차를 타란다. 그러나 한 직원에게만 물어보지 않고 다른 직원에게도 물어본 건 경험에서 나온 요령이었다. 잠시 후, 매니저가 2층에서 내려오더니 짐칸 문을 열어 주었다. 공간은 딱 봐도 좁아 보였지만, 그는 안쪽에서 힘겹게 자전거를 받아 실어 줬다. 너무 고마웠다.

자전거가 실려 기뻤던 것도 잠시, 기차는 1시간 넘게 연착됐다. 다행히도 호스트에게 미리 연락한 덕에 착오 없이 기차역에서 만날 수 있었다. 호스트는 아들을 유치원에 데려다 주고 바로 왔다고 했다. 나의 첫 호스트, Guillaume DESJOUIS. 나는 그의 뒤를 따라 집까지 따라갔다. 족히 10분 정도 걸렸던 것 같다. 집은 굉장히 넓었고, 구조는 한국에선 상상할 수 없을 만큼 특이했다. 변기와 샤워실이 따로 분리되어 있는 게 굉장히 인상 깊었다. 간단한 집 구조 설명 후 나는 씻기로 했고, 그는 잠시 어딜 갔다 오겠다고 했다.

호스트는 에스웍스(S-works) 중고 자전거를 사 갖고 왔다. 얼마나 가볍던지 자전거를 볼 때마다 내 자전거랑 바꿔치기하고 싶은 충동이 들었다. 오늘 저녁에 도착한다는 영국인 호스트는 예상 시각보다 일찍 도착했고, 그녀와 인사한 후 우린 다 같이 시내를 둘러보기 위

목욕하는 동안 자전거를 사 온 호스트.

그가 보여 준 발포지도로 그르노블을 통해 브히앙쏭까지 가는 길의 지형과 해발을 짐작할 수 있다.

해 집에서 나왔다.

그런데 얼마 안 가 맨 뒤에 있던 영국인 언니가 뒤에서 우릴 불러 세운다. 무슨 일인고? 언니한테 가 보니 뒷바퀴 위에 떠 있어야 할 짐받이가 바퀴를 누른다고 했다. 순간 옥스퍼드에서의 악몽이 떠올랐다. 남 일 같지가 않았다. 호스트와 난 머리를 써 흙받이를 들어 올리려 했지만 쉽지 않았다. 언닌 결국 둘이 가라며 우릴 보냈다. 그렇게 호스트와의 어색한 라이딩이 시작됐다. 사람이 많은 곳에선 걸으며 광장에선 그가 일일이 설명을 해 줬다. 그는 한 시간이 넘는 시간 동안 느린 내 속도에 맞춰 달려 주었다.

저녁엔 호스트의 여자 친구, 여자 친구의 친구들이 모두 모여 저녁 식사를 했다. 먼저 방으로 들어가자 하고 싶었지만, 첫 번째로 웜 샤워를 경험하게 해 준 호스트가 고마워 그러진 못했다. 결국 시간이

차고지에 자전거가 8대는 더 돼 보였다.

12시를 향하고서야 모두 방으로 자러 들어갔다. 나 홀로 거실에 남아 짧게나마 생각하는 시간을 가졌다. 낮에 비행기 날짜를 당긴 거에 대해서 말이다. 잘한 짓일까? 혹시 이 순간이 힘들어서 도피하려는 건 아닐까?

호스트 아들.

#6.
"그래, 이거지!"

알람이 울리면 끄길 반복. 여호스트가 출근할 때 같이 나간다는 것이, 겨우 몸을 일으킬 정도로 내 몸은 무거웠다. 영국인 언니는 내가 아침을 먹고도 한참 후에야 일어났다.

오늘은 그르노블(Grenoble)로 갈 예정이다. 100㎞가 넘는 거리였지만, 뚜르 드 프랑스(Tour de France) 경기가 얼마 안 남았기 때문에 부지런히 이동해야 했다. 그르노블에 한국인 호스트가 있어서 그런지 100㎞가 넘는 거리를 달려야 하는데도 힘이 불끈불끈 솟았다. 그래도 그렇지, 오후 12시가 넘어서야 호스트의 배웅을 받고 집에서 나왔다. 밸런스 바이크를 탄 아들도 함께했다.

큰길까지 데려다 준 그는 "이 길 따라 40㎞를 가면 다음 도시까지 갈 수 있어. 시간 내에 못 갈 것 같으면 그냥 기차 타."라고 말했다. 못 가겠으면 기차 타라는 말은 출발도 전에 타고 싶게 만들었다. 그러나 프랑스는 영국과는 달리 왼쪽 운전대를 사용하는데다 이정표가 잘되어 있어 도로를 달리기 더 쉽다. 영국에선 자전거를 제대로 못 탔다면, 프랑스에서만큼은 제대로 타고 싶었다. 한 번이라도 제대로 유럽 땅 위를 달리고 싶었다.

한 5㎞쯤 달렸을까? 뒤에서 갑자기 '툭' 소리가 났다. 놀란 마음에 뒤를 돌아보자, 삼각대가 떨어져 있었다. 그런데 어째 침낭가방이 안 보인다? 어디로 갔는지 알 길이 없는 난 머리를 한 대 칠 새도 없이 손잡이를 180도 꺾어, 왔던 길을 그대로 내려갔다. 돌아가는 길이야 내리막길이라 별로 힘들지 않았지만, 이따 도로 올라올 걸 생각하니 다크서클이 턱까지 내려오는 기분이었다. 하지만 침낭을 찾는게 더 시급했다. 신나게 내려가면 내려갈수록 안 보이는 침낭에 속은 점점 타들어갔다.

솔직히 못 찾을 줄 알았던 침낭이 덩그러니 인도에 놓여 있자, 내가 다 당황스러웠다. 심장이 쫄깃해지는 이 느낌이 싫어 끈을 더 단단히 조였다. 10㎞ 정도 올라오자, 오른쪽엔 'QUICK'이라는 햄버거 가게가 보였다. 아침에 먹은 빵 몇 쪼가리로 몇 시간 버티랴? 본능적으로 핸들을 꺾었다. 가 본 적도 없는 스위스를 관광시켜 주는 햄버거 값! 햄버거 세트 하나에 8.5유로라니. 우리나라 돈으로 만 원이넘는 가격이었다. 다행히 맛은 훌륭했다. 음료는 무한리필이라 하니한 번 더 받아 물통에 옮겨 넣었다. 그리고 리필이 가능한 컵은 옆에있는 사람에게 넘겼다.

호스트와 그의 아들 그리고 영국인 언니.

십 년 감수.　　　　　　　　　메시 닮은 청년.

　오르막은 끝이 날 듯하면서도 계속해서 이어졌다. 거기다 햇빛까지 강렬해 고개를 들기 힘들 정도였다. 특히 쓰지도 않으면서 뒤에 달려 있는 삼각대는 괜히 날 더 힘들게 하는 것 같았다. 버리고 싶은 마음이 굴뚝같았다. 힘든 순간의 연속이었지만, 처음 보는 경치에 감탄하며 버티고 또 버텼다.

　올라온 만큼 내려간 후엔 마을이 하나 나왔다. 큰 산을 하나 넘었다는 직감이 왔다. 한 바(Bar) 밖에는 자전거 저지를 입은 할아버지 네 분이 앉아 계셨다. 반가운 마음도 있었지만 콜라를 팔 것 같아 바 앞에 멈췄다. "콜라 파나요?" 주인은 콜라(Coke)를 알아듣지 못하는 것 같았다. 가게 안으로 들어가 다시 물었다. "Coke! 코카 콜라! 얼마에요?" 얼핏 알아들은 것 같아 계산을 하려 하자, 주인은 밖을 가리키며 뭐라 말했다. 할아버지들이 계산을 했다고 말하는 것 같았다. 아까 밖에 있을 때 느낌이 오긴 했지만 설마. 놀라울 따름이었다. 콜라를 받아 들고 밖으로 나가 반복해서 말했다.

"Thank you. Merci! Merci!"

그 이후론 오르막에서 보던 것과는 또 다른 비경을 만날 수 있었다. 하늘은 너무도 파랬고, 저 멀리에 있는 구름은 마치 내게 손짓하는 것 같았다. 차도 별로 없어 정면만 바라보면 그저 내달리고 싶어 가슴이 두근댔다. 천국으로 가는 길이 있다면 이곳 아닐까? 프랑스도 이 정도인데 스위스는 도대체 어느 정도일지 상상이 안 갔다. 이

Gillonnay Cyclo Club의 Maurice, Maurice, Jean-Michel, René.

좋은 곳에 나 혼자 와 있으니, 한국에서 일하고 계실 부모님이 생각났다. 그리고 영화 속 대사 한 줄도 생각났다.

"행복은 나눌 때 진정한 가치가 있다(Happiness is only real when shared)."

－영화 Into the wild

그르노블을 14㎞ 남겨두고 길을 잃었다. 아무래도 국도길이 끝나 숲 속으로 이어진 길에서 이정표를 못 보고 지나친 듯하다. 산책하는 사람에게 길을 물으려 했지만, 아깐 잘 보이던 사람이 한 명도 보이질 않는다. 몇 분을 그대로 서 있자, 드디어 자전거를 탄 남자가 멀리서 나타났다. 짧은 내리막을 타고 올라오는 아저씨의 힘을 빼며 마치 히치하이킹이라도 하듯 손을 내저었다.

나 : 그르노블로 가려고 하는데, 길 좀 알려 주세요.
그 : 그르노블 어디? (내가 지도를 보여 주자) 음? 여기 내 집에서 아주 가까운데? 나 앞으로 5㎞만 더 갔다 돌아올게. 한 20분 걸릴 거야.
나 : 그럼 나 엄청 느리니까 천천히 가고 있을게.
그 : 그래. 근데 다리가 나오면 더 가지 말고 멈춰.

다리가 하나 나오고 그와 엇갈리지 않으려 더 가지 않고 멈췄다. 한 부부가 길을 잃었냐며 길을 알려 주려 할 때, 아까 그 아저씨가 빠른 속도로 내게 다가왔다. 그리고 같이 달리길 5㎞. 그가 답답했는지 내게 이렇게 말했다.

"우리 지금 엄청 느려."

피해가 안 가게 최대한 꾹꾹 눌러 탔지만, 속도는 여전히 나아지질 않았다. 무릎에선 조금씩 신호가 왔다.

우여곡절(?) 끝에 도착한 호스트 집 앞. 초인종을 누르자, 삐쩍 마른 한국인 언니가 후다닥 내려왔다. 초면에 언니의 힘을 빌려 한 번 더 그르노블 아저씨에게 감사하다고 인사드렸다.

신세만 지고 헤어지는 것 같아 죄송했지만, 나에겐 좋은 경험이었음에 틀림없다. 아까처럼 절박한 상황에서 도움을 청한 건 정말 잘한 일이라고 생각한다. 미안해서, 폐 끼친다고 혼자 낑낑 댔다간 아마 숲 속에서 텐트를 치고 자야 했을지도 모를 일이다. 상대방이 괜찮다고 한다면 조금 덜 미안해하고 최대한 도움을 구해야 겠다는 게 오늘 배운 교훈이다.

그와 호스트 언니 집 앞에서.

나보다 말라 보이는 현정 언니는 무거운 두 페니어와 텐트, 침낭을 아주 거뜬히 들고 3층까지 올라가셨다. 집은 생각보다 컸다. 외관과 내부가 딴판이라고나 할까? 집 구조가 무척 마음에 들었다. 언니는 집에 들어오자마자 신발을 벗으셨다. 한국 사람이라 그런 줄 알았는데, 생각해 보니 리옹 호스트도 신발을 벗고 있었다. 외국 사람들이 모두 집에서 신발을 신고 다니는 줄 알았는데 착각이었나 보다. 언니는 의외로 프랑스 사람들이 신발을 벗고 다닌다고 했다.

방에는 침대가 두 대 있었는데, 언니는 고맙게도 그중 큰 침대를 내게 내어 주었다. 눕고 나니 무릎이 시큰거렸다. 현정 언니는 찜질하라며 팩을 가져다준 후 무릎에 팩을 묶어 고정했다. 그제야 허벅지에 선명하게 생긴 탠라인(살이 타 까매진 살과 원래 내 살의 경계선)이 눈에 들어왔다.

'언제 이렇게 살이 탔대?'

빨갛게 불태웠다.

오늘 하루 동안 있었던 일이 내 머릿속을 주마등같이 스쳐 갔다. 유럽에 와 처음으로 라이딩을 제대로 한 것 같은 마음에 뿌듯했다. 영국에서 받았던 스트레스와 프랑스 파리에서 가졌던 여행에 대한 회의감을 모두 날려 버린 라이딩이었다. 경치는 말도 못한다. 프랑스 사람에 대한 인식도 더 좋게 바뀐 아주 좋은 날이다.

하…… 하얗게 불태웠지, 암!

 지출

퀵버거(8.45) = 총 8.45유로

7

자전거 여행자를 만나다 1

출근하는 언니를 따라 집에서 나왔다. 내가 길을 잃는 사태를 대비해 언니는 손수 관광지도에 집 위치를 표시해 주었다. 자전거를 끌고 나온 언니는 자전거를 갖고 나오지 않은 나를 위해 시내를 도는 동안 계속 자전거를 끌고 다녔다.

가운데에 있는 트램 길을 따라 쭉 올라가자 이제르 강이 나왔다. 강 건너 산 위쪽에는 바스티유 요새가 있었는데, 나같이 3㎞를 걸어 올라가기 힘든 사람을 위한 케이블카가 설치되어 있었다. 이 요새는 16세기에 짓기 시작하여 19세기에 보강된 성곽으로, 그르노블을 방호하는 중요한 진지였다고 한다. 이곳에 오르면 여러 산맥에 둘러싸인 그르노블을 한눈에 조망해 볼 수도 있다고 하는데, 굳이 올라가고 싶지 않아 언니의 설명만 듣고 그대로 시내 안쪽으로 들어갔다.

건물로 둘러싸인 한적한 곳엔 카페가 나란히 자리 잡고 있었다. 이미 많은 현지인이 테라스에서 여유를 즐기고 있었다. 평화로웠다. 언니와 그 틈에 앉아 커피를 시켰다. 이곳에선 커피 두 잔에 3유로밖에 하지 않았다. 양이 많지는 않지만 가지고 다니면서 먹을 게 아니라면 적은 양에 2천 원을 주고 여유를 즐기는 것이 꽤 합리적이라는 생각이 들었다.

여행과 사람을 주제로 대화를 나누다 보니 시간은 더 빠르게 흘러,

어느새 점심시간을 훌쩍 넘겼다. 언니는 약국에서 무릎 약 사는 것을 도와주고서야 볼일을 보러 갔다.

포스팅만 조금 하다가 잔다는 것이 느린 컴퓨터를 붙들고 있다 보니, 어느덧 언니가 돌아왔다. 그렇게 낮잠도 못 잔 채 자전거를 타고 저녁 모임이 있는 장소로 달렸다. 집에 들어가 일일이 비주(bisou, 볼끼리 마주치며 인사하는 프랑스식 인사법)로 인사하는 현정 언니. 나도 언니 뒤를 따라 다니며 어색하게 비주를 했다. 말이 통하는 것도 아니었기 때문에 매순간이 어색하고 불편했다. 시간이 갈수록 사람 수는 한 명씩 늘어 10명을 넘겼다. 대부분 언니처럼 건축을 하는 사람이었다.

각자 가져온 음식을 테이블에 내놓고 한쪽에선 쉴 새 없이 음식을 요리했다. 소시지, 햄, 치즈, 사과 주스, 토마토 주스, 와인 등등. 모두 다 처음 먹어 보는 음식이었다. 이 중 내가 먹을 수 있는 건 소시지와 사과 주스뿐. 음식 하나하나 어찌나 맛이 독특하던지 딱 한 번만 먹고 더 이상은 먹고 싶지 않은 음식 천지였다.

오늘 그르노블에 도착한다는 한국인 자전거 여행자와 드디어 연락이 닿았다. 지금 내가 있는 곳으로 오겠다고 했다. 아파트에서 나와 도로로 나가자 자전거 전조등이 점점 가까워지더니 이내 내 앞에서 멈췄다. 코앞에서야 알아본 반가운 동양인이었다. 간단하게 인사를 나눌 때 현정 언니가 뒤에서 다가왔다. 셋은 옆에 있던 카페에 자리를 잡고 앉았다. 뚜르 드 프랑스를 앞두고 흥분한 오빠와 내 목소리는 유달리 컸다. 조금만 조용히 하자는 언니의 말에 우리는 한 톤 낮은 목소리로 대화를 나누었다.

배호민 오빠와 난 원래 브히앙쏭에서 stage 14를 볼 계획이었다. 그런데 오빠에게 잠자리를 제공해 준 일행이 내일 stage 13을 보러 간다며 같이 가기로 했단다. 오늘 그르노블에서 눌러앉은 관계로 내일 모레까지 브히앙쏭까지 가는 게 무리라는 걸 알고 있는 난 내일 스테이지 13을 같이 보러 가자고 했다. 게다가 내일 모레엔 퍼레이드가 열린다고 하니, 선수들을 가까이서 볼 수 있는 확률은 더 높은 셈이었다. 몰랐던 사실을 알게 되고 이틀이나 선수들을 보는데, 굳이 마지막 스테이지를 보러 파리에 갈 필요가 있나 싶었다.

오빠를 만난 게 행운 같았다. 마지막 스테이지와 그 전까지 가 있으려 했던 스페인 일정을 모두 취소하기로 했다. 계속 걱정하던 스페인 일정을 막상 포기하고 나니 기분이 째질 듯 속이 시원했다. (그의 블로그 : http://blog.naver.com/baehomin)

 지출

파스타(12) + 커피2(3) + 무릎 약(9.60) + 주전부리(5.90) = 총 30.50 유로

이제르 강과 바스티유 요새.

현정 언니.

치즈.

기념품 속 체게바라.

모임.

트램길.

#8.
꿈에 그리던 뚜르 드 프랑스(Tour de France)

마중 온 호민 오빠와 함께 일행이 있는 기숙사로 향했다. 생각보다 멀지 않은 곳에 있었다. 기숙사에서 만난 파닥파닥 님, 문창환 오빠. 그르노블에 불어불문과 교환학생으로 왔다고 한다. 어제 호민 오빠가 나를 만나러 올 때 창환 오빠는 경기가 열리는 곳에 락카칠을 했다고.

우린 줄을 이어 락카가 칠해져 있는 헤어핀을 찾아 올라갔다. 동영상에서만 보던 현수막, 스폰서 배너 그리고 선수들을 응원하기 위해 온 사람들이 세워 놓은 차들. 헤어핀을 찾아가는 길에 보이는 이 모든 게 그저 신기할 뿐이었다.

경사는 올라가면 올라갈수록 심해졌다. 급격하게 떨어지는 체력에 자물쇠를 전봇대에 두고 가네 마네 하다 호민 오빠가 대신 갖고 올라가긴 했으나 오르막이 버거운 건 마찬가지였다. 클라이머(오르막을 잘 오르는 사람)라는 오빠가 물 만난 고기같이 치고 나갈 수 있는 상황에서 나 때문에 괜히 못 달리는 것 같아 미안했다. 유럽 사람들은 확실히 달랐다. 등에 맥주를 한가득 싣고 오르는 사람도 많았고, 벌써 정상을 찍고 내려오는 건지 도로 내려오는 사람도 많았다. 내 눈엔 모든 게 신기한 진풍경이었다.

이건 꿈이 아니다!

산악왕을 의미하는 땡땡이 기념품 옷을 입고
호민 오빠와.

수많은 헤어핀을 돌고 난 후에야 만난 창환 오빠. 오빠가 멈춰 있던 곳 옆엔 노란색으로 '알레(Alle, 영어로 'Go'의 의미)'라고 락카칠이 되어 있었다. 어제 호민 오빠가 날 만나는 동안 창환 오빠 혼자 밤늦게 올라와 한 거였다.

어느 정도 시간이 지나자 스폰서 차량이 지나가며 물건을 뿌렸다. 세제, 과자, 열쇠고리 등 그 기념품도 다양했다. 기념품에 목숨을 건 난 옆에 있는 아이보다 더 열심히 뛰어다녔다. 그 뒤로 팀차가 하나둘 우리 앞을 지나갔고, 그때마다 나의 흥분은 더해만 갔다.

그러나 팀차가 지나간 지 한참이 되었는데도 선수들은 좀처럼 모습을 보이지 않았다. 나란히 선수들을 기다리던 유럽 사람들도 하나둘 지쳐 가고, 나 역시 사기가 떨어져 들고 있던 카메라 두 대를 내려놓았다. 차를 가져온 사람은 현지 상황을 알기 위해 라디오 중계를 들으며 기다리기도 했다. 예상 도착 시간이 훌쩍 지나고, 드디어 방송에서만 보던 노란색 오토바이가 하나둘 올라오기 시작했다. 이렇게 현장에서 보게 될 줄이야! 여태까지 방송으로만 보던 경기 모습이라 그런지, 이 순간이 괜히 낯설지가 않았다.

그리고 한참 후 헬리콥터 소리가 머리 위로 나더니, 저 밑에서 울

자리 하나는 끝내주게 잘 잡았다.

하나는 동영상용, 하나는 사진용!

려 퍼지는 박수 소리가 들리기 시작했다. 그 박수 소리와 함성 소리
가 점점 크게 들리면서 선두로 달리던 선수들이 하나둘 눈에 띄기 시
작했다.

"알레! 알레!!!"

곧이어 선수들이 우르르 올라오는데, 내가 있던 곳은 선수들을 가
까이서 보기 힘든 위치였다. 선두를 달리던 빈첸초 니발리(Vincenzo
Nibali)를 보내고 사진이라도 잘 찍자는 생각에 헤어핀 구간으로 달려

갔다. 그 덕에 니키 텝스트라(Niki Terpstra, 2014년 Paris-Roubaix 우승자)라는 아주 훌륭한 선수가 던진 물통을 받을 수 있었다. 관람하던 사람들은 한참 뒤쳐져 올라오는 마지막 선수에게도 큰 박수를 쳐 주며 격려해 주었다. 참가 선수 모두 우리가 있는 구간을 지나가고, 관람하던 사람들은 하나둘 자리를 떴다. 내려가는 길은 신나고 재밌었으나 심하게 붙는 가속도에 내 손가락도, 브레이크도 쉴 틈이 없었다. 얼마나 힘을 주었던지 거의 다 내려와선 손가락이 굳어 펴지질 않았다.

창환 오빠의 기숙사에 있는 공용 식당으로 왔다. 오빠 굶주려 있는 우릴 위해 스파게티 면을 이용한 라면을 뚝딱 만들었다. 스파게티 면, 진라면 스프, 마늘, 고기, 계란 등 아주 기본적인 재료만 들어갔을 뿐인데 면 한 줄기를 입에 넣는 순간 아주 까~암짝 놀랐다. 이미 얼큰을 넘어섰다. "어떻게 이게 가능해요?" 오빠 마늘이랑 미역만 있으면 된다고 했다. 얼마나 맛있던지 밥도 말아먹고 국물 한

놀라운 맛이 여기 있네!

점 안 남겼다. (그의 블로그 : http://blog.naver.com/hwans_mch)

지출

뚜르드 현장 음료3(6.5) + 콜라 2 & 초콜릿(6.62) = 총 13.12유로

#9.
트렉(Trek) 운전기사
그리고 백만 불짜리 입장권

창환 오빠와 호민 오빠를 만나서 함께 간 행사장 안은 이미 많은 사람들로 붐비고 있었다. 선수들과 팀차가 있는 곳 앞에는 바리게이트가 쳐져 있었는데, 그 안쪽에 있는 사람들은 하나같이 팔목에 노란 팔찌를 차고 있었다. 호민 오빠는 그들이 부러워 표를 사는 방법만 알면 무조건 사겠다고 했다. 일단 바리게이트를 따라 이동했다. 먼 듯해도 자전거를 타고 이동하는 피터사간(Peter Sagan)이 쉽게 보이는 자리였다.

우린 간간이 보이는 선수들을 사진에 담다가 가장 안쪽에 있는 트렉(Trek) 팀차 앞에서 멈췄다. 창환 오빠 자신이 갖고 있는 쪽모자에 사인을 받고 싶은 선수가 있다고 했다. 우린 그가 트렉차 안에서 나오길 기다리며 바로 앞에서 죽을 쳤다. 처음엔 기념사진을 찍으며 몹시 흥분해 있었는데, 꽤 오랫동안 기다려도 나올 줄 모르는 선수에 나중엔 다리가 아파 돌 위에 나앉았다. 그런 우릴 봤는지 키 큰 사람이 팀차에서 우릴 향해 다가왔다. 그의 손에는 우리가 그토록 갈망하던 노란 팔찌가 들려 있었다. '설마…… 설마.' 직감이 들면서 나의 입꼬리는 춤을 추듯 씰룩거렸다. 그는 우리 손목에 손수 팔찌를 채워 주며 하나둘 일러 줬다.

바리게이트를 넘는 호민 오빠의 가벼운 몸짓.

"이거 입장권이야. 이걸로 아마 밥도 먹고 음료수도 먹을 수 있을 거야."

세 명의 손목에 모두 팔찌가 채워지고 우린 차례대로 바리게이트를 뛰어넘었다. 방금 전까지만 해도 같은 입장이었던 바리게이트 밖 사람들이 우릴 부럽게 쳐다본다. 우린 정말 복 받았나 보다. 아까 그

잭 바우어(Jack BAUER)와 창환 오빠.

직원을 포함한 트렉 직원과 간단하게 대화를 나눈 후, 우린 감사한 마음에 트렉 팀의 에이스 프랭크 슐렉(Frank SCHLECK)이 모습을 보일 때까지 기다리다 자리를 떴다. 카운트다운이 진행될 장소로 이동하던 중 스카이 팀의 리치 포트(Richie Porte), UCI 월드 챔피언 루이 코스타(Rui Costa) 등의 유명한 선수도 코앞에서 볼 수 있었다. 특

히 루이 코스타와 사진을 찍은 건 정말 엄청난 행운이었다.

카운트다운이 끝나 모든 선수들이 가고, 팀차도 뒤따라 자리를 떴다. 마지막으로 떠나는 차는 가장 안쪽에 있던 트렉이었는데, 고마움에 멀리서부터 손을 흔들자 운전자도 우리에게 손을 흔들어 줬다. 그런데 낯설지 않은 사람이 우리에게 손을 흔들어 주고 있었다. 아까 우리에게 노란 입장권 팔찌를 채워 준 사람이었다.

"와!!! 운전기사였어!!"

오빠들과 난 트렉 운전기사로부터 얻은 이 말도 안 되는 경험과 행운에, 이 행사에서 제공하는 음식을 못 먹은 것에 대해 전혀 아쉬워하지 않았다.

뜻밖의 행운을 준 우리의 영웅.

 지출

빵(0.95) = 총 0.95유로

손수 입장 팔찌를 채워준 운전기사님.

귀여운 스폰서 차.

창환 오빠 요리.

리치 포트.

호텔 앞 피터 사간 자전거.

프랭크 슐렉.

3
PART

누군가와 함께
여행한다는 건

1

동행

현정 언니 집에서 신세 진 지도 벌써 4일째. 이제 좀 이 집에서 나가자!

스위스를 거쳐 체코까지 간다는 호민 오빠. 어차피 나도 스위스로 빠져야 하기 때문에 오늘부터 오빠와 함께 이동하기로 했다. 오빠와 성격이 잘 맞을지는 모르겠지만, 나쁘지 않은 경험이라고 생각한다. 오빠와 라이딩 속도, 라이딩 스타일이 많이 다르기 때문에 서로에게 짐이 되면 언제든 헤어지기로 했다.

창환 오빠가 있는 기숙사로 찾아갔다. 어느새 점심시간이 되어 있었다. 창환 오빠는 한국 친구들이 보내준 불닭볶음면을 우리에게 아낌없이 요리해 주었다. 역시 꿀맛이었다. 그르노블이라는 작은 도시에서 현정 언니와 창환 오빠를 만난 것은 엄청난 행운이었다고 생각한다. 현정 언니를 만나지 않았더라면 나의 결단력은 한층 업그레이드하지 못했을 것이고, 창환 오빠를 만나지 못했더라면 뚜르 드 프랑스를 이렇게 즐기지 못했을 것이다. 이제 정말 떠나야 한다. 기념사진을 한 장 찍은 뒤, 호민 오빠 뒤를 따라 출발했다.

호민 오빠의 짐은 핸들에 달린 핸들가방뿐이었다. 아마 그 가방 하나와 자전거를 합쳐도 내 자전거페니어 두 팩을 합친 것보단 가벼울 듯하다. 오빠가 발 한 번을 내저으면 나갈 거리를, 난 몇 번을 저어도 힘드니 이건 엄청난 민폐가 아닐 수 없었다.

멋진 현정 언니와 헤어지며.　　　그르노블을 떠나기 전 짐정리.

창환 오빠와 헤어지고 호민 오빠와 동행을 시작하다.

　　오빠는 자기도 무릎이 아프다며 애써 괜찮다고 하지만, 이렇게 느린 동생과 굳이 동행할 필요는 없어 보였다. 그래도 계속 괜찮다며 속도를 맞춰 주는 오빠에 대한 미안함과 고마움이 한꺼번에 몰려왔다.

　　이십여 킬로미터를 남기고 하늘에 먹구름이 끼었다. 그리고 얼마 못 가 한바탕 비가 쏟아졌다. 아침에 조금만 더 부지런 떨었더라면 비를 피할 수도 있었겠단 생각에, 또 한 번 호민 오빠한테 미안했다.

달리는 내내 졸던 호민 오빠는 결국 벤치에서 잠시 눈을 붙였다.

비가 싫어 우중 라이딩조차 하지 않는다는 오빠이건만. 몸은 또 왜 이렇게 무거운지 겨우 한 번밖에 안 쓴 삼각대가 괜히 눈에 거슬렸다. 나는 2주 동안 겨우 한 번 쓴 삼각대를 미련 없이 옆에다 버리고 다시 출발했다.

샹베히(Chamberry) 도착. 원래 오빠가 머물 호텔 근처에서 텐트를 치고 잘 생각이었는데, 막상 아늑한 호텔 앞에 도착하자 그러고 싶은 마음이 전혀 들지 않았다. 오늘은 오빠가 예약해 놓은 호텔에서 묵기로 했다. 호텔 요금은 60.70유로. 요금을 듣는 순간 입이 그대로 떡 벌어졌다. 프랑스 북역 바로 앞에 있던 호텔보다 훨씬 비싼 값이었다. 조식은 9유로. 10,000원 꼴이었다. 세상에나. 아침을 먹어 봤자 빵에 잼일 텐데!

1시간 후에 오빠와 복도에서 만나기로 했다. 방은 그리 넓지 않았지만, 파리 북역에서 묵었던 호텔에 비하면 그저 감사해야 할 수준이었다. 침대 사이즈는 두 배였고, 화장실엔 욕조도 있었다. 반신욕을 워낙 좋아하는 나는 욕조를 보는 순간 펄쩍 뛰었다. 젖은 옷을 빨래한 후, 욕조에 몸을 담갔다. 으, 뜨거 따시. 집에서 목욕을 할 때마다 잠에 들곤 하는데, 이번만큼은 정신줄을 붙들고 있다 나왔다.

저녁을 먹으러 호텔 밖으로 나왔다. 여전히 비가 오고 있었다. 케밥과 피자 중 고민하다 그냥 바로 옆에 있던 피자 가게로 들어갔다. 이곳은 배달 주문이 대부분이었다. 오빠 스테이크 치즈 피자, 난 커리 피자를 주문했다. 1인 1판이었다. 피자가 나오고 뚜껑을 여는 순간, 문득 의문이 들었다. 과연 프랑스 사람들도 이렇게 한 사람당 한 판씩 먹을까? 적지 않은 양이었다. 한국에서도 한 판을 먹어 본 적이 없는 난 겨우 여섯 조각을 먹고 손을 들었다.

그리고 아침으로 먹겠다며 오빠 것까지 챙겨 방으로 들어왔다. 그러나 배 속에 거지가 들었는지, 방에 들어오자마자 하나둘 해치우기 시작했다. 결국엔 콜라에 오빠 것까지 모두 다 먹고서야 겨우 잠에 들었다.

 지출

콜라2(4) + 호텔(60.70) = 총 64.70유로

2

세 번째 웜샤워 호스트,
Sylvain Mercier

오늘도 비가 온다. 우중라이딩을 싫어하는 호민 오빠와 오늘 계획을 고민했다. 오빠는 다음 역까지 기차를 타고 간 다음 호스트 집까지 자전거를 타고 가자고 했다. 웜샤워 호스트에겐 죄송한 상황이지만, 우리에겐 하루치 숙박 요금도 아끼고 하루를 낭비하지 않을 수 있는 최선의 결정이었다. 메일 한 통 보내지 못한 상황에서 우린 오늘 웜샤워 호스트 집에 가기로 결정했다.

우린 기차를 타고 다음 역으로 이동했다. 역 근처엔 마트가 있었다. 우린 마트에 들러 각자 먹고 싶은 음식을 골랐다. 내가 빵을 고를 동안 오빤 토마토를 골랐다. 뭔가 뜬금없었다.

"전 여행 중에 과일을 한 번도 안 먹은 것 같아요."

내 말을 들은 오빠는 토마토가 라이딩 할 때 좋다며 자신은 매일 챙겨 먹는다고 했다. 몸 회복을 위해서라도 과일을 먹어 줘야 된다는 건, 이때 처음 안 사실이었다. 귀찮아도 꼬박꼬박 사 먹어야겠다고 생각했다. 오빠는 나와 달리 헤매지도, 길을 잃지도 않았다. 오빠는 일반 지도어플에 자기가 손수 작업한 파일을 넣어 사용하고 있었다. 오빠가 갈 길을 미리 빨간 선으로 그어 놓았기 때문에 와이파이가 꺼진 상태에서도 길 찾기가 가능했다. 일명 '배네비(배호민 네비게이션의 약자)'는 매우 훌륭하게 제 역할을 다했다.

호스트 집으로 가다 한 마을에 들어섰다. 들어서는 순간부터 길은 점점 위로 향했다. 오르막은 계속됐고, 결국엔 자전거를 끌고 올라가야 하는 상황까지 되어 버렸다. 그제야 호스트의 웹샤워 피드백(Feedback)에 적혀 있던 한 게스트의 후기가 생각났다. '호스트 집에 가는 길이 조금 가파르다.' 그렇게 힘겹게 올라간 오르막 끝에서 내려다본 전경은 기가 막혔다.

우리의 점심.

호스트의 집으로 가는 길에 있던 집은 모두 독특했다.

프랑스인들이 노후에 살고 싶어 하는 안시에 못 미처 있는 껭딸 (Quintal). 안시라 해도 믿을 정도로 충분히 멋지고 평화로웠다. 길 오른쪽에는 큰 소들이 방목되어 있었고, 조금 더 올라가자 왼쪽에는 큰 집들이 간격을 두고 있었다. 집들이 어찌나 크던지, 집 번지를 확인하면서 호들갑을 떨었다. 우리가 찾은 호스트 집 역시 어마어마했다. 대문에서 보이는 방 안에는 노부부가 열심히 무언가를 하고 있었다. 호스트였다. 연락을 안 하고 와서 혹시나 안 계시는 건 아닌가 걱정했는데 다행이었다.

똑똑. 문은 금방 열렸다. 키 큰 할아버지가 모습을 보이셨다. "Bonjour." 당황할 법도 한데 그는 마치 우리가 올 줄 알았다는 듯이 태연했다.

밖에서 입이 벌어지더니, 안에서도 입이 쩍 벌어졌다. 무슨 인테리어 집에 온 듯 집이 그냥 '대박'이었다. 오른쪽엔 2층으로 올라가는 계단이 있었는데, 그 옆에는 이집트를 연상시키는 긴 천이 걸려 있었고 계단 옆에는 책으로 모두 메워져 있었다. 눈이 가는 족족 깔끔한 가구로 집이 꾸며져 있었다.

집 구경도 잠시, 호스트는 우리가 머물 방이라며 처음 모습을 보였던 방을 안내해 줬다. 원래 난 텐트에서 자기로 했으나, 그들은 내게 매트리스가 하나 더 있다며 겹쳐져 있던 매트리스를 분리해 주었다.

호스트 : 차를 타고 집에 가는데 자전거를 탄 사람 두 명이 앞에 가고 있는 거야. 분명 내일 온다고 했는데. 우리 둘 다 "빨리

가서 정리해야겠다." 하면서 후다닥 왔지.

나:　　　오빠가 가고 있는 저 차가 호스트 같다고 했었는데! 저 중
　　　　호스트가 있으면 진짜 웃기겠다고 했었거든요, 우리끼리.
　　　　계획을 바꿔서 이렇게 갑작스럽게 오게 됐어요. 죄송해요.

　우린 차와 과일을 얻어먹고 짧은 대화를 나눈 후 각자 씻었다. 그
리고 저녁 식사가 준비되기 전, 호스트 집에 있는 지도를 이용해 내
일은 어떻게 이동할지 오빠와 상담하는 시간을 가졌다. 아마도 내가
여행 전 유일하게 알아 놓았던 노샤텔(Neuchatel)을 앞두고 갈라설 것
같다. 산을 좋아하는 오빠와 다니면서 내 개인적인 취향이 담긴 도시
를 들르기는 미안했다. 동행을 멈춰야겠다고 생각한 데에는 속도 영
향도 컸다. 내 앞에서 놀고 있는 오빠 다리를 볼 때면 미안하면서도
내 다리 힘이 빠진 적이 한두 번이 아니었다.

　저녁 식사. 그제야 나누게 된 얘기. 그들은 철물점에 들렀다 조금
더 있다 오려고 했는데 그냥 왔다고 했다. 우리가 운이 좋았다며. 그
들에겐 두 아들과 딸이 있는데, 그들 중 둘째 아들 다미앙은 슬랙라
인(slackline)을 하다 죽었다고 한다. 부족한 영어 실력에 간접적인 표
현만으로 그들의 말을 알아듣지 못했다. 뒤늦게 이 사실을 알게 됐을
땐 미국 영화 속 대사처럼 "I'm sorry."라고 말 한마디 하지 않은 게
무례한 건 아니었는지 뒤통수가 따가웠다.

　여호스트(Sylvain Mercier) 할머니는 아주 정성스레 저녁을 준비해 주셨
다. 전식은 콩볶음과 토마토. 깔끔한, 그러나 낯선 비주얼에 처음부터
많이 덜어 먹진 못했다. 그런데 예상과는 달리 맛이 모두 괜찮았다. 그

배 터지는 줄 알았던 저녁식사.

중 하나는 한국 어느 음식에서 느낄 수 있는 맛이었다. 메인은 가레트. 처음 먹어 보는 이 프랑스 음식에 감동했다. 처음엔 치즈에 달걀, 버섯 등이 섞여 있는 내용물에 느끼해서 견딜 수가 없었다. 거기다 맛이 약간 짜 물이나 음료가 없으면 입도 대기 힘들 정도였다. 하지만 이 짜고 느끼한 가레트에게선 알 수 없는 묘한 매력이 느껴졌다. 자꾸만 손이 갔다(여행 중 다시 먹고 싶은 음식 1위로 뽑겠다!).

모두 자러 가고 홀로 소파에 남아 블로그 포스팅을 했다. 왠지 모르게 한구석이 또 허했다. 이들에게 받기만 한 것 같아 미안한 마음을 떨쳐 버릴 수가 없었다. Pay it forward! 나도 훗날 이들처럼 자전거 여행자에게 좋은 추억을 남겨주는 호스트가 되고 싶다.

 지출

알레르기약(10.40) + 기차(10) = 총 20.40유로.

3

복잡 미묘한 스위스(Swiss)

호민 오빠의 자전거를 본 할머니는 이게 전부냐며 이렇게 가벼운 짐을 가진 자전거 여행자는 처음 봤다고 하셨다. 오빠는 덧붙여 짐 무게는 3kg밖에 안 된다고 했다. 내 자전거를 보고 있자니 뭔가 잘못됐다는 생각이 들었다. '자전거가 바뀌어야 되는 거 아니야……?' 출발도 하기 전에 벌써부터 몸이 무거워졌다. 타이어 바람을 조금 더 채우고 호스트와 작별 인사를 했다. 사진도 여러 장 찍었건만, 정 없게 포옹 한 번 하지 않은 게 못내 아쉬웠다.

사랑한다면 이들처럼.

오빠와 멋진 절경을 두고 기념사진을 찍은 후, 다시 안장 위에 올랐다. 그리고 페달을 돌리는데 순간 "툭!" 오른쪽 페달이 하나 떨어져 나갔다. 세상에 이럴 수가. 페달을 끼워주는 호민 오빠 어째 내가 페달을 끼워 넣은 방향과 반대로 페달을 돌려 넣었다. 말 그대로 '멘붕'이었다.

뭔 일이라냐.

그르노블부터 어찌나 잘 먹고 다녔던지, 몇 시간 달렸다고 금세 배가 고파 왔다. 도로 옆 작은 표지판에는 '콜 뒤 몽 시옹(Col du Mont Sion)'이라는 글과 함께 스위스 국기가 새겨져 있었다. 그리고 얼마 안

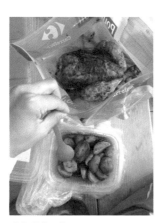

넘나 맛있는 것!

가 정면에는 큰 마트가 우릴 향해 손짓하고 있었다. 프랑스 대형 할인 체인점, 까르푸(Carrefour). 제일 먼저 달려간 곳은 빵 코너. 스위스 물가가 비싸다고 알고 있기 때문에 스위스로 넘어가기 전에 뭐든지 미리 하나 사 놓기로 했다. 반 바퀴 돌았을 때 그릴 닭이 우릴 향해 웃고 있었다. 유럽에 와서 처음 보는 닭에 고민할 것 없이

하나 집어 들고 나왔다.

닭과 감자조림을 먹을 곳을 찾다 매장 문 앞 벤치에 자리를 잡았다. 오고 가는 유럽인들의 눈치가 보이긴 했지만, 우리로선 다른 선택지가 없었다. 닭 앞에선 어쩔 수가 없었던 우리는 마치 며칠을 굶은 사람처럼 사정없이 닭을 뜯었다.

나에겐 작은 환상이 있었다. 국경을 제 발로 넘는 것. 공항과 기차에서 찍히던 입출국 도장이 국경에서 찍히는 걸 보고 싶었다. 그러나 프랑스-스위스 국경은 나의 그런 환상을 처참히 깨 부서뜨렸다. 입문소에는 스위스 국기만 있을 뿐, 도장을 찍어 주는 사람은 없었다. '많이 기대했는데 박수라도 쳐 주지.' 그래도 제 발로 국경을 넘는 것은 생각했던 것만큼 신기했다.

스위스 제네바 사람들은 모두 다 천사였다. 내가 처음으로 길을 물은 사람은 세탁소 주인이었다. 내가 찾아가야 할 주소를 보여 주자, 인자한 인상의 아저씨는 컴퓨터에서 구글을 이용해 길 찾는 것을 도와주었다. 그러나 주소 형식이 잘못되었는지 위치가 표시되지 않았다. 내 핸드폰으로도 목적지는 표시되질 않았지만, 그 후로 만난 스위스 사람들은 모두 다 컴퓨터를 이용해 친절하게 길을 알려 줬다.

그들의 친절에도 길 찾기는 모두 허탕이었다. 캡처해 둔 웹샤워 프로필을 다시 보자, 근처에 있는 대학교 이름이 같이 적혀 있었다. 사람들에게 그 대학교 이름을 묻자 금방 찾을 수 있었다. 내가 서 있는 곳의 바로 옆 건물이었다. 대학교는 호스텔을 같이 운영하고 있었는데, 숙박비는 20프랑으로 스위스 물가 치곤 꽤 쌌다. 호스트와 연락

그리고 아무도 없었다.

에 차질이 생기는 바람에, 결국 호스텔에서 자기로 했다. 그러나 직원은 저녁 8시가 돼야 체크인이 가능하다고 했다. 아직 스위스 화폐도 없거니와 몰래 잘 수 있는 공간이 있지 않을까 싶어 잠시 돌아보기로 했다.

짐을 들고 지하 1층으로 내려왔다. Oooh! 내려오자마자 보이는 건 당구대요, 왼쪽에는 공부할 수 있는 공간에 독서실 책상, 콘센트가 날 두 팔 벌려 반기고 있었다. 그뿐만 아니라 화장실과 샤워실 모두 오픈되어 있었다. 학생에게 물어보니 24시간 이렇게 개방되어 있다고 했다. 독서실 책상 맨 끝에 자리를 잡고 노트북을 켰다.

속 터지는 인터넷 속도로 포스팅을 하다 보니 어느새 시간은 자정을 향해 가고 있었다. 이제야 들어가 자기엔 뭔가 돈이 아까웠다. 새벽 1시에나 누울 수 있을 것 같았다. 아침이면 배로 피곤할 몸이 걱정되긴 했지만, 아직 한 달 넘게 남은 여행에 돈은 아낄 수 있을 때 아끼자며 마음을 굳혔다.

 지출

기차(10) + 점심(13) = 23유로

#4.
어느 한국인 가족과의 만남

오기에 결국 코피가 터지고야 말았다. 학창 시절, 고의로 터뜨린 코피 이후론 거의 처음인 것 같았다. 자전거를 타다 쓰러지는 건 아닌가 걱정이 되긴 했지만 이상하게 기분이 좋았다. 하나둘 자리를 뜨고, 마지막엔 같은 독서실 책상에 있는 남자 한 명과 남게 됐다. 이놈만 자러 가면 책상에 엎드려 자야지! 그러나 이 자식(?)은 네 시가 돼도 자러 갈 생각을 안 했다. 나는 내일을 위해서라도 잠을 청하기로 했다. 그러나 깨어 있는 남자를 옆에 두고 엎드려 잘 순 없었다. 어

디서 잘까 고민하던 중 아까 봐
둔 깨끗하고 따뜻한 장애인 화
장실이 생각났다. 한참을 고민
하다 옆에 있는 남자가 눈치 못
채게 조용히 화장실로 향했으
나, 문은 잠겨 있었다. 아까 일
층에서 본 소파로 가 봤지만,
가는 길에 있던 문 역시 잠겨
있었다. 지하로 도로 내려오
는 길, 정면으로 보이는 테이
블 구석밖엔 잘 곳이 없는 듯했

내 인생 가장 정직하게 코피가 난 날.

다. 짐은 최대한 옆으로 안 삐져나오게, 내 몸은 어둠에 충분히 가려지도록 몸을 최대한 웅크렸다.

편하진 않았지만 어느 정도 시간이 지나자 나도 모르게 잠에 들었다. 2시간 잤을까? 잠에서 깼을 땐 생각보다 피곤하지 않았다. 조금이라도 더 자려고 소파에 도착했을 땐 억지로 더 자려 해도 잠이 오지 않았다. 미리 사둔 빵은 어찌나 딱딱하고 맛이 없던지 모른다. 우유랑 먹어도 시원찮을 판에, 언제 떴는지 기억도 안 나는 물이랑 먹으려니 죽을 맛이었다.

오전에 호스텔 앞에서 만난 호민 오빠는 내가 하룻밤을 어떻게 보냈는지 얘기하자, 어젯밤에 먹은 피자가 너무 맛있었다고 했다. 이런! 한국에선 돈 한 푼 아껴 쓰지 않다가 여기선 돈 아끼겠다고 이렇게 개고생을 하고 있으니. 집 나오니 말 그대로 고생이다. 개고생!

저 맨 안쪽에서 엎드려 잤다지~

여기저기 쉽게 보이는 스위스 국기. 기념일도 아닌데 집집마다 걸려 있는 국기에서 스위스 국민들의 나라에 대한 자부심과 애국심이 느껴진다. 반면, 국경일에만 베란다에 슬쩍 나왔다 도로 짱박히는 태극기. 성조기가 새겨진 티셔츠와 'U.S.A.'가 적힌 옷은 잘 입고 다녀도 태극기가 새겨진 옷은 어딜 가도 찾기 힘들다. 2002년 월드컵이었을 때면 몰라도.

어쩌면 우리는 조국을 부끄럽게 생각하는지도 모른다. 지금의 대한민국을.

로잔으로 가는 길. 좀처럼 마트나 레스토랑이 나올 생각을 안 한다. "비싸도 사 먹겠다는데 왜 음식점이 없는 거야." 어찌나 배고프던지 몸은 저절로 앞으로 고꾸라졌고 멋있는 해바라기 밭은 눈에 들어오지도 않았다. 호숫가가 나오자, 그제야 레스토랑이 줄지어 나왔다. 레스토랑이 몇 없어서 그런지 웬만하면 사람들로 꽉 들어차 있었다.

보기와는 다르게 정말 맛있다.

자전거가 보이게 잘 세워 놓고 우리도 테라스에 앉아 주문을 했다. 난 인기가 많다는 피자를, 오빠 샐러드를 골랐다. 가격은 각각 10프랑 정도로, 워낙 배가 고팠기 때문에 비싸다고 느껴지지 않았다. 토핑은 햄과 버섯뿐이었는데 맛은 의외로 훌륭했다. 살면서 이런 피자

낮잠을 자기 전 사색하는 호민 오빠의 모습.

를 또 먹을 수 있을까 싶을 정도였다. 치즈는 입에서 살살 녹았고, 먹는 속도가 느려 피자가 식었는데도 맛있었다.

우리 왜 이렇게 피곤한 걸까? 사람 없는 인도에 누워 자질 않나, 우연히 발견한 호숫가에서 자질 않나. 난 그렇다 치고, 이 오빠는 왜 이렇게 피곤해하는 걸까?

캠핑장에 도착해서야 오빠가 예약한 호스텔이 멀지 않은 곳에 있음을 알게 되었다. 캠핑장 앞까지 왔지만, 오빠가 머물 호스텔을 생각하면 쉽게 들어가지질 않았다. 그 아늑한 침대, 공짜 조식. 잠시 고민이 됐지만 몸을 사리지 않기로 했다. 아직 스위스에 입성한 지 얼마 안 되지 않았는가! 안 그래도 스위스를 도는 데 일주일은 더 걸릴 것 같기 때문에 언제 지를지 모르는 기념품과 언제 당길지 모르는 콜라에 방심하지 않기로 했다.

한국에서 살던 사람으로서 스위스 물가는 절대 무시할 수 없었다. 캠핑 가격은 22프랑. 아깐 그렇게 졸리더니, 막상 눕자 언제 졸렸냐는 듯 눈은 멀뚱히 떠 있다. 썩은 내 나는 침낭을 목까지 덮으면 잠이 온다는 걸 아는 난 이를 이용해 잠을 청했다. 구수한 냄새에 얼마나 취했는지, 호민 오빠가 약속 시간에 도착해 부를 때까지 기절해 있었다.

＊ 캠핑장 : Camping de Vidy

　레스토랑을 찾아 한참 걷는 동안에도 잠은 계속 쏟아졌다. 너무 괴로웠다. 피곤해서 그런지 30분 만에 겨우 찾은 레스토랑에서조차 아무것도 먹고 싶지 않았다. 오빠는 저녁을 잘 먹어야 아침에 힘이 난다며 먹어 두라고 했다. 여태까지 점심은 잘 먹되, 저녁은 걸러도 된다고 생각했다. 저녁이 되었을 때 배가 안 고프면 돈을 아낀다며 감사해했는데, 그게 다음 날 라이딩을 더 힘들게 만들었다니……. 새

캠핑장.

사준다니 뱃속으로 잘 들어갔다.

로 알게 된 놀라운 사실에 머리가 띵 했다.

내일 아침에 필요할 에너지를 위해 더 채워 넣기로 했다. 오빠가 사 준다니 먹어 주지!

오빠와 헤어지고 캠핑장으로 돌아왔을 땐 리셉션 직원이 말해 준 한국인, 아까 호민 오빠와 보기만 하고 차마 인사하진 못했던 한국인을 다시 만날 수 있었다. 손병용 오빠. 오빠의 누나가 베를린에서 유학 생활을 하는데, 휴가 차 가족 모두 유럽으로 넘어와 캠핑카 여행을 하고 있다고 한다. 대화 중 내 텐트 앞에 묶여 있는 자전거를 본 오빠는 자전거 여행을 하고 있냐고 내게 물었다. 그리고 오빤 전혀 예상하지 못한 얘기를 내게 꺼냈다.

"1년 전에 캐나다 횡단을 했었어요."

그렇게 안 생겼는데!(?) 어떻게 이런 만남이 있을 수 있는지 믿을 수 없었다. 오빠가 괜히 달라 보이면서 대단하다는 생각밖에 들지 않았다. 얼마나 힘들었을까. 대화는 자연스레 자전거 여행으로 이어졌고, 각자 자야 하는 오빠와 난 내일 아침에 라면을 같이 먹기로 하고 헤어졌다. (그의 블로그 : http://blog.daum.net/ngod686)

지출

피자(20) + 숙박(22. 10) = 총 42. 10프랑

#5.
연애만 12년, 달달한 그들

아홉시를 넘기고 쭈뼛쭈뼛 어제 만났던 오빠가 있는 텐트로 향했다. 라면을 먹기 위해서였다. 호민 오빠를 두고 막상 혼자 먹으려니 마음이 편하지 않았다. 오빠도 분명 라면이 먹고 싶을 텐데……. 라면은 그르노블에서 먹었던 신라면보다 맵지 않았고 내 뱃속으로 쑥쑥 들어갔다.

식사가 끝난 후에는 오빠가 자두랑 견과류를 챙겨 줬다. 달리다 챙겨 먹으라며 말이다. 오빠가 비닐에 담아 준 자두의 양은 자전거 여행을 안 해 본 사람이라면 절대 나눠 줄 수 없을 정도로 많았다. 내가 죄송해서 도로 뺀 자두를 도로 넣어 주는 오빠를 보면서 나도 자전거

부자 모두 얼굴이 팅팅 부었다.

여행자를 보면, 아니 그 고생과 고통을 안다면 똑같이 베풀어야겠다는 생각을 했다.

비가 약해지자 텐트로 왔다. 그래도 비는 한참 후에 그쳤다. 이제 텐트를 걷는 일만 남았다. 다행히 호민 오빠가 도와준 덕에 스트레스는 덜었다. 다만, 햇빛이 있을 때 텐트를 말리라는 오빠의 잔소리에 귀가 극도로 따가웠다.

시간은 1시를 넘기고 우린 어제 봐둔 마트에 들러 간단하게 점심을 해결했다. 그리고 오빠는 원래 가기로 한 루트대로, 나는 여행 전 유일하게 알아 두었던 도시 노샤텔로 빠지기로 했다. 오빠와 함께한 시간이 예정보다 짧았어도, 함께한 추억은 평생 잊지 못할 것이다. 생각해 보면 오빠 덕이 참 많았다.

만나기로 한 창환 오빠가 그르노블에 있기도 했지만 내게 굳이 연락을 안 해도 되는 상황에서 연락해 조언을 해 준 건 정말 고마운 일이었다. 창환 오빠를 만난 호민 오빠 덕에 하루 전까지도 확신할 수 없었던 뚜르 드 프랑스 관람을 이틀 연속으로 할 수 있었고, 개떡같이 짜 놓은 계획은 현정 언니와 오빠 덕에 모두 효율적으로 바꿀 수 있었다.

다행히 스위스는 표지판이 굉장히 잘되어 있어 길 찾아가는 게 어렵지 않았다. 다만, 비가 쉬지 않고 계속 내리는 바람에 정신이 혼미했다. 거기다 멍청함까지. '공사 중'이라는 표지판을 보면 되돌아가야 할 텐데, 누가 청개구리 아니랄까 봐 되돌아가기 싫어 더 들어갔다가 배로 돌아가기도 했다. 비 오는 날에 헛고생까지 하니 울화통이 터지는 줄 알았다. 큰길에서 벗어나 골목에 들어와선 GPS를 이용해

한국에 비하면 스위스 터널은 귀여운 수준.

야 했다. 늘 그렇듯 수십 번 길을 잃었고, 예상 시각보다 훨씬 늦게 도착했다.

　누추한 옷차림을 가다듬고 벨을 누르자, 잠시 후 인상 좋은 남자 호스트가 뛰어나와 문을 열어 줬다. 늦게 와서 미안하다고 하자 정말 괜찮다며 그는 밝은 표정으로 화답했다. 안으로 들어가자 여자 호스트가 똑같이 밝은 표정으로 나를 반겨 줬다. 정말 어디서도 보기 힘든 맑고 밝은 아름다운 미소였다. Sarah, Romain 커플. 부엌에는 그의 부모님이 계셨다. 원래 나와 같이 저녁 식사를 하려고 했던 그들은 날 기다리다 배고파 먼저 식사를 했다고 한다.

　우선 씻고 모인 식탁 앞. 대화를 하는 동안 입으로 들어가는 음식 맛은 말 그대로 심각했다. 코로 숨을 바로바로 쉬어 주지 않으면 내가 곧 죽을 것 같은 그런 맛! 네 명이 다 내 표정을 보고 있으니 표정은 바르게, 콧구멍은 평수를 최대한 넓혀, 냄새야 빠르게 나가라! 질문하고 대답하며 내 이는 평소보다 빠르게 맞물렸다.

PART 3. 누군가와 함께 여행한다는 건　　　　　　　　　　　　　155

나 : 스위스 사람한테도 물가가 비싸게 느껴져?

그 : 응. 그래서 호스트 하는 거야. 자전거 여행자의 부담을 덜어 주려고.

오~ 감탄이 절로 나왔다. 12년 동안 연애를 해왔다는 그들의 이야기가 궁금했다.

나 : 왜 결혼 안 해?

그 : 부부세금이 높아. 사람들도 금방 이혼하고.

부부세금이 높다는 게 결혼 생활에 큰 타격일 순 있겠다 싶었다. 그런데 이들을 보면 결혼이라는 제도가 무의미하다는 걸 느낀다. 12년이란 세월이 느껴지지 않을 만큼 여전히 서로를 바라보는 눈빛은 빛났다. 게다가 서로에게 건네는 말투, 억양이 나긋했다.

다른 호스트들에게 이미 기념품을 뿌렸기 때문에 이들에게 줄 수 있는 마땅한 선물이 없었다. 대신 한글로 이름을 적어 주기로 했다. 악필이기 때문에 천천히 적어 나갔다. 다행히 이들은 마치 한글을 처음 본다는 듯 신기해했다. 한글로 외국인 눈을 크게 만들 수 있다니! 세종대왕님, 감사합니다!

잘 시간이 되고 난 처음에 안내받은 방에서 잘 준비를 했다. 그런데 다른 방에서 주무실 줄 알았던 이들의 부모님은 마루에서 주무실 준비를 하신다. 한 분은 매트리스에서, 한 분은 소파에서. 이들의 배려 덕분에 편한 잠자리를 가질 수 있었다.

이 길을 달리며 너무 행복했다.

아이스크림.

손병용 오빠가 준 자두 먹기.

 지출

콜라2(1.35) + 바게트(2.80) = 총 5.50프랑

#6.
첫 비박

오후가 되면 사라의 부모님을 만나기 위해 이곳을 떠난다고 한다. 사라와 로만은 그 전에 호수에 가서 수영을 할 거라며 같이 가자고 했다. 짐은 그대로 집에 둔 채 셋이 자전거를 타고 호숫가로 내려가 그들과 함께 수영을 시도했지만 얼음장 같이 차가운 물과 축축 가라앉는 몸에 물에 대한 공포만 가득 안은 채 집으로 돌아와야 했다.

집에 돌아와 떠날 채비를 하는 동안 사라는 날 위한 샌드위치를 만들며 물었다. "토마토는? 치즈는?" 혹시나 내가 싫어하는 재료가 있

사라네 가족과 웬 오징어…?

을까, 그녀는 재료를 넣을 때마다 하나하나 내게 물었다. 기차 시간을 몰랐던 난 온갖 여유를 부리며 호스트와 사진을 찍다 기차 시간이 다 돼서야 부리나케 로만의 배웅으로 역에 왔다.

내가 먼저 기차에 타 있었고, 로만은 표를 사서 올라왔다. 기차가 금방 떠날 줄 알고 우린 서로 웃으며 손을 흔들었건만, 닫힐 줄 모르는 문에 손을 백만

번은 더 흔들었던 것 같다. 눈에서 눈물만 흐르지 않았을 뿐, 가슴이 참으로 뜨거워지는 순간이었다.

목적지에서 내린 후, 나는 가까운 벤치에 앉았다. 물 하나 없이 샌드위치 두 조각을 순식간에 해치웠다. 정말 눈물이 다 날 정도로 맛있었다. 비닐봉투 안에는 초코바도 들어 있었다. 솔직히 사라는 로만보다 덜 친근하게 느껴졌기에 사라의 예상 못한 정성은 날 감동하게 만들었다. 그렇게 일어나 무거운 자전거를 이끌며 방황하던 중, 자전거 여행자 세 명을 발견했다. 이들은 프랑스 사람이었지만, 자전거마다 하나같이 스위스 깃발을 꽂고 있었다. 18일 동안 스위스를 돌고 오늘을 마지막으로 여행을 마친다고 했다. 이들과 같이 있을 때 비가 잠시 왔다 가고, 비가 그치자 그들은 내가 가고 싶다던 '크흐 드 뱅(Le Creux du Van)' 사진을 보여 줬다. 사진 속 크흐 드 뱅은 멀리 있어 코딱지만 했다. "자전거를 타고 올라가는 건 불가능해. 엄청 가팔라. 그냥 이렇게 멀리서 보는 게 나아."

사진을 보니 착잡했다. '이걸 보러 저 높이 올라가야 되나?' 그래도 유일하게 적어 온 관광지를 이렇게 놓칠 순 없었다. 높으면 얼마나 높다고. 직접 올라 사진으로만 보던 그 멋진 자연광경을 내 눈으로 똑똑히 보리다! 그래도 올라가겠다는 말에 한 남성은 'Ferme robert'를 찾아가라고 알려 주었다.

"Good luck!"

Ferme robert 입구를 찾았을 땐 이미 많은 등산객들이 하산하고 있었다. 얼마나 더 올라가야 되는지 몰라 등산객 한 명을 붙들고 물었다.

너무나 친절했던 프랑스 자전거 여행자들.

나 : 얼마나 더 올라가야 돼? 혹시 위에 텐트 칠 만한 곳이 있어?
그 : 좀 더 올라가면 평평해. 텐트 칠 만한 곳이 있을 거야. 근데 이
　　　속도로 가면 1시간은 더 걸릴 것 같은데.

　한 시간 올라가는 건 별거 아니었다. 아직 5시이기 때문에 괜찮았
다. 그러나 그가 심어 준 희망은 얼마 안 가 갑자기 쏟아지는 비에 산
산조각 나기 시작했다. 그렇게 비를 맞으며 불쌍하게 자전거를 끌고
올라가던 중, 갑자기 옆이 휑한 게 느껴졌다.

　여기가 답이라는 생각이 들었다. 바로 옆이 차도이긴 하지만, 운
전자가 이쪽을 쳐다볼 확률이 얼마나 되겠냐며 망설임 없이 자리를
이동했다. 땅이 평평하지 않고 돌이 많아 자리 잡는 게 쉽지 않았다.
그나마 다행인 건 비 때문에 정신이 없는 와중에 비교적 텐트를 빨리

사람 눈에 띄지 않게 자연에 묻혀라, 텐트야~

친 것이었다. 개고생하며 텐트를 치던 시절이 우스웠다. 텐트 안에 들어와 바로 누웠다.

몇 십 분이 지났을까? 숲 속에서 사람 내려오는 소리에 단숨에 잠에서 깼다. 난 숨을 죽였고, 이 순간만큼은 소화되는 소리조차 안 나길 간절히 바랐다. 어느새 낙엽 소리는 텐트 옆까지 이어졌다. 눈은 발자국을 따라갔다. '지나가라. 그대로 지나가. 여긴 사람 없어!' 발자국은 멈추지 않고 텐트 옆을 따라 계속됐다. 그러다 어디까지 가다 도로 멈췄는지, 나의 눈동자는 소리가 끊긴 지점에서 한참을 머물렀다. 멈춘 건가? 시간이 꽤 지나도 발자국 소리는 이어질 생각을 안 했다. 휴!

한 비박에 한 고비면 됐다. 날이 컴컴해지고 간간히 들리던 차 소리도 어느 순간부터 아예 나지 않기 시작했다. 그제야 긴장이 풀리고 다시 잠에 들 수 있었다.

 지출

기차(12.40) = 총 12.40프랑

7

드디어 Le Creux du Van!

잠을 자긴 했지만 겁이 나긴 났나 보다. 잠에서 깨자 악몽이 생생하게 떠올랐다. 꿈은 두 개 정도 꿨지만 기억나는 건 하나. 누가 텐트 안에 손을 집어넣어 내 얼굴을 잡으려고 하는 손을 내가 붙잡는 꿈! 얼마나 생생했는지, 실제로 일어난 줄 알고 텐트 문이 열려 있나 확인할 정도였다. 오늘 역시 텐트에서 하루를 보내야 되나 싶을 정도로 비는 그칠 생각을 안 했다. 시간이 시간인 만큼 비가 최대한 빨리 그치길 바라며 자다 깨길 반복했다.

비가 그칠 즈음, 나도 모르게 잠에서 깼다. 얼마나 먹고 잤는지 얼굴은 퉁퉁 부어터지기 일보 직전이었다. 텐트를 걷는 일이 어느 일보다 귀찮았지만, 그럴수록 서둘러 걷으려 애썼다.

어제 오르막을 오르다 멈췄기 때문에 시작 역시 오르막이었다. 끝도 보이지 않는 이곳에서 이제 평지가 시작되는가 싶어 안장 위에 오르면 또다시 내려 자전거를 끌며 걷길 일쑤. 평지를 가장한 오르막의 연속이었다. 이젠 끌바를 하도 많이 하다 보니 다리보다 팔 근육이 더 땅땅하다. 햇빛이 내리쬐 춥지 않은 건 그나마 다행이었다.

크흐 드 빙의 시작을 알리는 레스토랑이 나왔다. 이곳에 차를 세워 놓고 등산화, 가방 등 장비를 챙기는 사람들도 있었다. 방금 하산하고 내려온 무리 중 여자에게 물었다.

나 :　혹시 자전거 갖고 올라갈 수 있을까?
그녀 : 아니. 엄청 가팔라, 길도 점점 좁아지고. 절대 자전거로 못
　　　올라가.

　평소 같았으면 저 말을 듣고도 못 들은 척했겠지만, 지금 막 올라
갔다 내려온 사람의 진심 가득한 표정 때문인지 무한 신뢰가 갔다.
어쩐 일인지(?) 정말 자전거를 갖고 올라가는 건 불가능해 보였다.
레스토랑 앞에 자전거를 세워 둔 후, 슬리퍼에서 운동화로 갈아 신고
핸들가방만 챙긴 채 본격적으로 길을 따라 올랐다.
　그리고 10분 뒤, 방금 전 불가능하다고 말해 준 사람에게 절을 하
고 싶을 정도로 이 등산길은 매우 험난했다. 올라가는 길에선 평지를
거의 찾아볼 수 없었다. 오르면 오를수록 경사는 심해졌고, 길은 더
더욱 험악해졌다.
　정상에 다 도착해 갈 즈음 두 아줌마를 만났다. 빵은 챙기고 물은
왜 안 챙겼는지, 아줌마를 보자마자 물부터 부탁했다. 나야 감탄만
하고 있어도 모자랄 촌X이라 해도 이 아줌마들은 뭐지!? 올라가는 내
내 세 명의 입에선 탄성이 터져 나왔다. 그리고 그 탄성은 한 모퉁이
를 돌자 정점을 찍었다. "와!!!!!!" 과장 조금 보태 스위스의 작은 그랜
드 캐년이라 하자. 사진 보고 반하고, 직접 보고도 반하고! 내가 이걸
보려고 이 고생을 했구나! 자연이 만든 한 폭의 아름다운 작품. 정말
포기하지 않고 올라오길 잘했다는 생각에 스스로가 대견스러웠다.

감탄할 동안 그쳤던 비는 다시 내리기 시작하고, 같이 구경하던 사람들은 모두 올라온 곳과 정반대 방향 길로 내려갔다. 나도 나란히 내려가고 싶었지만, 자전거 때문에 그럴 수 없었다. 홀로 왔던 길을 되돌아가야 하는 상황. 올라갈 땐 힘들었는데, 내려갈 땐 더 곤욕이었다. 경사가 워낙 높아 발을 내딛을 때마다 무릎에 전해져 오는 충격은 어마어마했다. 그래도 내가 고생해서 올랐던 길을 한 번 더 밟는다는 생각으로 웃으며 내려왔다. 귀에 꽃만 꽂으면 딱! 응?

동네까지 다 내려오니 햇빛이 쨍쨍했다. 얼마나 그리웠는지 모른다. 말리지 못해 축축한 텐트를 꺼내 말리며 나도 같이 햇빛 앞에 섰다. 잘 곳이 많은 이곳도 좋지만 아직 시간이 이른 만큼 노샤텔 시내로 내려가기로 했다. 물론 하루 동안 한 고생은 기차로 보상해 주기로 했다. 스위스는 자전거 값을 사람 표 값과 똑같이 받는다. 그래서 어제 표 값이 비싼 거였구나. 자전거 포함 기차 값 (Noiraigue~Neuchatel) 12.40프랑.

날씨가 좋지 않아 제대로 찍은 사진이 없는 게 아쉽다.

노샤텔 역에 도착하자마자 역 안에 있는 맥도날드로 들어갔다. 와이파이를 하려고 버거를 샀다가 허탕 친 적이 한두 번이 아니었기 때문에 먼저 와이파이 접속을 시도했다. 접속이 잘되자 그제야 버거를 골랐다. 버거 가격은 모두 깡패였다. 기다리다 받은 버거는 해피밀만도 못했다. 다시 한번 스위스 물가를 실감할 수 있는 자리였다. 버거는 딱 두 입 감이었다. 24시간 열 줄 알았던 역은 자정에 문을 닫았다.

"끝났어요."

예상 밖 상황에 난 역 주변을 한참 동안 방황해야 했다. 몇 십 분을 돌아다녀도 마땅히 침낭을 펴고 잘 만한 곳은 어디에도 없었다. 낮에 갔던 벤치가 많은 호숫가로 가 보기로 했다.

길치신이 나를 외딴 곳으로 이끄시니. 늘 그렇듯 감으로 걸어 내려가다 보니 자연스럽게 길을 잃은 채 걷고 있었다. 그렇게 구석구석 걸어 다니다 펍 앞에 나와 있는 젊은이들을 발견했다. '스위스 젊은이들은 안 놀 줄 알았는데.' 다들 세련되게 옷을 입고 펍 앞에서 놀고 있으니 젊음에는 스위스도 예외가 아닌 듯하다.

골목을 빠져나오자 저 멀리 이탈리아 레스토랑의 간판에 불이 들어와 있었다. 쪼르르 달려가 가게 앞에 나와 있는 직원에게 몇 시까지 여냐고 물었다. 네 시까지 연다고 한다. 네 시면 충분하지! 천천히 피자 한 판을 다 먹고 시간을 죽이며 메모했다. 몇 시간째 그러고 있으니 그런 나의 모습이 심심해 보였는지, 지나가던 한 남성이 내게 말을 걸어왔다.

미국인, 디제이 니키. 그는 스위스 사람들은 이렇게 말 걸지 않는다며 정이 없다고 했다. 그는 술을 마시지 않는다는 내게 레모네이드를 사 줬다. 얘기를 나누다 내가 한국인이라는 걸 안 니키는 한국인 친구가 있다며 한국말로 '생일 축하해'를 적어 달라고 했다. 나중엔 돌아다니던 그의 친구도 합세해 함께 사진을 찍으며 대화를 나눴다. 정신력으로 버텨야 할 것 같았던 새벽이 이들 덕분에 쉽게 흘러갔다.

레스토랑 앞에서 니키. 직원과 한 컷.

지출

기차(12.40) + 맥도날드 버거(3) + 발라먹는 치즈(2.10) + 콜라(2.50) = 총 20프랑

#8.
흑인과 한바탕

니키는 자신의 집에 가서 영화를 보자고 했다. 불 보듯 뻔한 거짓말에 손사래를 쳤다. 레스토랑 영업시간이 끝나고 니키, 니키 친구와 친구의 여자 친구, 이렇게 넷이 자연스럽게 걷게 됐다. 니키는 내 자전거를 보더니 타 보고 싶다고 했다. 그의 가냘픈 손목, 술에 취해 비틀거리는 그의 몸을 보면 절대 내어 줄 수 없었다. 아, 물론 그가 다칠까 걱정됐다. 극구 말렸지만 그는 계속 타 보겠다고 했다. 엎어질 듯 안 넘어지는 그의 뒷모습을 보면 꼭 자전거가 외줄 같았다.

자전거 뒤꽁무니를 쫓아 멈춘 곳은 그의 집 앞이었다. 니키는 레스토랑에서부터 친구의 여자 친구와 계속 말다툼을 했는데, 집 앞에 도착해서야 그 말싸움이 절정에 이르렀다. 그 대화 내용이 너무 유치해서 옆에서 듣고 있기도 민망할 정도였다. 나 혹은 한국 여자와 스위스 여자 간의 비교가 있자 여자는 기분 나쁘다며 자리를 떴고, 그녀의 남자 친구 역시 니키에게 한마디 한 후 그녀를 쫓아갔다.

그는 계속 집에 있다 가라고 했다. "나 베른에 약속이 있어서 가야 돼." 그는 내가 거짓말을 한다고 생각하는 듯했다. 그의 노상방뇨가 끝나고 헤어지려 했는데, 그 시점이 언제인진 몰라도 옆에서 오던 흑인이 니키에게 다가가더니 사건이 터졌다. 흑인이 니키 면상을 힘껏 때린 것이었다. 니키가 다시 일어났을 땐 한 대 더 맞을까 봐 그들 사이에서 중재했다.

"Don't fight." 내가 할 수 있는 영어는 이것뿐이었다. 이러다 나도 한 대 맞는 건 아닌가 싶었지만, 흑인은 다행히 내 말을 듣는 듯했다. 니키는 정신을 못 차리고 흑인은 여전히 흥분 상태였다. 내 심장역시 드라마 같았던 한순간에 극도로 요동치기 시작했다. 니키는 내게 갑자기 키를 주며 올라가 있으라고 했다. 내가 자리를 뜨면 바로한 대 맞을까 그럴 수 없었다. 니키는 대답할 힘조차 없는지 자신의말을 들으라고 했다. 왠지 말을 들어야 할 것 같았다.

난 곧바로 니키가 사는 건물 안에 들어가 자전거를 세워둔 후 핸들 가방만 챙긴 채 중앙문을 열고 들어갔다. 그리고 문을 닫으려는 순간 헉! 아까 그 흑인이 무섭게 달려오기 시작했다. 온몸에 체중을 실어문을 밀어 닫은 후, 혹시나 문이 안 닫혔을까 문을 흔들며 밀었다. 정말 짧은 순간이었다. 문이 제대로 닫혔다는 걸 확인하고서도 문이다시 열릴까 봐 겁이 났다.

이 작은 건물에 있는 구멍이란 구멍엔 열쇠를 다 쑤시며 3층까지올라갔다. 아침 7시가 채 안 되는 시간에 이러는 게 엄청난 민폐라는걸 알고 있었지만 이미 반쯤 미친 상태에선 멈출 수가 없었다. 그중에 문 따는 소리에 반응하는 집이 한 곳 있었는데, 누구냐는 말에 나는 그저 미국인이 사는 집이 어디냐고 물었다. 살긴 사냐고 말이다. "아마도 산다."는 도움 안 되는 대답을 듣고 나는 내려오면서 또다시문을 따기 시작했다.

다시 올라가며 돌린 열쇠는 극적으로 돌아갔다. 1층에 있는 집이었다. 두 번이나 돌렸는데 왜 아깐 문이 안 열렸던 걸까? 그 이유는 곧 알 수 있었다. 열쇠는 총 3번 돌아가는 삼중 잠금이었다. 올라갈 때 한 번, 내려오며 한 번, 다시 올라갈 때 한 번, 졸지에 3번 돌린 열쇠에 문이 열린 것이다.

놀란 가슴은 집에 들어와서도 가실 줄을 몰랐다. 슬그머니 창문 너머 아래를 쳐다봤다. 니키와 흑인은 내가 볼 수 있는 곳에 사이좋게 쭈그려 앉아 있었다. 별일 없어 보이는 그들의 모습에 내 자신만 더 멍청하게 느껴질 뿐이었다.

긴장이 풀리자 잠이 쏟아지기 시작했다. 그러나 맘 놓고 잠을 잘 수가 없었다. 니키가 창문으로 문을 열어 달라고 소리치는 순간이 올까 봐 눈은 감고 있어도 신경은 그 어느 때보다 예민하게 곤두서 있었다. 시간이 꽤 흐르고 아래엔 니키만 남아 있었다. "니키!" 내 목소리를 들었을 법도 한데 그는 반응이 없었다. 니키를 구하기 위해 중간문을 천천히 열었다. 그때, 누군가 멀리서 잡아먹을 듯이 달려왔다. "누구야? 니키야?" 대답에서 들리는 목소리는 날 헷갈리게 했다. "응. 나야." 변조하고 있는 느낌이 강하게 들었다. 다시 집으로 올라왔다. 왠지 일이 쉽게 끝나지 않을 것 같아 결국 눈을 붙였다.

깨어날 때마다 습관적으로 밖을 내다봤다. 한 번은 흑인과 눈이 마주쳤는데 정말 심장이 멎는 줄 알았다. 그래도 금방 적응하고 다시 잠을 잤다.

"똑똑."

문을 열자, 그는 꽤나 지쳐 있었다.

그: 미안해. 정말 미안해.

나: 난 괜찮아. 너 괜찮아?

그: 응. 아까 네가 "니키! 니키!" 하는데 귀여웠어.

나: (웃으며) 좀 자.

그: 괜찮아. 아까 정말 잘했어. 그에게 문을 열어 줄 필요 없었어. 한쪽 팔이 부러져서 힘을 쓸 수가 없었어. 그래서 아까 너한테 열쇠를 줬던 거야. 무슨 일이 일어나면 널 보호해 줄 수 없으니까.

대화가 끝나고 그는 아래층에서 좀 더 자라고 했다. 아래로 내려가는 계단 길은 저승길이라 해도 믿을 만큼 암흑이었다. 난 약속이 있어 가야 된다고 했지만, 그는 내가 거짓말을 한다고 생각하는 듯했다. 내가 지하로 안 내려간다 해도 그는 올라오지 않았다. 그냥 나가지도 못한 채 위층에 있어야 했다. 화장실을 이용하러 내려갔을 때, 그는 텔레비전을 켜둔 채 자고 있었다. 그리고 그 옆에는 그의 이름이 새겨진 스냅백이 100개는 더 걸려 있었다. 이 오빠, 유명한가?

시간이 많이 흐르고 오전이 되도록 일어날 줄 모르는 그 때문에 난 인사를 하고 나가느냐, 아니면 그냥 나가느냐를 두고 고민에 빠졌다. 그냥 떠나자니 예의가 아닌 것 같고, 문을 안 잠그고 나가자니 굉장히 찝찝했다. 아래층으로 내려가 니키를 깨웠다. 니키는 쉽게 정신 차리지 못했다. "십 분만." 수험생 때 내 모습을 보는 듯했다.

10분이 지나고 그를 다시 깨웠을 땐 그는 어딘가로 향했다. 거긴 계단도 아닌 화장실 옆이었다. "철컥." 갑자기 빛이 쫙 들어오기 시작했다. 문이었다. "아……" 복도로 나가는 문이 두 개였던 것이었다. 더 충격적인 것은 문 밖으로 나가서였다. 바로 옆엔 중간문이 버티고 있었다. 아까 생고생한 나로선 충격이 아닐 수 없었다. '아까 왜 그 지랄을 한 거야.' 그는 포옹을 한 후 이렇게 말했다.

"내 집은 너의 집이기도 해. 아무 때나 와서 먹고 싶은 게 있으면 먹고 자고 가고 싶으면 자고 가."

중간문을 통해 내려온 복도에는 다행히 자전거가 있었다. 페니어가 열려 있었지만 넷북과 카메라는 그대로였다. 가슴을 다시 한번 쓸어내리고 핸들가방을 꽂으려 하는데, 헐. 가방을 고정하는 부분에 꽃이 꽂혀 있었다. 그것도 같은 종류의 꽃이 색깔별로! 예상치 못한 선물에 감동이 밀려왔다. 꽃, 꽃, 내가 좋아하는 꽃! 곧바로 장미공원을 가려고 할 정도로 꽃을 좋아하는 나로서 기분은 날아갈 듯 더 좋았다. 그러면서도 내가 너무 무정하게 그를 떠난 건 아닌지 괜히 미안했다.

잠깐 꽃을 꽂고 다니는 동안 꽃잎은 하나둘 떨어져 나갔다. 나중엔 핸들가방에 넣고 다녔지만 꽃은 금세 시들어 버렸다. 여행이 끝날 때까지 간직할 순 없겠지만, 그 마음만은 영원히 간직할 수 있을 것 같다. 장미공원으로 가는 길, 내가 새벽에 걸어온 길을 되돌아가며 알 수 없는 슬픔을 느꼈다.

'난 매일 이별하네.'

여자의 마음을 좀 아는 니키.

이렇게 자전거를 눕히고 빵을 먹고 있는데.
차를 몰던 4명의 운전자가 차를 세우곤 괜찮으냐고 물었다.

　장미공원을 구경한 후, 바게트를 사 먹고 다시 출발했다. 시간은 시간대로 흐른 상태였다. 시간과 남은 거리는 상관관계를 이뤘고, 오르막이 나오고 풍경과 체력은 절정에 이르렀다. 콜라가 미친 듯이 먹고 싶었다. 하지만 그렇게 미친 듯이 콜라를 찾다가도 막상 자판기를 보면 다시 안장에 올라타게 만드는 게 스위스 물가였다. 160㎖에 만 원이나 하냐? 장난해?

　틈나는 대로 군것질을 하며 어떻게 해서 베른까지 버텨 왔다. 호스트가 8시면 집에 도착한다기에 어느 정도 시간에 맞춰 가려고 했는데, 생각보다 시간이 오래 걸렸다.

　이웃의 도움으로 호스트 집 앞에 도착했다. 초인종을 누르자, 털로 얼굴을 중무장한 남자가 달려 내려왔다. 웜샤워 프로필 사진을 봤을 땐 인도 사람처럼 보였는데, 막상 보자 터키 사람 같기도 했다. 그의 이름은 Serdar asut. 건축 일을 하는 그의 집은 꽤 넓었다. 룸메이트가 잠깐 여행 가는 바람에 혼자 살고 있다고 했다. 내가 씻을 동안 그는 요리를 준비하겠다고 했다.

호스트는 터키 음식을 요리해 주었다. 내 입에 맞는 음식이 몇이나 될라나. 알 수 없는 이 터키 음식 역시 내 입맛에 맞지 않았지만, 숨을 참고 먹으면 먹을 만했다. 그리고 대화가 물 흐르듯 진행되고 있을 즈음, 호스트에게 은근슬쩍 말을 꺼내 보았다. 스위스의 수도인 베른은 스위스에서 세계문화유산으로 지정된 유일한 도시인데다 구시가 전체가 세계문화유산이라는데, 내일 잠깐 구경하고 급하게 다른 도시로 이동하기에는 무리가 있을 것 같았기 때문이다.

"베른을 더 보고 싶은데 혹시 하루 더 머물러도 될까?" 말할까 말까 고민하던 말을 그냥 '툭!' 하고 뱉고 나니 속이 다 시원했다. 이상하게 거절에 대한 두려움이 예전보다 덜했다. "괜찮아. 그런데 내일 여자 친구네 집에 가야 돼. 여자 친구도 윔샤워 해. 같이 가자." 마지막엔 결국 안 된다는 말이 나올까 봐 조마조마했는데 정말 다행이었다.

표정 관리하며 먹는 것도 힘들었지만 워낙에 먹는 속도가 느려 앞에서 기다려 주는 호스트가 눈치 보였다. 계속 일해도 된다고 말하자, 호스트는 디저트라며 터키 엿을 건네고 자리를 떴다. 엿. 의미가 담긴 건 아니겠지?

내가 잘 곳은 거실 같은 방이었다. 베란다도 있고 굉장히 넓은데,

정~말 알 수 없는 맛의 터키요리를 가리키는 호스트.

문이 달려 있었다. 소파를 펴 만든 침대는 세 명이 누워도 남을 정도로 넓었다. 호스트 는 불편한 곳은 없는지 꼼꼼 히 챙겨 주었다. 내일은 그와 여자 친구네 집에 가야 하기 때문에 시간 약속을 하기 위 해 잠시 대화를 나눴다. 그리 고 내가 현재 스트레스를 받 고 있는 부분도 털어놓았다. 알아듣고 있는지는 몰라도, 그는 나의 이야기를 경청해서 들어줬다. 거두절미하고 그가 한 말 한마디는 그에게 털어놓길 잘했 다는 듯 나의 마음을 한결 편안하게 해 주었다.

"Focus on your trip."

 지출

빵 & 크림 + 아이스크림 + 빵 & 요거트 = 총 18프랑

#9.
생각이 많았던 날

조용한 베른 시내.

버스를 타고 도착한 작은 동네. 시골 분위기였다. 호스트 말대로 그
녀의 아파트 옆에는 소들이 방목되어 있었다. 이런 소들을 처음 보는
것도 아닌데 한국의 작은 울타리 안에서 스트레스 받고 있을 소들이
생각났다. 인간이나 가축이나 태어나는 나라가 중요하다는 걸 새삼
느꼈다. 그래도 북한에서 안 태어나길 얼마나 다행인가.

   그의 여자 친구를 포함해 난 많은 사람들의 이름을 기억하지 못한
다. 이름을 물어보지도 않을뿐더러 메모하지도 않는다. 성의가 없다
고 느껴질 수도 있겠지만, 외국과는 달리 한국에서 처음 보는 사람에
게 이름을 잘 묻지 않는 것에 익숙해서 그런지도 모르겠다.

입이 글로벌하지 못해 처음엔 조금만!

그의 여자 친구는 우리를 위해 저녁을 준비해 주었다. 죽 같은 듯 죽 같지 않은 밥, 고기, 야채, 플레인요거트(설탕·과일 등 다른 것을 아무것도 넣지 않은 요거트). 낯선 음식에 호흡곤란이 몇 번 온 적이 있기 때문에 처음엔 조금씩만 덜었다. 맛은 그런 대로 괜찮았다. 원래 맛없어 안 먹던 플레인요거트도 먹을 만했다.

수다가 끝나고 그녀는 소파를 이용해 내게 침대를 만들어 줬다. 남자 호스트 집과 같은 구조로, 이 큰 거실에서 방으로 가는 길엔 방문이 두 개 달려 있었다. 그들이 방으로 가기 전, 그녀는 내게 여러 책자를 보여 줬다. 그녀 혼자서 칠레, 뉴질랜드 등을 여행할 때 찍은 사진을 모아 만든 책이랬다. 책장을 넘길수록 저 여리여리한 몸으로 어떻게 돌아다녔는지 도저히 믿기지 않을 정도로 여행은 고되 보였다.

책에는 나와 있지 않은 그녀의 무용담은 그녀가 얼마나 강한 사람인지 알게 해 주었다. 처음 보는 그녀가 왜 이렇게 낯이 익나 싶더니 이제야 알게 됐다. 내가 가장 좋아하는 여자 선수 마리안느 보스(Marianne Vos, 2012, 2013년 UCI 월드챔피언)와 무척 닮았기 때문이다. 그래서 그녀가 더 강해 보이는지도 모르겠다.

 지출

빵 + 콜라 + 비스 = 총 13프랑

#10.
"해나야!"

사랑스러운 그녀와 헤어지고 남자 호스트의 집으로 돌아왔다. 그와 간단하게 아침 식사를 한 후 준비를 하고 나왔다. 호스트는 집 앞까지 마중을 나와 주었다. 난 사실 그와 헤어질 때 함께 사진을 찍지 못할 줄 알았다. 깊은 대화는 나눴지만 그의 강한 눈매 때문인지 뭔가 편하진 않았다. 그러나 막상 헤어지려 하니 나중에 후회할 게 생각나 용기 내어 말했다. 그는 흔쾌히 그러자고 했다.

그의 대답을 듣자, 한껏 차올랐던 뭔가가 쑥 내려가는 느낌이었다. 내가 괜한 두려움을 갖고 있었나 보다. 처음엔 내가 그에게 끼친 민폐 때문에 그의 태도가 냉정하다고 생각했는데, 어제 그가 애인과 대화할 때의 눈빛이나 말투를 보곤 내가 괜한 착각을 했구나 싶었다. 내 잣대로 상대방을 보는 게 굉장히 위험하다는 걸 느끼는 자리였다.

그와 헤어질 때 봐 버린 그의 촉촉한 눈가. 나의 마음도 덩달아 촉촉해지는 듯했다. 헤어질 때 항상 미친년인가 싶을 정도로 해맑게 웃으며 돌아서는 내가 상대방에겐 너무 무정해 보이는 건 아닌지 괜히 신경이 쓰였다. 아무쪼록 어제부터 걱정했던 게 해결되자 홀가분했다. "신경 쓰지 말고 여행에 집중해."라는 큰 조언은 여행 내내 가슴 속에 새겨 둬야겠다.

둘 다 상태가 좋진 않아 보인다.

잠깐 자전거를 끈다는 것이 어느새 1시간을 훌쩍 넘겼다. 망할 놈의 무릎이 너무 아프다.

툰(Thun)에 사는 호스트는 6시에나 집에 돌아온다고 했다. 호스트 집에 가기 전, 잠시나마 시내를 둘러보기 위해 툰 역에 들렀다. 목적지 설정을 위해 와이파이가 필요했다. 와이파이를 켜자 카톡이 밀려왔다. 그중 나보다 먼저 여행을 시작해 스위스를 돌고 있는 지호 언니의 톡이 제일 많았다.

"툰 중앙역 근처에 있는 분수대에서 4시에 보자. 늦으면 5시!"

지금 시각 4시 15분. 이미 엇갈린 건 아닌지 마음이 몹시 조급했다. 바로 옆에 있는 인포메이션 지도로 달려가 언니가 보내준 사진과 대조하며 약속 장소를 확인했다.

"해나야!"

내 이름인데?! 고개를 돌리자 어디서 많이 보던 모습이 눈에 들어왔다. 작은 브롬튼 자전거에 하얀 헬멧. 조(Joe) 언니였다. 매일 블로그에서만 보던 언니!

"어! 언니!!!"

흥분은 쉽게 가라앉질 않았다. 마치 같은 동네에서 살던 사람처럼 친근하게 느껴졌다. 반말과 존댓말이 막 섞여 나왔다.

"언니! 내가 여기 와이파이가 될 것 같아서 딱! 켰는데 언니한테 카톡이 와 있더라고! 그래서 봤는데 언니가 여기 근처에서 보자는 거예요! 그것도 여기서! 시간도 비슷하고! 이게 말이 돼요???"

나는 이런 우연이 어디 있나 싶어서 한참동안 흥분을 가라앉히질 못했다.

6시가 될 때까지 호스트가 알려 준 공원에서 지호 언니와 시간을 보냈다. 주제를 가릴 것 없이 언니와 난 억눌렀던 한국말을 마구 쏟아냈다. 난 평상시 호스트들에게 많이 하던 질문을 언니에게도 자연

자전거 헬멧에 보이는 태극기가 유독 반갑다.

스럽게 던졌다. 내가 많이 받은 질문이기도 하다.

"언닌 무슨 이유로 여행을 하게 됐어? 여행하면서 느낀 건 뭐야?"

언니의 대답은 내가 하던 대답과 별반 다르지 않았다. '앞으로 무엇을 하고 싶은지 알기 위해'였다.

나의 경우, 처음엔 뚜르 드 프랑스 대회를 관람하는 게 이번 여행의 주 목적이었지만 대회를 보고 나니 여행 목적은 자연스레 '하고 싶은 게 무엇일지 알기 위해'로 바뀌었다. 처음엔 그걸 찾기 위해 일부러 애썼다. 그런데 몸도 지치고 마음도 지치고, 하루하루 뭘 먹고 어디서 잘지 걱정하며 다니다 보니 여행의 목적을 자연스레 잊고 지냈다.

조바심이 나기도 하지만 그런 것들을 생각하기엔 이 순간이 너무 값지다. 여행이 끝날 즈음엔 저절로 머리에 박히는 분야나 직업, 관심사가 하나쯤은 있지 않을까 싶다. 나는 순간을 즐기기로 했다. 찾는다고 찾아지는 게 아니란 걸 이미 느꼈으니까.

공원에서 자전거를 끄는 지호 언니의 모습.

당연히 캠핑할 줄 알았다는 언니는 내가 웜샤워를 구했다고 하자 펄 듯이 기뻐했다. 다만, 오늘 이렇게 될 줄 몰랐기 때문에 호스트에게 양해를 구해야 했다.

호스트 집 앞. 호스트한테 할 말을 미리 곱씹어 보고 심호흡까지 한 후 문을 두들겼다. 표정이 없어 보이는 한 아저씨, Sebastien. 떨렸지만 인사를 하고 차근차근 사정을 말했다. 마치 준비했다는 듯 영어가 술술 나와 말하면서 속으로 놀랐다. 그런데 그가 언짢은 표정을 그렇게 드러낼 줄은 몰랐다. 그는 내 말을 듣고 그건 안 된다는 듯 표정을 찌푸렸다. '아…… 망했다.'

그러나 그의 표정과 말은 따로 놀았다. "알겠어." 그제야 계단 아래에 있던 언니도 활짝 웃었다. 차고지에 자전거를 보관한 후 집으로 들어왔다. 집은 밖에서 보는 것보다 훨씬 큰 삼 층짜리 집이었다. 호스트는 2층에 있는 큰 방을 우리에게 안내하며 둘이 같이 자야 된다고 했다. "아, 문제없어!" 침대가 작은 것도 아니고, 살면서 이렇게 넓은 침대는 처음 보건만. 같은 층에 화장실과 샤워실도 하나씩 있었다.

스위스 자전거 여행 중인 아내와 첫째 딸은 내일 돌아온다고 한다. 아쉬운 대로 둘째 딸 폴린과 집 근처에 있는 한 아이스크림 가게를 찾았다. 동생이 굉장히 좋아하는 가게인 듯했다. 실제로 그럴 것이, 맛의 농도가 우리나라에서 먹던 것과는 차원이 달랐다. 처~억 처~억. 입에 한입 넣은 아이스크림은 (과장을 조금 보태) 녹는 데 한참 걸렸다. 아이스크림에서 깊이가 느껴졌다.

집에 돌아와 넓은 마당에 나와 앉았다. 그는 숯에 불을 붙여 캠프파이어를 열어 줬다. 우린 따뜻한 차를 마시며 웜샤워와 교육을 주제로 대화를 나눴다. 그런데 대화의 깊이가 깊어질수록 씁쓸한 건 왜일까? 유럽 사람들을 봐도 사는 게 다 똑같다고 생각했는데, 이들과 대화하면 할수록 이질감은 더 커져만 갔다. 유럽인들이 사는 방식과 가치관. 한 방에 꽉 차 있던 열다섯 대가 넘는 기타에 드럼, 피아노, 그 비싸다는 하프까지. 시작이 이렇게 다를 수도 있다는 걸 직접 느껴본 적은 23년 인생 처음이었다.

게다가 중학생인 폴린은 자신이 좋아 가구점에서 아르바이트를 하고 있다고 했다. "돈을 모아 이번 겨울에 친구랑 아일랜드에 가고 싶어." 지리상 가까운 것도 있지만, 우리나라 청소년 같으면 상상도 못할 발상이었다. 부모님이 용돈을 안 준다 해도 이런 생각을 하기란 쉽지 않을 것 같다. 그 어느 때보다 교육과 환경의 중요성을 깨달았다.

 지출

피자 + 과자 + 요거트 : 총 23.50프랑

피아노 치는 폴린.

#11.
차원이 다른 교육 환경

어젠 미용에 관심이 많아 직접 자신의 머리를 자르고 염색을 했다는 둘째 동생에게 염색을 부탁했다. 일어나고 보니 벌써 9시였다. 급하게 1층으로 내려갔다. 동생은 이미 아침을 먹고 있었다. 나도 급하게 시리얼과 빵을 챙겨 먹은 후, 동생과 함께 3층 옥탑방으로 올라갔다.

미용실 의자, 마네킹 머리, 각종 미용 가위 등 미용실이라 해도 믿을 정도로 구성은 완벽했다. 동생은 내 목에 보자기를 둘러 준 후 여러 색을 만들어 내게 보여 줬다. "어떤 색이 마음에 들어?" 나는 초록 비슷한 색깔을 골랐고, 동생은 탈색 후 염색을 시켜 줬다.

30분 후, 동생은 손수 내 머리를 감겨 주었다. 끝에만 살짝 염색했기 때문에 간단했다. 결과는 성공적이었다. 다만 '조금만 더 길게 염색했더라면 더 예뻤을 텐데.' 하는 아쉬움이 남았다. 동생은 나의 부탁에 앞머리도 야무지게 잘라 주었다.

동생과 아저씨는 열두시 반이 되자 집으로 돌아왔다. 늘 이렇

앞머리는 갉아 먹혔지만 웃어야지 어떡해.

게 점심시간이면 밥을 먹으러 집에 온다고 했다. 이미 시간은 12시를 넘은 상태. 누가 봐도 우린 이곳을 떠날 생각이 없어 보였다. 마치 오늘은 이동할 생각이 없었다는 듯. 숙소도 알아 놓지 않았기 때문에 쫓겨나더라도 불고염치하고 아저씨에게 말해 보기로 했다.

나 : 우리 하룻밤 더 있어도 돼?
그 : 이따 아내(여호스트, Natalie)랑 첫째 딸(Lusy)이 오면 물어볼게.

　왠지 이미 허락을 받은 듯한 기분이었다. 마음이 많이 놓이긴 했지만 미안한 마음에 호스트와 한자리에 있기가 민망했다. 여호스트가 돌아올 때까지 부족한 잠을 보충하러 나 홀로 2층 방으로 올라왔다. 갑자기 집이 시끄러워지면서 잠에서 깼다. 나탈리와 루시가 집에 도착한 것이었다. 내려가 인사를 드리자, 그녀는 오늘 하루 더 머물러도 된다고 했다. 너무 기뻤다. 나탈리아는 특히나 인상이 너무 좋았다. 천생 엄마 상이었다. 루시는 동생과는 달리 차분하고 성숙해 보였다. 하루 더 머물게 해 준 감사의 인사로 언니와 난 나탈리아 가족에게 라면을 끓여 주기로 했다. 차이나 마트가 어디 있는지 안다는 루시는 방금 여행에 갔다 와 힘들 법도 한데, 서슴없이 우리와 함께 시내에 나가 주었다.

　차이나 마트. 도착하고 보니 익숙한 곳이었다. 내가 어제 밖에 진열된 초사이언 베지터를 찍었던 바로 그곳이었다. 마트 안에는 만두, 라면, 조미료 등 다양한 한국 식재료가 진열되어 있었다. 우리는 한국에서 가장 많이 먹는 신라면을 덥석 들고 집으로 돌아왔다.

유럽에선 좀처럼 찾기 힘든 매운 음식이기 때문일까? 언니와 난 오랜만에 맡은 매운 향에 사래가 걸려 고생했다. 우리를 위한 건지, 이들을 위한 건지, 언니와 나는 타협 하에 스프를 아꼈다. 살짝 아쉬울 뻔한 요리는 비 오는 날 나탈리가 고생해서 사 온 계란 덕에 살아났다.

배스킨라빈스 저리가라~

식탁에서 기다리는 네 가족. 그중 세 명은 매운 음식을 좋아한다고 했다. 그래도 혹시 모르니 밥도 함께 준비했다. 이들은 생각보다 잘 먹었다. 이렇게 맛있게 먹어 주는 모습을 보며 나도 항상 남의 나라 음식을 맛있게 먹어야겠다는 생각을 했다. 특히 루시는 매워 죽을 것 같아 하면서도 끝까지 다 먹어 주었다.

나탈리아 가족이 키운 꽃으로 만든 아이스크림이 오늘 완성됐다고 한다. 어제 갔던 아이스크림 가게로 6명은 비를 맞으며 우르르 찾아갔다. 개성이 넘치는 폴린은 맨발로 가구점 전단지를 뿌리며 쫓아왔다. 한 컵에 5프랑(우리 돈으로 육천 원). 한 컵은 꽃, 한 컵은 초코와 레몬을 반반씩 담았다. 언니와 난 각각 다른 맛을 골라 바꿔 먹기도 했는데, 어떤 것을 먹어도 정말 맛있었다.

내일은 일찍 떠나자며 언니와 함께 일찍 잠자리에 들었다.

(그녀의 블로그 : http://gowoon1024.blog.me)

#12.
미친 듯이 달리고 비박

스위스를 도는 방향이 언니와 정반대이기 때문에 언니와도 헤어져야 했다. 짧았지만 언니와 이 멋진 여행 중 추억을 공유할 수 있어서 정말 좋았다. 생각보다 아쉬움이 많이 남았지만, 언니와 한국에서 만나기로 약속하고 헤어졌다. 언니의 뒷모습을 한참 동안이나 바라봤다. 저 작은 자전거에 몸체만 한 짐을 싣고 유럽을 누비는 강한 여자. 그녀에게서 또다시 혼자가 되는 나의 모습이 보였는지 괜히 안쓰러웠다.

나탈리, 지호 언니, 루시.

인터라켄으로 가는 길. 실수로 길을 잘못 들었다. 그 바람에 여느 다른 여행자들과는 달리 굳이 안 올라가도 되는 오르막을 오르게 되었다. 숫자 '열여덟'은 나도 모르게 자꾸만 입 밖으로 튀어나왔다. 그러나 언제나 그랬듯, 마치 숙명이었다는 듯 난 최선을 다해 오르막을 올랐다. 오르막은 역시 날 실망시

키지 않았다. 호수를 낀 반대편 마을은 안개로 잘 보이지 않았지만, 감히 내가 본 스위스 경치 중 최고였다.

좋아하는 길을 만나서일까. 내달린 덕에 생각보다 인터라켄에 빨리 도착했다. 내일은 스위스 건국 기념일로 모든 마트가 쉰다고 하니, 미리 내일 먹을 것까지 챙길 겸 마트에 들렀다. 빵, 카레 맛 햄, 음료수. 하루 종일 제대로 먹은 음식이 없어 마트 옆에서 간단하게 끼니를 때웠다.

무작정 다음 목적지를 향해 달리다 보니 어느새 나탈리가 좋았다는 아젤트발트(Iseltwald)가 적힌 이정표가 나왔다. 주저 없이 빠진 아젤트발트는 생각보다 아주 작은 마을이었다. 내리막을 타고 마을 안으로 깊숙이 들어갔다. 양 갈래로 보이는 집들은 식물원이라 해도 믿을 만큼 집집마다 정원이 잘 꾸며져 있었다. 밤에 자기 좋을 것 같은 곳을 발견하고 날이 어두워지기만을 기다렸다.

그러나 오늘 흘린 땀에 뜨거운 뙤약볕이 내려쬐니 졸음이 마구 밀려왔다. 아직 날도 밝으니 더 움직이기로 했다. 무엇보다 현재 위치에서 두세 시간 이동한다고 해서 자리 펴기 난해한 곳에 떨어질 것 같진 않았다.

길은 산으로 이어졌다. 작은 자전거 이정표가 연달아 보이기 시작했다. 나름 자전거 길이었다. 산이었기 때문에 길은 돌도 많고 오르막도 많았다. 행여나 펑크가 나면 어떡하나 뾰족한 돌 앞에서 속도 조절이 요란했다. 브레이크로 손이 바쁠 때 여자 자전거 여행자가 어느새 뒤에서 나타났다. "혼자 왔어요?"라고 묻자, 그녀는 남편이랑 스위스 한 바퀴를 돌고 있다고 했다. 그의 남편은 그녀보다 훨씬 앞에서 기다리고 있었다. 그의 자전거에는 큰 트레일러가 연결되어 있었는데, 안을 들여다보자 귀여운 아들이 조용히 책을 보고 있었다. 저 귀여운 아이는 아버지의 고통을 절대 모를 것이다.

  캠핑장을 예약했다는 여자의 말에 그들을 무작정 뒤따라가 보기로 했다. 거리를 두고 그들을 뒤따라가던 중, 그들이 멈춰 물을 마신 곳 주변이 유독 눈에 들어왔다. '여기다!' 자전거 길을 중심으로 양쪽 공간이 텐트 치기 좋게 비어 있었다. 1번(왼쪽 빈 공간)은 완전히 사람 눈에 안 들어오는 곳이었고, 2번(오른쪽 빈 공간)은 사람 눈에는 잘 띄지만 햇볕이 잘 드는 곳이었다. 두 군데의 장단점이 비슷하기 때문에 쉽게 결정하긴 힘들었다.

  결국 1번 자리에 텐트를 치기로 했다. 아침에 햇살을 맞으며 잠에서 깨고 싶었지만, 새벽부터 부지런히 산책할 사람을 피해 좁고 습해도 사람 눈에 안 띄는 곳이 낫겠다 싶었다. 자리는 좁고 평평하지 않았지만 그런대로 만족스러웠다. 특히 옆에 있는 큰 돌은 엉덩이를 가려 주는 가장 좋은 자연물이었다.

바로 앞에는 호수가 보인다.

 지출

빵 + 햄 + 음료수 + 요거트 : 총 21프랑

#13.
개수작 1

웬일로 비박을 했는데도 악몽을 꾸지 않았다. 덕분에 늦게 일어났는데도 기분이 상쾌했다. 텐트에 맺힌 이슬은 불쾌했다.

마저 자전거 길을 따라 내려오자 작은 호텔 두 개가 나왔다. 핸드폰 GPS가 갈피를 못 잡아 애를 먹는 동안 마침 젊은 남자직원이 호텔에서 나왔다. 친절한 그 덕분에 GPS가 알려 주지 못한 지름길을 알 수 있었다. 그가 알려 준 산길을 따라 걸었다. 한참 후 뒤에서 차소리가 나더니 나를 앞질러 갔다. 아까 길을 알려 준 직원의 차였다. 차는 한참 앞으로 가더니 내가 어느 정도 따라 잡으면 멈춰 서길 반복했다. 내게 길을 안내해 주는 듯했다.

차를 따라가 보니 어느새 사람들이 꽤 모여 있는 작은 마을이 나왔다. 쉬지 않고 하나밖에 없는 길을 따라 계속 전진하자, 얼마 안 가아까 길을 안내해 주던 차가 나왔다. 왼쪽 갓길에 세워져 있는 차에행여나 휴식을 취하고 있는 남직원과 눈이라도 마주치면 고맙다고인사할 생각으로 차를 향해 다가갔다.

"Than……"

Oh my God! 예상과는 달리 그는 운전석에 없었다. 그는 차 앞에서 노상방뇨를 하고 있었다. 그런데 날 당황하게 만든 건 그의 노상방뇨가 아니었다. 앞뒤였다. 분명 그가 노상방뇨를 하고 있는데 어뜨게 눈이 마주칠 수 있는지……. 그는 왜 앞을 보고 오줌을 싸고 있는지! 다행히 나의 눈높이는 딱 그의 얼굴에 있었다. 이 이상한 상황에서 그는 내게 다급하게 사과했다. "So…… sorry!"

오르면 오를수록 왕궁정은 어디 가고 심하게 흔들리는 정신 상태만 남아 있었다. 진을 빼던 이 오르막은 다행히 힘든 걸로 끝나지 않았다. 오르막에 다 올라 내려다본 아래는 말 그대로 그림 같았다.

저런 곳에서 살면 어떤 기분일까?

루체른까지 10㎞를 남기고 길이 이상하게 꼬여 버렸다. 내가 서 있는 곳은 국도와 이어져 있었는데, 그 도로의 방향은 내가 왔던 방향으로 향해 있었다. 반대편으로 건너가고 싶었지만 아무리 GPS를 이용하고 머리를 굴려 봐도 찾을 수 없었다. 애매한 시간 탓에 오늘 루체른에 가는 것은 포기하기로 했다.

왔던 길을 되돌아가며 잘 곳을 찾아다니던 중, 옆에 작은 샛길을 발견했다. 지푸라기라도 잡는 심정으로 한번 들어가 보니, 기찻길과 큰 나무 사이에 움푹 파인 공간이 눈에 들어왔다. 사람 눈에 쉽게 띄는 곳이 아니기 때문에 큰 고민은 안 됐다. 문제가 있다면 옆에 바로 철도가 있다는 것인데, 기차가 얼마나 자주 지나가는지를 알면 바로 결정 나는 일이었다. 그렇게 고민하는 동안 기차는 물론 사람 한 명 안 지나가더니 한 오픈카가 들어왔다. 막다른 길에서 차를 돌려 나오더니 차는 내 앞에서 멈춰 섰다.

그 : 여기 막혔어? 여긴 처음이라…….
나 : 응. 그런 것 같아.
그 : 여기서 뭐 해?
나 : 여기서 잘까 고민 중이야.
그 : 뭐라고? 여긴 안 돼. 나랑 저녁이나 먹자.
나 : 어디서? 자전거는 어떻게 해?
그 : 나 따라와.

오픈카는 천천히 달리다 희미하게 보일 정도의 거리가 되면 멈췄다. 내가 거의 따라잡으면 다시 멀어지길 반복했다. 한참 달려 도착한 목적지는 레스토랑이 아닌 그의 집이었다. 하지만 그가 내게 나쁜 짓을 할 거라는 의심은 전혀 들지 않았다. 처음엔 저녁만 먹고 헤어지는 줄 알았다. 그러나 그는 2층짜리 집을 설명해 줬다. 2층은 주인집인데 스페인으로 휴가를 갔다고 했다. 마치 웜샤워를 통해 온 것처럼 상황은 자연스럽게 흘러갔다.

그는 아주 자연스럽게 세탁기 사용법과 화장실 위치를 알려 주었다. 세탁기를 돌리는 동안 난 샤워를 했고, 그 역시 자연스럽게 저녁을 대접해 주었다. 구글 번역기를 이용해 그와 대화를 주고받았다.

밤 11시가 됐을 땐 밖으로 나가 불꽃 축제를 구경했다. 스위스 건국 기념일엔 스위스 방방곡곡에서 폭죽이 터진다고 한다. 사방에서 들리는 폭죽 소리에 우리나라 역시 이런 기념일 축제가 있으면 좋겠다는 생각을 했다. 나라 곳곳에서 폭죽을 터트리고 있는 스위스 시민들의 모습을 상상하노라면 뭔가 가슴이 뭉클했다.

집에 다시 들어와서도 구글 번역기를 이용한 대화는 계속됐다. 그런데 그는 어느 순간부터 같이 살던 여자가 떠났다며 외롭다, 누군가가 날 안아 줬으면 좋겠다는 식의 말을 적어 냈다. 그의 의도가 빤히 보였기 때문에 난 모르는 척하기에 바빴다. 계속 반복되는 같은 말에 나는 이만 자겠다고 했다. 페니어에서 에어매트와 침낭을 꺼내 오자 그는 침대에서 같이 자자고 했다. 서 있는 나를 안으려고 하는 그에게 나는 단호하게 싫다고 말했다.

그의 침대와 수직이 되게 매트를 깔고 누웠다. 당돌하게 안으려 했던 그의 행동이 당황스럽긴 했나 보다. 온몸을 침낭에 숨긴 채 얼굴

이탈리아 에스프레소.

만 내밀었다. 침낭에 스치는 맥박 소리가 그에게도 들릴까 눈알이 요
리조리 굴러갔다.

 지출

스파게티 = 총 11프랑

14

오늘의 숙소는 탈의실

역시 긴장보다는 피곤. 한 번도 깨지 않고 아주 잘 잤다. 어제만 해도 아침 일찍 일어나 이 집에서 나가려고 했는데, 예상 외로 너무 잘잔 바람에 그는 나보다 먼저 일어나 있었다. 솔직히 아침이 되면 그가 날 단숨에 내쫓을 줄 알았다. 자신의 의도대로 되지 않았으니까. 그러나 그는 그러지 않았다. 나 역시 얼굴을 붉히지 않았다. 자연스럽게 빨래를 정리하고 충전된 배터리를 정리했다. 그리고 그가 준 이탈리아 에스프레소까지 마신 후에야 집에서 나왔다.

  그의 집에서 루체른까지 이어진 길은 어제와 달랐다. 덕분에 헤매지 않고 루체른까지 갈 수 있었다. 루체른은 어느 도시보다 관광지 느낌이 강했다. 관광객으로 붐벼서 그런 건지도 모르겠다. 시내에 도착하면 유럽에서 가장 오래되고 길다는 나무다리 카펠교가 눈에 들어온다. 그 아래로 흐르는 로이스 강에는 백조들이 많이 있었는데, 먹이주는 관광객에 길들여졌는지 사람과 나란히 사진을 찍기도 한다.
  가장 가까운 곳이라 해서 간 곳은 무제크 성벽(Museggmauer). 예전에는 마을 전체를 둘러싸고 있었으나 지금은 많이 파괴되어 구시가 뒤로 약 870m에 달하는 벽과 9개의 탑만 남아 있다고 한다. 성벽을 따라 어느 정도 올라가자 루체른 시내가 한눈에 들어왔다. 성 안으로

옛날 시계.

들어가면 여러 시계가 설명과 함께 전시되어 있었다. 그러나 내게 옛
날 시계는 안중에도 없었다. 이제 잘 곳이 문제였다. 고민을 하며 앉
은 벤치에서 잘까 고민도 해 봤지만, 하늘이 컴컴해지기엔 너무 이른
듯했다. 지도를 자세히 훑자, 조금 떨어진 곳에 캠핑장이 있다고 표
시되어 있었다. 나는 조금의 망설임도 없이 곧장 출발했다.

  캠핑장으로 향하는 길, 갑자기 하늘에 먹구름이 끼더니 주변이 분
주해졌다. 특히 옆에 있던 레스토랑 직원들은 일사불란하게 테라스
를 정리했다. 한두 번 비에 당해 생긴 솜씨가 아니었다. 직원 서너
명이 바쁘게 테라스를 정리하고 들어가자, 정말 말도 안 되게 바로
비가 쏟아지기 시작했다.

  점점 굵어지는 빗줄기를 맞으며 겨우 캠핑장 앞에 도착했다. 어디
로 가야 하나 고민하던 중, 한 남자가 입구 문을 열고 나오면서 문에
손수건을 걸어 두는 것이 보였다. 문이 자동으로 닫히는 걸 방지하기

좁긴 좁다.

위함이었다. 그다음으로 한 여자가 들어갔는데, 손수건은 비바람에 날아가고 문은 닫히지 않았다. 얼핏 봐도 캠핑장 같진 않았지만, 호기심에 나도 문을 열고 들어갔다.

한쪽에는 놀이터와 음식점, 한쪽에는 호수에 요트가 띄워져 있었다. 먼저 들어간 여자가 시야에서 멀어질 즈음 겁 없이 요트가 있는 쪽으로 걸어갔다. 왼쪽으로는 화장실, 탈의실, 사물함 등이 줄줄이 이어져 있었다. 이 길 끝에 다른 출구가 있을 거라 생각했다. 예상대로 문은 있었지만, 걸으면 걸을수록 옆에 보이는 탈의실만 눈에 들어올 뿐이었다. 되돌아오며 슬쩍 열어 본 탈의실은 생각보다 널찍했다. 주저 않고 자전거와 함께 몸을 숨겼다. '누가 날 봤다면 잡으러 오겠지, 뭐.'

내가 누울 수 있는 공간은 매우 좁았다. 그뿐만 아니라 천장이 막혀 공기가 탁했다. 옆에 있는 보도와 주차장에서 들려오는 소리도 계속 신경을 건드렸다. 계속되는 소음에 나중에는 긴장이 풀려 밖은 신경도 안 쓰였다. 문제는 이곳에서 나가는 시간대였다.

지출

빵 + 음료수 = 8.25프랑

#15.
이탈리아에 가느냐 마느냐,
그것이 문제로다

사자 기념비.

수시로 깨길 반복하다가 새벽 6시 30분. 탈의실에서 세수를 마치고 조용히 문을 열고 나왔다. 비는 그쳐 있었고, 주변은 조용했다. 재빠르게 주변을 둘러봤는데, 다행히 눈 마주친 사람은 없었다. 그나저나 몸 상태가 심각하다. 불편한 잠자리에 모든 척추가 웅크러진 듯 몸이 뻣뻣했다. 졸지에 주차장에서 새벽 스트레칭을 했다.

  루체른 역에 있는 마트에서 간단하게 끼니를 때웠다. 루체른을 떠나기 전 사자 기념비(여기서 사자는 1789년, 루이 16세를 지키기 위해 맞서던 스위스 용병들의 용맹함을 상징)를 구경한 후, 취리히로 향했다.

취리히에 다 와 비가 쏟아지기 시작했다. 빗줄기가 점점 굵어지는 바람에 건물 아래서 발이 묶여 버렸다. 비는 그칠 줄을 모르고 가만히 서 있으려니 몸이 오들오들 떨리기 시작했다. 한참을 비가 그치길 기다리다 나중엔 기다릴 힘조차 나질 않아 다시 비를 맞으며 이동했다.

먹자골목이 나오자, 난 그냥 지나치지 못하고 케밥과 태국요리 집 사이에서 멈췄다. 케밥에 대한 안 좋은 기억이 떠오르더니, 발걸음은 바로 태국 집으로 향했다. 입구에 있는 손님은 국물요리를 맛있게 먹고 있었다. 군침이 돌았다. 2층으로 올라와 메뉴를 고르려는데, 음식 종류가 굉장히 다양했다. 선택을 잘 못하는 난 직원의 추천으로 팟타이(19.50유로)를 주문했다. 이것이 나의 첫 팟타이였다. 포메인을 생각한 내가 멍청했지. 물도 사 먹어야 하는 이곳에서 기름진 음식을 해치우느라 진땀을 뺐다.

진심 맛도 없더라!

옆 테이블엔 한 유럽 가족이 앉았는데, 그들도 이곳이 처음인 모양이다. 아빠로 보이는 남성은 내가 진땀을 빼며 팟타이를 먹는 모습을 보곤 직원에게 내가 먹는 게 무엇인지 물었다. 그는 곧 돌이킬 수 없는 실수를 저질렀다.

"저걸로 6개 주세요."

그래도 뭘 좀 먹었다고 힘이 생긴 모양이다. 시간을 지체할수록 힘만 든다는 걸 알기 때문에 끝까지 힘을 내서 언덕 하나를 넘었다. 큰 산을 넘자 호스트 집은 금방이었다. 그러나 멘붕은 또 한 번 찾아왔다. 벨을 누르려는데 익숙한 이름이 안 보인다. 혼란이 왔다. 로밍을 하고 메일에서 호스트의 이름을 찾아댔다. 뭔가 잘못됐다는 걸 느꼈다. 루체른 호스트에게 못 간다고 보낸다는 것이, 취리히 호스트에게 보낸 것이었다.

어디서 어떻게 꼬인 건지 알 수 없었지만, 일단 이메일에 있는 이름과 일치하는 호스트의 집 벨을 눌렀다. 얼마 후 한 남자가 뛰어 내려왔다. 밝은 인상의 남자 호스트였다. 일단 인사를 하고 뭔가 잘못된 것 같다며 설명을 했다. "나도 네가 오늘 안 오는 줄 알았어." 정말 미안하다고 하자, 그는 괜찮다고 했다. 정말 아무 상관없다는 듯 보이는 그의 밝은 표정은 나의 불편한 마음을 단번에 가라앉혀 주었다.

지하실에 자전거를 보관한 후, 그와 이야기를 나누며 집으로 올라갔다. 그러던 중, 전혀 예상치 못한 얘기를 들을 수 있었다. 한국인 호스트가 왔다는 것이었다.

나 : 언제?

그 : 어제 왔어.

나 : 진짜? 헐! 어디로 떠났어?

그 : 지금 우리 집에 있어.

　망할 영어 시제. 문 앞에 도착해서야 상황 파악이 됐다. 여자 호스트와 인사를 한 뒤, 난 곧장 한국인을 찾았다. 공세웅 오빠. 이 오빠 사람이 오든지 말든지 편안하게 방에 누워 있었다.

　호스트 Andrea와 Anshelm은 16살, 18살에 만나 10년째 연애 중이라고 한다. 보기엔 전혀 그렇게 느껴지지가 않는다. 친구 같으면서도 달달한 게 1년 사귀어도 보기 힘든 다정함이 그들에게서 묻어났

보이시려나 몰라! 다섯 명의 가족이 나란히 자전거를 타고 내려가고 있다.

다. 둘은 모두 선생님이라고 한다. 세웅 오빠와 난 궁금해서 여자 호스트에게 물었다.

나: 안드레아, 일은 어떻게 하고 여행 간 거야?

오빠: 내가 장애가 있는 아이들을 가르치거든. 근데 이쪽에 선생님이 부족해서 여행 갔다 오면 꼭 일하기로 하고 학교에서 1년 휴가를 줬어.

여행에 다녀왔을 때의 일자리도 물론 중요하지만, 지금 하는 일을 그만두고 여행을 떠나는 그녀의 용기 역시 대단한 것 같다. 쉽지 않았을 텐데 말이다. 여럿 호스트들이 여행에 가치를 두고 행동한 게 정말 존경스럽다.

저녁 식사 후, 세웅 오빠는 레인재킷을 필요로 했다. 착한 안드레아는 그런 세웅 오빠에게 자신에게 작아 입지 못하는 게 있다며 옷을 보여 줬다. 내가 갖고 있는 바람막이는 모자가 안 달려 있는데다 완전방수가 되지 않기 때문에 굉장히 탐나는 옷이었다. 사이즈도 세웅 오빠에겐 딱 봐도 작아 보여 내가 한번 입어 보겠다고 했다. 딱 내 사이즈였다. 착한 안드레아는 아무 대가 없이 레인재킷을 내게 주었고, 착한 그의 남자 친구는 내일 학교에 있는 옷을 오빠에게 주겠다고 했다. 아낌없이 주는 이 호스트들에게 진심으로 너무 고마웠다.

이탈리아를 갈지 말지 고민이 됐다. 내 계획대로라면 이미 이탈리아에 가 있어야 하는데, 즉흥적인 여행을 하고 보니 도로 기차를 타고 내려가야 하는 상황이 됐다.

돈도 돈이지만, 가고 싶은 나라 위주로 생각하니 결정은 바로 났다. 개인적으로 이탈리아와 헝가리에 가 보고 싶었기 때문에 이탈리아로 곧장 내려가기로 했다.

손목때리기를 알려 줬더니 여자친구를 겁주고 있는 안셀름.

지출

아침 : 요거트(0.5) + 빵2(2.55) = 3.10

점심 : 요거트(0.55) + 바나나(1) + 바닐라콜라(1.10) = 2.65

저녁 : 팟타이 = 19.50(카드가)

총 25.25프랑

4
PART

자전거를 타지 말라니요!

이탈리아 그리고 밀라노

오전에 기차역에서 친구를 만나기로 한 안드레아. 그녀는 밀라노 기차표 발권을 도와주겠다고 했다. 세웅 오빠 역시 호스트 학교에 있는 레인재킷을 받기로 했기 때문에 발맞춰 다 같이 집에서 나왔다.

네 명이서 나란히 자전거를 타고 취리히 역으로 왔다. 남자 둘은 자전거를 지키고, 안드레아와 난 수다를 떨며 줄을 좁혀 갔다. 내 관심사는 온통 스위스와 프랑스 사람들의 연애에 쏠려 있었다. 웜샤워를 하면서 가장 인상 깊었던 부분은 내가 만난 커플의 동거였다. 한국에선 애인과의 동거를 부모님이 아시는 건 상상도 못할 짓이지만, 유럽에서 만난 웜샤워 호스트 대부분이 동거를 하고 있으니 궁금한 게 많을 수밖에!

호스트는 불쾌해하지 않고 내가 묻는 질문 하나하나 성의껏 대답해 주었다. 얘길 들어 보니, 스위스에서는 결혼에 대한 압박이 없는데다 동거에 대한 인식도 나쁘지 않다고 한다. 부모는 자식의 배우자가 될 사람의 학벌이나 집안은 따지지도 않고, 자식이 좋다면 웬만하면 허락한다고.

내 차례가 되고 밀라노로 가는 표를 사려는데, 구매가 생각보다 쉽지 않았다. 처음엔 자전거를 실을 수 없다고 하더니, 안드레아가 다른 방법을 물어보자 다른 기차를 타서 환승을 해야 된다고 했다. 환

간식을 챙겨주는 호스트.

번호 따이는 세웅 오빠. 부럽다!

승쯤이야 별거 아니었지만, 환승을 하는데도 높은 기차 값은 튼튼한 나의 치를 떨게 했다. 그러나 표 값 때문에 포기하기엔 이미 내겐 너무 매력적인 나라, 이탈리아였다. 3초 고민하고 후딱 기차표를 샀다 (스위스 취리히~이탈리아 밀라노 : 90프랑).

　세웅 오빠와 남호스트는 레인재킷을 가지러 학교로 가고, 안드레아와 그녀의 친구는 나를 배웅해 주었다. 기차에 오르기 전에 호스트와 진한 포옹을 나눴다. 참 묘했다. 눈물은 안 났지만 알 수 없는 기쁜 뭉클함을 느꼈다. 한국에선 쉽게 하지 않는 포옹이어서 그런 걸까? 그러고 보니 유럽에선 헤어질 때 아주 자연스럽게 포옹을 했던 것 같다. 마지막에 하는 이 포옹이 어느 열한 마디 말을 듣는 것보다 더 많은 것을 말해 주는 듯했다.

기차표를 잘못 본 바람에 기차를 환승하는 과정에서 착오가 생겼다. 몇 시간 낭비를 했지만 다행히 날이 밝을 때 밀라노에 도착할 수 있었다. 그러나 역 밖으로 나가는 문을 찾는 데도 한참이 걸렸다. 겨우 밖으로 나와 걸어가는데, 딱 봐도 한국인처럼 보이는 사람이 앞에 서 있었다. 예전 같았으면 먼저 한국 사람이냐며 물었을 텐데, 이제 지칠 대로 지쳤는지 그러지 않았다.

"한국 사람이세요?"

질문은 의외로 상대방에게서 나왔다. 내가 늘 먼저 하던 말을 다른 누군가에게서 듣긴 이번이 처음이었다. "네!!!" 마치 기다렸다는 듯이 나는 대답했다. 이용현 오빠. 친구 결혼식 때문에 이탈리아에 왔는데, 내일이면 한국으로 돌아간다고 한다. 잠시 대화를 나누는 동안 오빠 내게 핸드폰을 충전할 수 있는 보조배터리를 선물했다. 이거 하나만 있어도 맥도날드를 그리 찾아대지 않아도 될 텐데. 이런 게 존재한다는 걸 알면서도 돈 아깝다며 사지 않은 내가 참 한심했다. 오빠랑 난 각자 호스텔에 들렀다가 저녁이 되면 두오모(Duomo) 앞에서 보기로 하고 헤어졌다.

숙소 때문에 꽤나 고생한 나는 어젯밤 미리 밀라노 숙소를 예약했다. 새 나라에 온 만큼 기분 좋게 시작하고 싶었기 때문이다. 오랜만에 마음이 편안했다.

리셉션 직원과의 대화

직원 : 5년 안에 한국이 최고가 될 거야.

나 : 왜 그렇게 생각해?

직원 : 한국 사람들은 머리가 좋아.

나 : (네가 내가 여길 어떻게 왔는지 알면 그런 소리 안 할 텐데…….)

날이 어두워지고 두오모로 가
는 길. 지호 언니가 우려하던
돌길이 드디어 내 눈앞에 펼쳐
졌다. 이런데도 자동차 바퀴가
남아나는지 궁금할 정도로 온몸
에 전해져 오는 진동은 끔찍했
다. 인도가 나을 수도 있겠다는
생각이 들었다. 인도에서 자전
거를 타기 전, 혹시 벌금을 물
어야 할지도 모르니 눈앞에 보
이는 경찰에게 먼저 물어봤다.

오빠가 준 인스턴트 에스프레소.

"자전거 어디서 타야 돼? 차도? 인도?"

3명이나 되는 경찰은 어째 대답을 고민하는 듯했다. 한참 후에 그
중 한 명이 대답했다. "음. 인도!" 확실해? 둘 중 찍은 것 같은데!

고생 끝에 두오모에 도착했다. 훨씬 전에 먼저 도착한 오빠는 오래
전에 두오모 구경을 마친 상태였다. 오빠는 이제 막 도착한 나를 위

생각보다 맛있어서 솔직히 좀 놀랐는 Girl~

해 천천히 구경하라며 시간을 내 줬다. 두오모를 멀리서 볼 땐 몰랐
는데, 가까이서 보니 소름이 돋을 정도로 정교하게 조각되어 있었
다. 14세기에 착공되었다는 게 믿기지 않았다. 인간의 능력과 한계
는 도대체 어디까지인지 좀처럼 입이 다물어지질 않았다. 동시에 '나
는 죽을 때 흔적 하나 남길 수 있을까?' 하는 허무함을 느꼈다.

　저녁 식사를 위해 오빠와 한 레스토랑에 들렀다. 모든 레스토랑에
고루고루 사람이 꽉 차 있어 우리가 말하는 맛집은 구별하기 힘들었
다. 물론 맛을 가릴 처지는 아니지만 말이다. 이탈리아 음식을 제대
로 먹는 건 이번이 처음이다. 오빠 결혼식장에서 먹은 맛있었던 음식
을 하나둘 주문했다. 내 입은 역시 글로벌하지 않았다. 라자냐는 밀
가루 반죽을 겹겹이 쌓아 올린 음식이었는데, 알 수 없는 맛에 지루
하기 짝이 없었다. 프로슈토 에 멜로네는 이탈리아 생햄과 멜론을 말
하는데, 멜론에 햄을 싸서 먹는 독특한 조합의 음식이었다. 이것 역
시 내가 좋아하는 음식이 되진 못했다.

세계최강 맛.

　단, 피자는 최고였다. 피자를 한입 물었을 땐 둘 다 눈이 동그래져 서로의 얼굴을 쳐다볼 정도였다. 이렇게 맛있는 피자는 앞으로도 먹 기 힘들 것이다. 후식으로 젤라또(이탈리아 아이스크림)까지. 오빠는 굶주린 내 배를 아낌없이 채워 주었다. 오빠 말대로 나중에 크게 한 턱 쏘는 날이 왔으면 좋겠다. 꼭

* 호스텔 : Hostel California

 지출

기차표 값(90프랑) + 호스텔 예약비(1.68) + 호스텔 비용(16.90) + 지 하철 2(4) + 팔찌(1) = 23.58유로 + 90프랑

일어나자마자 오픈 전인 식당에 들어가 자리를 잡았다. 어제 오빠가
준 보조배터리를 충전시키며 오빠가 준 과일과 식당에 있는 시리얼
로 아침을 때웠다. 다음 도시로 출발하기 전, 이메일을 확인했다. 밀
라노에 사는 호스트에게서 와도 된다는 답장이 와 있었다.

　밀라노 시내를 돌아다니며 느낀 더위와 시간 소모는 상상 그 이상
이었다. 더위도 피하고 허기도 채울 겸 피자가게에 들어갔다. 종류
가 굉장히 많았기 때문에 오늘도 어김없이 직원의 추천을 받아 주문
을 해야 했다. 영어가 안 통하는
직원 대신 옆에 있던 여자 손님
이 대신 추천해 주었다. 케밥 피
자. 직원은 케밥 전문점처럼 어
떤 것을 넣고 어떤 것을 뺄 것인
지 고르라 했다. 워낙 배고팠기
때문에 다 넣어 달라고 했다.

케밥 피자가 털리는 과정.

　금방 나온 피자는 말 그대로
피자 한 판. 10유로(14,000원 꼴).
생각해 보면 양 치고 싼 가격은
아니다. 막상 혼자 이 한 판을

해치울 생각을 하니 조금 막막했다. 한국에서도 한 번에 두세 조각밖에 못 먹는 나건만. 옛날에 오빠한테 한 조각이라도 덜 뺏기기 위해 쓰던 수법이 먹혔다. 끝에 빵 부분만 빼고 먹다 보니 한 조각 빼고 다 먹는 기적을 만들었다. 나머지 한 조각은 아무리 노려봐도 한계였다.

피자가게에서 나오자 또다시 숨이 턱턱 막혔다. 맥도날드에서 밀크쉐이크, 아이스크림 가게에서 젤라또를 먹으며 꾸역꾸역 목적지인 미켈란젤로 박물관으로 달렸다. 박물관에 도착해 알게 된 표 값은 생각보다 엄청 비쌌다. 마음 같아선 그냥 나오고 싶었지만, 고생해서 온 게 아까워서라도 도로 나갈 수가 없었다.

미켈란젤로 박물관. 사람들이 흔히 가는 바티칸 박물관이 아니다. 3층(-1,1,2층)으로 되어 있는 이 미켈란젤로 박물관에는 그의 작품과 환경문제와 관련된 것들이 전시되어 있었다. 내용물은 꽤나 흥미로웠다. 특히 환경오염의 심각성을 나타내는 게시물을 볼 때면 가슴이 뜨끔거렸다.

미켈란젤로 박물관.

AC밀란 기념품.

　마지막으로 올라간 1층에서 만난 한 살 많은 김태우 오빠와 친해졌다. 맨 아래서 위로 올라온 나와 반대로, 오빠는 위에서 내려가며 구경하고 있었다. 서로 안 본 층을 위해 한 번 더 훑으며 다녔다. 다음 일정이 없다는 오빤 내가 가려고 한 AC밀란 구장(San Siro stadium)에 같이 가겠다고 했다.

　축구를 좋아하는 난 여행 중 맨체스터 유나이티드를 포함한 축구 구장 네 군데(리버풀, 아스날, 첼시, 퀸즈 파크 레인저스)를 방문했다. 그런데 내 기대와는 달리 산시로(San siro) 구장은 이들과는 달리 많이 허접했다. 뭐라도 있을 줄 알고 구장 한 바퀴를 돌았는데도 사진 찍을 만한 건 아무것도 없었다. 다행히 박물관과 상점은 있었다. 하지만 상점 안 역시 볼품없었다. 발로텔리(Mario Balotelli)가 좋아 산시로 구장을 방문한 거였는데, 그를 상징하는 상품은 하나도 없었다. 아쉬운 마음에 상점 문을 닫기 직전에 인형 열쇠고리와 물통을 사서 나왔다.

　자전거를 반납한 후, 태우 오빠와 저녁을 먹기 위해 목적지 없이 먹자골목을 찾아 걸어 다녔다. 차이나마트가 보여 들어가 봤는데, 아쉽게도 라면은 팔지 않았다. 들어선 골목엔 중국인이 유독 많이 보였다. 호기심에 오르막을 따라 올라가자, 마치 로데오거리처럼 중국 간판이 빽빽하게 나열되어 있는 차이나타운이 나왔다. 어딜 가나 있는 중국인. 어딜 가나 있는 차이나타운. 어느 나라 어디에서나 끼리끼리 뭉쳐 힘을 만들어 가는 그들이 멋있다.

와이파이 표시가 되어 있는 가게에 들어가 파스타와 닭요리를 시켰다. 어디 중국음식점 아니랄까 봐 중국식 요리가 나왔다. 중국 향신료가 역겨운 난 몇 입 먹고 수저를 내려놓았다. 반면 오빠는 중국 사람처럼 가리지 않고 잘 먹었다. 파스타를 후루룩 쩝쩝 먹자, 이를 본 여직원이 한국말로 한마디 했다.

"짜장면 아니에요."

호스트에게 문자로 도착 시간을 알렸다. 아까 발송 취소한 이메일이 그대로 갔는지, 호스트는 내가 안 오는 줄 알았다지만 알겠다고 했다. 나보다 길을 잘 찾는 태우 오빠는 호스트 집 앞까지 나를 데려다주었다. 벨을 누르자 뛰쳐 내려온 호스트, 안드레아 루피. 키가 굉장히 큰 그는 카사노바의 피가 흘러 느끼할 줄 알았는데 그렇지 않았다. 그냥 거부할 수 없는 훈남이었다. 맨 위층에 사는 그는 내 페니어와 텐트를 들고 올라가 주었다.

혼자 살기엔 다소 커 보이는 집. 남자 혼자 산다는 게 믿기지 않을 정도로 집이 깔끔했다. 여러 특이한 소품이 많았고, 적지 않은 화분이 여기저기 놓여 있었다.

남자 비데.

　오늘 부모님이 사는 제노바(Genova)에서 돌아온 그는 부모님 댁에서 빻은 바질로 만든 파스타 페스토(Pesto)를 손수 요리해 주었다. 잎의 향이 굉장히 강했다. 파스타는 그가 준 와인(VOCANTE, 이탈리아 와인)으로 때려 넘겼다. 아침 일찍 출근하는 안드레아는 배려심이 깊었다. 아침에 커피를 마시지 않는 그는 날 위해 커피를 준비해 놓겠다고 했다. 그대로 끓여 마시며 된다며 말이다.

　이어서 그는 내게 문 잠그는 방법도 알려 주었다. 게스트에게 집 열쇠를 주는 건 내가 여행 전에 읽은 여행기에서 가장 이해하지 못했던 부분이었는데, 실제로 내게 이런 상황이 벌어지니 기분이 이상했다. 열쇠구멍에서 네 번이나 돌아간다는 안드레아의 말에 스위스 노샤텔에서 있었던 일이 생각났다. 니키의 집, 그 문제의 열쇠구멍.

🪙 지출

밀크쉐이크(1) + 아이스크림(2.50) + 피자(7) + 콜라(1.50) + 콜라(1.39) + 박물관 입장료(10) + 라면(1) + 중국음식 2(13.50) + AC밀란 기념품(19.50) = 57.39유로

3

자전거 타지 마세요

아침 7시 30분. 살짝 떠진 눈앞으로 기다란 무언가가 '휙' 하고 지나 갔다. 호스트였다. 깜짝 놀란 바람에 잠이 확 깨고, 막 나가려는 호 스트와 자연스럽게 비주를 하고 헤어졌다. 식탁에는 내가 먹을 빵과 커피 등이 준비되어 있었다. 예상 못한 화려한 아침상에 그가 가고 한참 후에야 깊은 감동을 느꼈다.

베르가모(Bergamo)로 갈 예정이다. 안드레아 집에서 나와 어느 정 도 자전거를 끌다 자전거 위에 올랐다. 처음 반 바퀴를 돌리는 순간, '뭐지?' 왼쪽 무릎에서 통증이 느껴졌다. 반 바퀴를 마저 돌리려 다리 에 힘을 주자 통증은 더 빠르게 반응했다. 내겐 연골연화증이 있는 데, 그 통증이 원래 오른쪽 무릎에서만 느껴졌었기 때문에 이 상황에 무척 당황했다. 일단 눈앞에 보이는 약국으로 갔다. 바르는 약은 효 과가 없다는 걸 여러 번 느꼈기 때문에 가까운 병원 위치를 알아내고 곧장 나왔다. 불안하지만 자전거는 병원 앞에 세워 두고 병원 안으로 들어갔다.

인포메이션 직원에게 상황을 말하자, 아래층 'Emergency(응급실)'로 가란다. "나 응급상황은 아니야." 그는 이탈리아어를 뱉어 내며 신경 질을 냈다. 그의 손가락은 계속 아래층을 가리켰다. 그의 손가락을 따라 아래층으로 내려왔다.

내 순서가 되고 상태를 설명했지만, 직원은 내 영어를 알아듣지 못했다. 내가 왜 그렇게 자꾸 강조했는지는 모르겠지만, 난 계속 응급 상황이 아니라고 했다. 그러자 직원은 내가 잘못 알고 온 줄 알고 나를 돌려보냈다. 하, 이제 어디로 가야 하나.

같은 층을 돌아다니다 한 치료실에 있는 간호사에게 어디로 가야 하는지 물었다. 그녀 역시도 영어를 할 줄 몰랐다. 그녀가 부른 남자 의사 역시 영어를 알아듣지 못했다. 간호사와 의사는 나를 데리고 다니며 이 사람 저 사람에게 무언가를 물었다. 영어를 할 줄 아는지 묻는 듯했다. 그러다 영어를 할 줄 아는 한 젊은 여자를 발견해 그녀를 사이에 두고 대화가 이루어졌다. 연골이라는 단어 설명을 두고 얘기가 길어졌지만, 무릎에 이상이 있다는 건 모두가 알아들은 듯했다. 다른 병원을 아는 통역사 언니는 수첩 빽빽이 병원으로 가는 길을 적어 주었다.

출근하는 루피와 함께.

자전거를 계속 끌고 다녔다. 나의 한 걸음은 1초보다 느렸고, 코앞 목적지까지의 거리는 좀처럼 좁혀질 줄을 몰랐다. 그저 답답할 뿐이었다. 시간이 오래 걸리자 결국 자전거에 올라탔다. 아까와는 달리 무릎에서 통증이 느껴지지 않았다.

병원에 어느 정도 가까워졌을 때, 병원에 갈 필요가 있나 싶을

Ospedale Fatebenefratelli e Oftalmico.

정도로 무릎 상태가 괜찮았다. 그냥 가지 말까 하다가도 나중에 더 큰 통증이 오지 않을까 무서웠다. 게다가 아까 열심히 글 써 준 언니 의 성의도 무시할 수 없었다. 도착한 병원에서 만난 한 직원은 어디 서 접수를 해야 되는지 묻는 내게 "응급실로 찾아가."라고 했다. 이 나라에선 무조건 응급실로 가면 되나 보다.

드디어 내 차례가 되고 직원과 함께 진료실에 들어갔다. 안에는 연 세가 많아 보이는 의사가 날 기다리고 있었다. 영어를 알아듣지 못하 는 의사는 자전거를 탈 때 무릎이 아프다는 나의 몸짓을 보고선 알겠 다는 듯 침상에 누우라고 했다. 그는 내 무릎을 여기저기 눌러 보며 내 반응을 살폈다. 눌렀을 때 아픈 곳은 하나도 없었다. 무릎을 요리 조리 비틀었지만 여전히 아픈 곳은 없었다. 아픈 시늉이라도 해야 되 나 싶을 정도로 무안한 상황이었다.

의사는 이탈리아어가 적혀 있는 종이를 내게 건네며 영어단어 몇 개를 뱉었다. 얼핏 들어도 자전거를 타지 말라는 것 같았다. 종이를 훑는 동안엔 젊은 의사 2명이 방으로 들어왔다. 그중 한 명은 유창한 영어 실력으로 종이에 있는 내용을 하나둘 내게 통역해 주었다.

젊은 의사 : 5일 동안 얼음찜질하면서 텔레비전 보면 돼.
나 :   내일 타면 안 돼?
젊은 의사 : 안 돼.
나 :   모레는?
젊은 의사 : 안 돼.

한 번 더 물으면 한 대 치겠다? 그는 내가 또 묻기도 전에 "NO!"를 남발했다. 이탈리아 병원의 첫 진료비는 25유로. 의사는 초진 때 한 번 25유로를 내면 1년 동안 무료로 치료를 받을 수 있다고 했다(나중에 만난 청년 말로는 치료 종류에 따라 돈을 지불해야 할 수도 있다고 했다). '겨우 5일 동안 자전거 타지 말라는 소리 들으려고 25유로를 지불했다니……' 속이 쓰려 병원에서 나올 땐 이탈리아에 있는 동안 최대한 많이 병원에 가겠다고 다짐했다.

착잡했다. 오늘은 어디서 자야 할지 막막했다. 두오모 광장에서 고심한 끝에 기차를 타고 점프를 하기로 결정했다. 와이파이를 찾던 중 와이파이는 의외로 사람이 붐비는 젤라또 가게 옆에서 터졌다. 검색 결과 베로나까지 기차표 값은 21유로. 생각보다 표 값은 저렴했다. 다만 언제 떠나느냐가 문제였다. 지금 떠나면 밤늦게 도착할 게

상태를 묻던 첫 번째 의사.

뻔한데, 그렇게 되면 숙소 찾기도 힘든데다 방이 다 차 있을 확률이 높기 때문에 신중해야 했다. 그렇다고 어제 갔던 호스텔에 가긴 괜히 싫었다.

간을 보다 보니 베로나로 가
기에도 애매한 시간대가 되어
버렸다. 순간 안드레아가 생각
났다. 장황한 편지를 쓰고 나
온 것 때문에 막상 연락하려고
하자 민망했다. 그래도 안드레
아라면 이해해 줄 것 같아 용기
를 내서 이메일을 보냈다. 만
약 30분 후 이메일을 확인했을
때 답장이 안 와 있다면 무조건

넘나 맛있는 것.

베로나로 떠나기로 했다.

30분 후 확인한 이메일에는 답장이 와 있었다. 화면을 가려 가며 천천히 확인한 메일. 다행히 '와도 상관없다'고 적혀 있었다.

어제 한 번 와 봤다고, 다행히도 오늘은 어제처럼 헤매진 않았다. 벨을 누르자 그는 재빠르게 내려왔다. 사실, 벨을 누르기 전까지만 해도 그를 보기 굉장히 민망하고, 신세를 진다는 생각에 불편할 줄 알았다. 그런데 막상 그의 얼굴을 보니 마음이 편안했다. 신세 지는 기분보단 친구 집에 놀러온 기분이었다.

그는 아침에 먹으려고 요리한 호박전을 내게 대접했고, 만나자마자 쏟아내는 내 하소연을 열심히 들어 줬다. 그는 냉장고에서 꺼낸 얼음팩을 손수건을 이용해 무릎에 고정시켜 주었다. 자상한 루피. 심쿵해~

 지출

르끄끄 물병 2(14) + 피자세트(6.30) + 병원(25) + 아이스크림(3) + 지하철(1.50) = 49.80유로

#4.
두근두근 기차 여행

아침. 떠진 실눈 사이로 그가 살금살금 걷는다. 짧은 대화를 나누고 비주를 인사로 헤어졌다. 새벽 6시에 나가겠다는 결심은 어디로 가고, 그가 가고도 한참 동안을 매트리스에서 벗어나지 못했다.

불편함을 감수하고 자전거를 지키고 있다.

우여곡절 끝에 '로미오와 줄리엣'의 본고장인 베로나에 도착했다. 기차역에 내려 브라광장까지 걸어가는 길, 베로나의 분위기는 밀라노와는 완전 딴판이었다. 워낙 조용해서 스위스라 해도 믿을 정도였다. 그러나 브라광장에 들어서자 관광객으로 우글거렸다. 로마시대에 지어진 아레나 원형극장에는 줄이 길게 이어져 있었다. 밤에 하는 오페라 공연을 보기 위해서였다. 호스텔에 짐을 놓고 다시 오겠노라며, 난 많은 유혹을 떨치고 계속해서 이동했다.

지도에 미리 저장해 놓은 호스텔은 주소가 정확하지 않은지 좀처럼 찾기 힘들었다. 몇 시간 동안 주위에서 맴돌다 한 학생에게 호스텔 위치를 묻자, 바로 옆 건물을 가리켰다. 건물 번호나 간판 하나 없는 게 좀처럼 이해가 되질 않았다. 벨을 누르려는 순간, 한 중년의 여성이 문을 열고 나왔다. "혹시 방 있나요?"라고 물은 내게 그녀는 9시까지밖에 사람을 안 받는다고 했다. 그러면서 가까운 다른 호스텔의 위치를 알려 주었다.

소개받은 호스텔은 다행히 빈 방이 많았다. 가격도 18유로로 괜찮았다. 첫 베로나 느낌이 좋았기 때문에 2박 비용을 지불했다. 체크인을 하고 방에 도착했을 땐 기분이 하늘을 찔렀다. 이렇게 큰 방에서 자긴 처음이었다. 게다가 같은 방을 이용하는 사람은 나를 포함해서 3명. 심지어 나머지 두 명은 자전거 여행자였다. 따뜻한 물은 안 나왔지만, 그런 대로 만족스러웠다. 와이파이도 잘 터졌기 때문에 웜 샤워 호스트에게 메일도 보낼 수 있었다. 재워 줄 순 없지만 관광시켜 줄 수 있다는 베로나에 사는 여자 호스트와 내일 다시 연락하기로 하고 방으로 들어왔다.

＊ 호스텔 : Ostello villa Francescatti

 지출

기차(빌라노―베로나, 12.05)＋맥도날드(5.50)＋숙박(18) = 35.55유로

#5.
독일 청년과 떠난 근교 여행

아침으로 나온 빵, 커피, 요거트. 대만족이다. 같은 방을 쓰는 자전거 여행자와 대화를 나누며 싹 다 먹어 치웠다. 호스트와 연락을 해야 하는데, 어젠 잘 터지던 와이파이에 갑작스레 문제가 생겨 이용할 수 없게 됐다. 가까운 성에 갔다 카페에 가서 연락하기로 하고 일단 호스텔에서 나왔다.

호스텔 옆길에는 삐에뜨로 성으로 가는 샛길이 하나 나 있었다. 그 길로 따라 올라간 성에서는 아디제 강과 베로나 시내가 한눈에 들어왔다. 옆에 있던 한 젊은 청년이 내게 말을 걸었다.

"자전거 타고 여행하는 거야?"

그의 이름은 Hennes. 자신도 자전거를 가지고 여행하고 있다고 했다. 그러려니 했지만 그의 손에는 가민 GPS가 들려 있었다. "친구랑 오늘 라고 디 가르다(Lago di Garda)에 갈 건데 같이 갈래?" 그와 15분 후에 브라광장 시계탑 아래서 보기로 했다.

GARMIN GPS를 보고 있는 Hennes.

왔던 길로 되돌아가면 될 것을, 빙빙 돌아 겨우 호스텔에 도착했다. 깐깐할 것 같던 호스텔 주인은 일정이 바뀌어 나가야 된다는 내게 이미 체크아웃 시간이 지났음에도 하루치 숙박비용을 환불해 주었다. 청소 시간이라 방으로 가는 문이 잠겨 있었지만 부탁을 하자 꼭 갖다 줘야 된다며 비상키를 건네주기도 했다.

15분이 한참 지났음에도 독일 오빠는 날 기다리고 있었다. 다만 같이 차에서 기다리고 있던 친구(친구1)는 기분이 안 좋아 보였다. 나중

혹시 마리오 발로텔리 형이세요?

에 물어보자, 낯선 사람과 동행하게 된 데다 약속시간을 안 지켜서 뾰로통한 거라고 했다. '아, 맞다. 얘네 독일 사람이지……'

한 시간 족히 걸려 도착한 곳은 라고 디 가르다. 독일 사람한테 인기가 많은 곳이라고 한다. 실제로 같이 탄 친구의 부모님은 매년 휴가를 이곳에서 보낸다고 한다. 보트도 하나 갖고 있다고! 이들이 빌린 캠핑카에는 또 다른 친구(친구2)가 자고 있었다.

내 생애 처음 타 보는 보트. 처음엔 신기해서 들떠 있었는데 시간이 지날수록 기분은 점점 바닥을 쳤다. 천천히 달리는 보트에 너울이 부딪힐 때마다 나의 속은 위아래로 왔다 갔다 하며 울렁였다. 웃음기는 이미 사라진 지 오래다. 그러던 보트가 드디어 멈췄다. 호수 한가운데였다. 여기서 수영한다고? 얼핏 봐도 수심이 깊어 보였다.

다이빙하는 헤네스.

하지만 오빠 둘은 윗옷을 벗고 거침없이 물속으로 뛰어들었다.

보트에 혼자 남겨진 난 용기를 내 보트에 걸려 있는 튜브에 올라탔다. "으악!!!" 튜브는 내가 올라타자마자 뒤집혔고 사정없이 가라앉는 몸에 온 힘을 다해 물장구를 쳐 봐도 소용없었다. 정신없는 와중에 눈에 들어온 헤네스는 전력을 다해 내게 오고 있었고, 그가 오기 전 다행히 난 튜브에 달려 있는 지느러미를 붙잡았다. 만감이 교차했다.

날이 어두워지자 친구1의 부모님이 캠핑장에 오셨고 다 같이 저녁 식사를 하러 시내로 나갔다. 친구1의 부모님은 빽빽하게 들어선 레스토랑 중 매년 가는 단골 레스토랑에 자리를 잡았다. 결정을 잘 못하는 난 독일 오빠가 두 번째로 먹고 싶어 하는 음식을 주문했다. 나의 음식은 냄비뚜껑이 닫힌 채로 나왔다. 뚜껑을 열자 메뉴를 잘못 골랐다는 생각이 머리를 쳤다. 홍합이었다. 현지 음식을 먹을 수 있는 이 좋은 기회에 내가 홍합을 시켰다니. 홍합을 발라먹는 재미도 잠시, 30개는 족히 넘는 홍합을 바르다 내 영혼이 발렸다.

내 앞에는 친구1의 어머니가 앉아 계셨다. 직업이 간호사인 그녀는 내게 관심이 많았다. 나이는 몇인지, 학교는 다니는지, 부모님은 무슨 일을 하시는지, 그 나이에 대학교를 졸업할 수 있는지 등 독일 오빠를 사이에 두고 질문을 하셨다. 오빠를 제외한 6명의 독일인이 모두 이렇게 무뚝뚝할 줄 알았는데, 그들과 달리 나에게 호기심과 관심을 가져준 그녀에게 너무 고마웠다.

유명하다는 카페 테라스에서.

#6.
베네치아 VS 피렌체

개와 산책을 하고 있던 친구1의 가족. 어제 얘기를 나눴던 아줌마는 독일에 오면 연락하라고 하셨다. 독일인 중 그녀를 만난 건 정말 다행이었다. 그녀가 없었다면 독일인에 대한 차가운 인상은 더 오래갔을 것이다. 프랑크푸르트에 도착하면 오빠와 연락하기로 했다.

기차역으로 가기 위해 호수길을 따라 걸었다. 자전거는 일체 타지 않았다. 호수 끝에 도착했을 땐 헤네스의 말과는 달리 기차역이 없었다. 사람들한테 물어 이동한 끝에, 조금 떨어져 있는 'Peschiera del Garda' 기차역에 도착할 수 있었다. 티켓기계 앞에 서니 고민이 되기 시작했다. 돈이 문제였다.

그나마 밤 12시 기차는 반값이었다. 밤 12시까지 할 게 없어서 그렇지 26유로는 괜찮은 가격이었다. 어차피 자전거도 못 타는 마당에 급하게 동유럽으로 빠져봤자였다. 한 번도 안 가 본 피렌체가 싫을 이유도 없는데다 새벽 6시 도착이기 때문에 숙박비도 아낄 수 있다. 피렌체에 들렀

레일이 호수에서 집으로 연결되어 있다.

Lazise.

다 베네치아에 가기로 했다.

자정. 피렌체까지 기차 소요 시간은 약 6시간. 첫 번째 도착지는 베로나. 이곳에서 두 시간 후에 환승을 해야 한다. 그때까지라도 잠을 자기 위해 잘 곳을 찾다가 역 벤치에 앉았다. 처음엔 그냥 벤치에 머리를 기대고 자려 했는데, 생각보다 자세가 불편해 잠이 도통 오질 않았다. 딱 봐도 거지인데 체면 차릴 게 뭐 있나 싶어 침낭을 꺼내 대 놓고 누워 잠을 잤다.

기차는 생각보다 빨리 도착했다. 기차에 달린 문마다 사람들이 머리를 내밀고 있는데, 마치 교도소 방에서 문이 열리기만을 기다리는 죄수 같아 보였다. 꼭 영화에서 한 번쯤 봤을 법한 장면이었다.

탑승이 이루어지고 기차에 자전거를 실으려 하는데 계단이 꽤 높았다. 힘에 부쳐 페니어를 떼어 내고 따로따로 싣기로 했다. 안에는 중국인 두 명이 있었는데, 그들은 안에서 자전거를 받아 줬다. 곧바로 난 페니어를 챙겨 올라탔다. 기차 안은 정신이 하나도 없었다. 자전거 여러 대가 이미 쌓여 있었고, 캐리어는 그 사이사이 처박혀 있었다. 사람도 예외는 아니었다. 구석구석 짐이 없는 데라면 너 나 할 것 없이 모두 쭈그려 앉아 있었다. 나 역시 같은 신세였다.

난장판.

 지출

팔찌(3) + 피자 & 콜라(10.60) + 바나나 2(0.50) + 맥도날드(7.95) = 총 22.05유로

#7.
자전거 여행자를 만나다 2

새벽 6시 30분경. 역에서 맥모닝 세트로 아침을 해결했다. 더불어 이용하려 했던 와이파이는 접속 실패다. 며칠 맥도날드 와이파이가 안 통하니 속이 타들어 갔다. 지호 언니가 머무는 호스텔을 찾아 나섰다. 지도를 보고 거의 다 찾아왔는데 간판은 무슨, 사람 한 명 보이질 않는다. 어쩌다 보인 사람에게 길을 물으니 호스텔에 전화를 걸어 제대로 된 위치를 알아내 주었다. 그가 지도에 그려 준 호스텔 위치는 바로 역 뒤! 이게 뭔 개고생이람?

　왔던 길을 되돌아가는 속도는 빨랐다. 도착한 호스텔의 리셉션에는 이른 시간임에도 직원이 나와 있었다. 와이파이를 켜는 순간 날아온 지호 언니의 카톡. 이전에 보낸 호스텔 주소가 잘못됐다며 새로 호스텔 주소를 보내 놓은 상태였다. 맥도날드에서 와이파이만 터졌어도 이 고생은 하지 않았을 텐데……. 한참 후, 언니가 리셉션에 나타났다. "언니! 어떻게 알고 왔어?!" 와이파이를 하러 이곳에 온 언니는 카톡도 확인하지 않은 상태였다. 첫 만남처럼 언닌 기막히게 나타났다. 원래 내 계획은 언니 방에 짐을 놓고 관광을 한 뒤, 밤에 베니스로 가는 거였다. 그런데 체력상 무리일 것 같아 같은 호스텔에 하룻밤 머물기로 했다. New hostel, 1박에 23유로.

리컴번트로 여행하는 독일 부부.

Scuola del Cuoio.

　언니가 어제 알게 됐다는 호주 남자와 함께 시내를 돌아다녔다. 그 중 가장 인상 깊었던 곳은 'Scuola del Cuoio' 가죽학교였다. 이탈리아는 가죽 산지로 유명하지만, 그중 품목과 디자인이 다양한 곳은 피렌체에 있다고 한다. 우리가 들른 가죽학교에는 학생들이 만든 가방 및 지갑이 전시되어 있었다. 그 작품 하나하나가 아주 기발하고 독창적이었다. 여러모로 호주 오빠는 내 스타일이 아니었다. 그를 떨어뜨리고 언니와 잠시 쇼핑을 하고 점심을 먹고 난 후, 난 먼저 호스텔로 돌아왔다.

예전에 피렌체엔 안 가냐며 페이스북으로 연락해 온 사람이 있었다. 잊고 있다가 오늘 피렌체에 도착하면서 그가 불현듯 생각났다. 애초에 피렌체엔 갈 생각이 없었기 때문에 그땐 안 간다고 했지만, 혹시 몰라 그 사람에게 메시지를 보내 놓고 답장이 올 때까지 밀린 여행기를 쓰며 기다렸다. 포스팅을 하며 수시로 확인

재욱 오빠.

한 페북 메시지에는 답장이 와 있었다. 또 한 번의 기막힌 우연이 발생했다.

"지금 피렌체 맥도날드인데, 거기로 갈게요."

한참 후, 날이 조금 더 어두웠더라면 구별하기 힘들 정도로 까만 피부의 한 남자가 호스텔로 들어왔다. 그가 바로 자전거 세계여행을 3년째 하고 있는 재욱 오빠였다. 오빠는 미켈란젤로 언덕 근처에 있는 캠핑장으로 갈 거라고 했다. 같이 가겠다며 따라나선 호스텔 밖에

는 탱크를 연상케 하는 돼지 자전거가 한 대 세워져 있었다.

미켈란젤로 동상이 있는 곳까지는 계속 오르막이었다. 걸어 올라가는 나도 힘든데 오빠 자전거에서 한 번도 내리지 않고 높은 케이던스를 유지하며 계속해서 올라갔다. 보는 내가 다 괴로웠다.

미켈란젤로 동상에서 멀리 떨어져 있지 않은 캠핑장에 도착해 텐트를 친 뒤, 오빠는 오는 길에 산 라면을 내게 끓여 주었다. 며칠 만에 먹는 라면인지, 정말 꿀맛이었다. 내일은 캠핑장으로 옮겨 와 라면을 뺏어 먹어야겠다. (그의 블로그 : www.uniquesaga.com)

🪙 지출

피렌체 가는 기차(26,80) + 숙박(23) + 라면(2) + 맥도날드 맥모닝 (4,90) + 피자(8,10) + 거지(0,15) = 총 64,95유로

8

러시아 언니

오늘 어떻게 할지 연락하기로 한 재욱 오빠 아침에도 연락이 없었다. 서로 길이 엇갈리진 않을까, 리셉션 앞에다 쪽지를 써 놓고 캠핑장으로 떠날 생각이었다. 로비에서 컴퓨터를 하고 있는데 피부가 하얀 여자가 로비로 들어왔다. 그녀는 벽에 붙어 있는 관광지도를 유심히 살폈다. 그리고는 내게 가 볼 만한 곳이 있냐고 물었다. 나보다 한 살 많은 러시아 언니와 한참 동안 지도를 보며 어디를 가는 게 좋을지 연구했다. 언니는 목적지를 정한 듯했다.

"같이 가지 않을래?"

도도한 인상의 언니가 던진 제안에 순간 얼음이 되고, 재욱 오빠와 엇갈릴 걸 생각하자 고민이 됐다. 그러나 언제 이렇게 러시아 사람과 돌아다니겠나 싶은 생각에, 짐을 챙겨 나오겠다고 했다.

호스텔에서 나와 가장 먼저 들른 곳은 마트. 언니는 요거트 한 컵을 해치우곤 배부르다고 했다. 예술을 좋아한다는 언니는 우피치 미술관(이탈리아 르네상스 작품 및 바로크와 로코코시대의 중요작품이 전시되어 있다)을 가겠다고 했다. 언니가 미술관을 둘러볼 동안 재욱 오빠를 만나러 캠핑장에 갔다 오겠다고 했다. 그렇게 우린 한 시간 반 후에 헤어진 자리에서 만나기로 하고 캠핑장으로 향했다.

기억을 더듬어 찾아간 캠핑장. 오빠가 어제 입고 있던 옷은 텐트 옆

빨랫줄에 걸려 있었다. 와이파이를 이용해 연락하자, 오빠 바로 앞에서 모습을 나타냈다. 오빠와 얘기를 나누다 내일부터 동행하는 걸로 결론을 내렸다. 그리고 내 무릎이 아직 안 좋기 때문에 내 자전거도 오늘 손보기로 했다. 여행 전에 트리플 크랭크로 바꿨더라면, 아마 내 무릎은 이렇게까지 되지 않았을지도. 오빠 내 자전거를 보며 한마디 했다.

참 적나라하다.

"자전거만 봐도 내 무릎이 아프다."

캠핑장.

"완전 지루했어."

다시 만난 언니의 얼굴에는 인상이 한가득이었다. 관광지도를 보며 알아서 척척 걸어 나가는 언니를 따라 도착한 곳엔 가죽가방 상점이 즐비했다. 어머니와 자신이 쓸 가죽가방을 사려는 언니는 아주 꼼꼼했다. 두 상점을 두고 가격 비교도 하고 마침내 가격을 깎기까지 했다. 예쁜 가방에 눈이 가긴 나도 마찬가지였지만, 한 달이나 남은 여행엔 모두 짐으로 보일 뿐이었다.

다시 광장으로 돌아와 점심을 먹기 위해 한 레스토랑에 들렀다. 파스타 하나를 시켜 언니와 나눠 먹기로 했다. 처음 보는 종류의 파스타는 면발이 태평양처럼 넓었다. 각자 접시에 파스타를 덜어 먹었다. 처음엔 언니가 아주 조금만 덜었는데, 그 양이 매우 적어 나중에 또 덜어 먹을 줄 알았다. 그런데 첫 접시만 먹고 배부르다며 포크에서 손을 떼는 게 아닌가! 첫 접시의 양은 정말 새발의 피였다. 아까 요거트 한 컵 먹고 배부르다 했을 때 알아봤어야 했는데. 나야 똑같이 돈 내고 더 많이 먹을 수 있어 좋긴 하지만, 언니의 위 크기는 내게 엄청난 충격을 안겨 주었다.

어느덧 오빠와의 약속 시간이 다 되어 가고 언니와 작별 인사를 했다. 언니는 망설임 없이 나를 꼬옥 안아 주었다. 예상 못한 언니의 포옹에 절로 몸이 웅크려졌다. "땀 냄새 날 거야." 민망해하는 내게 언닌 괜찮다고 했다. 언니가 처음에 같이 다니자고 제안한 것과는 달리, 하얀 피부색 탓인지 언니가 조금은 차갑고 세 보였다.

내 생각과는 달리 언닌 굉장히 이성적이었다. 내가 고른 옷이 별로였을 땐 저 멀리서 별로라는 눈빛을 보내는가 하면, 파스타 값이 비

러시아 언니.

싸다며 나눠 먹자고 하기도 했다. 이야기를 나누고 옆에서 언니를 바라본 결과, 내가 색안경을 끼고 있다는 걸 알게 됐다. 표정이나 인상을 보고 사람을 판단하고 지레 걱정하는 나를 오늘부로 버린 것 같아 언니에게 굉장히 고맙게 생각한다. 언니나 나나 쿨하게 헤어지는 걸 보면, 여행 중 이별은 이제 아무것도 아닌가 보다.

몰래 텐트를 칠 나를 위해 재욱 오빠 고맙게도 옆 공간을 텐트로 맡아 놓고 있었다. 자전거샵에 가는 건 이미 틀렸고, 먹을 것을 사러 시내로 내려왔다. 마트에서 고기와 콜라, 맥주, 라면을 샀다. 옆 가게에서 산 피자는 인근 공원에서 바로 해치웠다.

캠핑장에 돌아와 오빠 페니어에서 스토브(stove, 요리를 하기 위해 불을 켜는 도구)와 캠핑용 코펠(kocher, 야외에 갈 때에 휴대하기 쉽도록 되어 있는 조립식 취사도구)을 꺼냈다. 이 두 가지는 내가 여행 준비를 하며 가져갈까 말까 가장 고민했던 준비물이었다. 내가 얼마나 캠핑을 하고 음식을 해 먹을지 모르는 상황에서 스토브의 무게와 코펠의 부피, 그리고 이들의 가격은 결코 만만치 않았다. 저녁이면 지쳐 굶는 마당에 여태까지 이것들을 안 가져와서 후회한 적은 한 번도 없었다. 그런데 오늘은 땅을 쳤다. 웬만하면 모든 차이나 마트에서 신라면을 판다. 한 봉지에 1유로. 따뜻한 국물이 먹고 싶을 때면, 한국 음식이 먹고 싶을 때면 손쉽게 끓여 먹을 수 있다. 여태 라면으로 향수를 달랬을 오빠가 심각하게 부러운 순간이었다.

* 캠핑장 : Camping Michelangelo

 지출

파스타(11) + 저녁 재료(7.08) = 18.08유로

피렌체에 녹아들었던 날.

5
PART

자전거 세계 여행자

1

새로운 동행 시작

무릎이 심하게 아파 본 경험이 있다는 재욱 오빠는 아침에 일어나서 이것저것 내게 챙겨 줬다. 소염제, 한방파스, 무릎 아대. 이 중 소염 제는 먹고 자면 다음 날 아침엔 언제 아팠냐는 듯 싹 낫는다고 했다. 기적을 바라는 마음으로 텐트를 정리하기 전에 미리 챙겨 먹었다. 걱 정과는 달리 직원이 한눈파는 사이에 손쉽게 캠핑장을 빠져나올 수 있었다.

아침 겸 점심을 먹기 위해 오빠가 저번 여행 때 갔다던 케밥집에 가기로 했다. 솔직히 별로 내키진 않았다. 밀라노에서 먹었던 케밥 피자는 그렇다 치고, 2년 전 파리에서 처음 먹었던 케밥은 완전 소금 덩어리였다. 배탈이 날 정도였으니. 그땐 형제의 나라가 그저 미웠 다. 그 이후로 케밥은 거들떠보지도 않았는데, 가게 밖에 '학생일 경 우 콜라가 공짜'라는 문구에 마음이 자꾸 흔들렸다.

아시아 특유의 동안 덕분에 우린 학생증을 제시하지 않고도 케밥 과 콜라를 3.5유로에 먹게 됐다. 우린 재료 하나 빼지 않고 다 넣어 달라고 했다. 한입 베어 먹는 순간, 유.레.카! "진짜 맛있다!"라는 말은 씹을 때마다 튀어나왔다. 2년 전 먹은 케밥은 꼬리표를 떼시라! 말도 안 될 정도로 무척 맛있었다.

피렌체를 떠나며.

정말 어떻게 다녔는지 기억이 안 난다. 하루 일과는 아래의 몇 줄로 요약할 수 있을 것 같다.

- (나름 자전거 과학책에서 봤다고) 공기 저항을 줄이기 위해 최대한 오빠 뒤에 붙어 다녔다.
- 덥고, 졸리고, 지치고. 중간에 멈춘 놀이터 벤치에 누워 낮잠을 잤다.
- 마트에 들러 장을 보다가 수저를 샀다. 더 자주 요거트를 사 먹을 수 있을 것 같다.
- 계속 오르막이었다. 난 계속 끌었다.
- 내가 쉴 동안 오빠 아주 좋은 캠핑 장소를 발견해 왔다.
- 처음으로 야생에서 원시인처럼 씻었다(물이 너무 차가워 미치는 줄 알았다).
- 오빠가 끓여 준 라면은 정말 따따봉!

하루를 마치고 산에서 끓여 먹은 라면은 정말 최고였다.

 지출

요플레 & 환타(1.5) + 마트(8) + 게밥(3.5) = 13유로

2

Baldoni Bike shop

자기 전에 먹어 둔 소염제 따위는 내게 아무런 효과도 없었다. 솔직히 기대를 하지 않았기 때문에 실망하진 않았다. 다만, 오빠한텐 효과가 직방이었는데 나한텐 먹히지 않은 것에 조금 기분이 상했을 뿐이다. 나에겐 오히려 테이핑이 효과가 좋은 듯하다.

팅팅 부은 얼굴로 복숭아를 몇 개 챙겨 먹고 출발했다. 어제 오르막 중간에서 하루 라이딩을 마쳤기 때문에 오르막에서 다시 시작했다. 오빠와 달리 난 오늘도 어김없이 자전거를 끌고 올라갔다. 복숭아 몇 개로 힘이 날 리가 있나. 작은 마을이 나오고 카페가 보이자, 우린 너 나 할 것 없이 자전거를 멈춰 세웠다. 이곳 커피는 가격도 싼데 맛은 감히 최상이었다. 탁자엔 설탕과 꿀이 작은 바구니 안에 담겨져 있었다. 우린 허락을 맡고 꿀 두 팩을 챙겨 다시 출발했다.

안장에 오른 지 10초. 바로 위엔 마트가 있었다. 그냥 지나쳤다가 우린 도로 내려왔다. 피자 두 조각과 우유 한 통, 과자. 이 정도면 충분했다. 내가 갖고 있던 미숫가루를 우유에 덜어 넣고 카페에서 챙긴 꿀을 넣어 흔들었다. 역시 이 맛이지! 진작 이렇게 먹고 다녔다면 얼마나 좋았을까! 여태 가방에서 썩고 있던 미숫가루한테 미안했다.

오르막은 정말이지 끝이 없었다. 카페가 보일 때면 콜라를 안 사먹을 수가 없었다. 그렇게 끝이 없을 것 같았던 오르막이 끝이 나고,

올라갈 땐 그렇게 쨍쨍하던 태양은 온 데 간 데 없고 정상에 도착하자 시원한 바람이 우릴 덮쳤다. 잠깐의 휴식 후 바람막이를 챙겨 입고 다시 자전거 위에 올랐다. 이제 내리막이라서 행복한 줄 알았는데, 이제 보니 오르막이 끝나서 행복한 건가 싶다.

내리막은 내리막대로 또 힘이 들었다. 짐이 양쪽으로 골고루 나눠져 있어도 중심을 잡기 힘들지만, 워낙에 무거운 짐을 지고 빠른 속도로 내려가다 보니 온몸에 힘이 잔뜩 들어갔다.

휴식과 라이딩의 무한 반복 후, 드디어 포를리(FORLI)에 도착했다. 잠깐의 구경 후 크랭크를 해결하기 위해 자전거 샵의 위치를 묻고 다녔다. 그 결과 두 군데를 알게 되었는데, 한 군데는 굳게 닫혀 있었고 다른 한 군데는 다행히도 운영 중이었다. 말도니 바이크(Maldoni Bike). 샵이 꽤 크다. 안에 들어가 크랭크를 바꿀 수 있는지 물었지만, 대답은 이랬다.

우유에 미숫가루를 탄 뒤, 카페에서 챙긴 꿀을 짜 넣었다. 최고였다.

"지금 당장은 안 돼. 내일부터 휴가라(8월 15일 성모 승천축일)……."
아쉬웠지만 비용 때문인지 크게 실망하진 않았다.

그: 내일은 어디로 가?
나: 마르코 판타니(Marco Pantani) 박물관에 갈 거야.
그: 나 어렸을 때 그랑 같이 자전거 타고 그랬는데.
나: 대박! 진짜!? 말도 안 돼!

내가 좀처럼 믿지 못하자, 그는 샵 내 사무실로 우릴 안내했다. 사무실 한쪽에는 마르코 판타니의 사진과 그가 썼다는 안장이 놓여 있었다. 장난이 아니다 싶었다. 그러고 보니 머리가 벗겨진 것도 둘이 똑같다. 어떻게 이런 우연이! 우린 그 자리에서 페이스북 친구를 맺었고, 그는 우리에게 티셔츠와 저지, 빕숏을 선물했다. 한바탕 사무실에서 대화가 오가고, 우린 밖으로 나왔다. 기념사진도 빠질 수 없었다.

마르코 판타니가 썼던 안장.

BALDONI BIKE.

얼마 이동 안 해 이번엔 내가 고른 곳에 자리를 잡았다. 장소를 얼마나 잘 골랐는지, 욕을 무지하게 먹었다. 모기가 너무 많아 텐트를 다 쳤을 땐 이미 반점이 사방팔방 다 일어나 있었다. 긴 바지로 갈아입어 바로 사태를 수습했다. 이런 상황에서도 오빤 몹시 행복해했다. 옷이 두 벌이나 생겼으니 말이다.

 지출

점심(7.58) + 저녁(5.91) + 콜라(2) = 15.49유로

3

Marco Pantani 박물관이라니!

아침에 자두 몇 입 먹은 걸로 버티려니 힘이 부쳤다. 오빠 뒤를 바짝 붙지도 못하고 멀리 떨어져 "배고파."만 스무 번은 외쳤던 것 같다. 오빠는 내가 불쌍했는지 GPS를 이용해 한 마을로 들어갔다. 마트는 없었지만 다행히 동네 빵집이 있었다. 미숫가루에 맛 들린 우린 우유에 조각피자를 사 갖고 나왔다.

시골길을 달려 도착한 Cesenatico. 마르코 판타니 박물관을 알리는 표지판이 눈에 들어온다. 여행하는 내내 못 올 줄 알았는데, 오빠를 만나 루트가 바뀌면서 어느새 이 자리에 오게 됐다. 그래서 그런지 감회가 더 새로웠다. 표지판을 따라 이동하자 저 멀리 'Marco Pantani'라는 글자가 적힌 건물이 보인다. 다가갈수록 흥분은 더했다.

본격적으로 안으로 들어가 마르코 판타니의 흔적을 훑었다. 자세히 아는 건 없지만 내가 알고 있는 정보만으로도 마르코는 충분히 대단한 사람이다. 그런데 이렇게 직접 그가 딴 트로피, 랜스 암스트롱이 약물 복용을 했음에도 그를 이긴 장면이 담긴 동영상, 그리고 이 박물관까지. 이 정도면 이탈리아 사람들에게 판타니는 자전거 영웅이 아닐까 싶다. 아쉬움에 티셔츠 두 장, 팔찌, 핸드폰 목걸이 등을 구매했다. 극구 말리는 재욱 오빠가 아니었다면 아마 저지도 샀을 것이다. 소녀팬 같은 나의 모습 때문인지 여직원은 선물로 스티커와 그의 사진

마르코 판타니 박물관.

을 주었다. 마르코 판타니의 고향 Cesenatico. 무덤도 있다는데 못 보고 떠나는 것 같아 조금 아쉬웠다.

지겨운 바닷가를 따라 가다 보니 어느새 Rimini 시내에 도착했다. 간단하게 둘러본 후, 다시 안장 위에 올랐다. 오늘 안에 이탈리아 안에 있는 나라, 산 마리노(San Marino)에 도착할 수 있을지 모르겠다.

산 마리노(San Marino). 세계에서 가장 작은 공화국 중 하나로, 이탈리아 중부 동쪽에 위치해 있다. 인구 3만 명으로 면적은 서울의 10분의 1에 불과하다고 한다. 국경을 넘고 나니 괜히 나라 분위기가 활기차다. 하지만 새로운 나라에 대한 기대감도 잠시, 스멀스멀 피어오른 걱정이 앞서기 시작했다. 오늘은

새로운 나라.

어디서 자야 하나!

일단 GPS에 푸르게 나온 곳을 목표 지점으로 삼았다. 사방이 피하고 싶은 언덕뿐이었지만, 오늘 오르지 않으면 내일 올라야 하므로 결국엔 어차피 올라야 할 언덕들이다. 언제 어디서 자릴 펴고 잠을 잘지 모르니 물도 미리 떠 놨다. 육교를 건너며 아래를 바라보니, 텐트 치기 꽤 괜찮아 보이는 공간이 있었다.

막상 내려가 보니 정말 여기서 자도 되나 싶었다. 바로 옆에는 차도였고, 조금이라도 텐트를 가리고 싶어도 어느 각도에서나 한눈에 들어오는 위치였다. 모기도 많았다. 일단 텐트부터 치고 긴 바지로 갈아입었다. 같은 공간에는 벤치가 있어 요리를 해 먹기에 딱 좋았다. 짜파게티에 아까 산 밥까지. 그러나 모기가 어찌나 많던지 잠시도 얌전하게 먹을 수가 없었다. 게다가 없는 나무에 숨어 샤워할 때는 더 미치는 줄 알았다. 씻다가 모기에 물리긴 또 처음이었다. 자기 전에 먼저 모기를 잡기로 했다. 각자 핸드폰과 랜턴을 이용했다. 모기 소리가 날 땐 숨을 죽여 불빛을 비추고, 소리가 안 날 때 텐트를 툭툭 치며 모기를 귀찮게 했다.

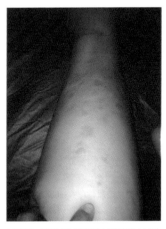

![지출 아이콘] 지출
우유(1.70) + 기념품(30) + 요거트 2 & 빵 & 콜라 & 과일(3.25) = 총 34.95유로

산마리노 모기님들이 많이 시장하셨나 보다.

4

길 위의 인연

아침에 과일을 챙겨 먹었지만 계속되는 오르막에 정신이 나갈 판이다. 오빠 몫인 빵에 오빠가 갖고 있던 참치, 파프리카까지. 먹을 수 있는 건 입에 다 털어 넣었지만, 이곳의 경사는 그보다도 많은 에너지를 요구할 만큼 만만치 않았다. 산마리노의 산이 Mountain(山) 같다는 내 농담은 이제 농담 같지가 않다. 클라이머(Climber)라면 환장

산 마리노 성.

할 지형이다. 오르막 끝엔 산마리노 성이 자리 잡고 있었다. 경찰에게 한 번씩 봐달라며 성 밖에다 자전거를 세워 둔 채 안으로 들어왔다.

들어와 보니, 관광객이란 관광객은 모두 이곳에 있는 듯했다. 성 안은 붐볐다. 자유의 광장에는 정부 청사가 있었는데, 몇 명의 위병이 문을 지키고 있었다. 그 앞에는 자유의 여신상이 세워져 있었다. 길을 따라 자연스럽게 올라가다 보면 성을 그리는 화가, 경치 좋은 곳에 자리 잡고 있는 레스토랑, 호기심을 자극하는 상점들이 줄줄이

길을 잇는다. 배고파서 들른 레스토랑은 전망 때문에 들어가도 좋을 정도였다. 피자 맛은 형편없었지만, 창문을 통해 보이는 전망 때문에 피자 값이 아깝지 않았다.

자전거에 오를 엄두가 전혀 나질 않아 끌바를 하고 있는데, 뒤에 있던 오빠는 담벼락 넘어 집주인과 대화를 하고 있었다. 집주인이 잠시 집에 들어갔다 오빠에게 건넨 것은 오빠의 페트병. 그 안엔 한가득 물이 담겨 있었다. "오빠, 부탁 잘한다." 그러자 오빤 이렇게 말했다. "물어보는 데 돈 안 들잖아~" 그치. 물어보는 데 돈 안 들지. 그런데 나는 여태까지 물어보는 걸 왜 그렇게 힘들어했던 걸까?

김어준의 책 『건투를 빈다』에선 좋아하는 사람한테 고백하는 건 내고민거리가 아니라는 내용이 나온다. 고민은 고백을 받는 사람 몫이라며 말이다. 내가 만약 여행을 하기 전에 저 부분을 읽었다거나 오빠의 말을 조금 더 일찍 들었더라면 이 여행은 조금 더 수월하지 않았을까 싶다.

부탁이 뭐 어렵니.

마트에서 수박을 사 먹고 오늘도 어김없이 잘 곳을 탐색하며 달렸다. 보통 자전거를 탄 이탈리아 사람은 인사를 해 주는데, 오늘은 저녁이 다 돼서야 처음으로 한 할아버지와 인사를 하게 됐다.

"차오(Ciao)!"

그리고 한참 후, 또 다른 라이더가 뒤에서 인사를 건넸다. 반자동으로 인사가 튀어 나갔다. "차오!" 인사를 하고 뒤돌아보니, 이전에 인사를 나눴던 할아버지였다. "오늘 잘 곳 있어?"라고 묻는 그에게 우린 딱히 없다며 이구동성으로 대답했다. 예감이 그랬다. 아니나 다를까, 그는 전에 알래스카에서 온 커플을 재워 준 적이 있다며 우릴 집으로 초대하고 싶다고 했다.

"Why not?"

그의 뒤를 쫓아가다, 어디까지 갔다 도로 돌아왔냐고 물어봤다. 그게 정말 궁금했다. 그는 집 근처까지 갔다가 생각나서 돌아왔다고 했다. 그대로 집에 갈 수 있었던 그가 집 근처까지 갔다가 도로 돌아왔다는 사실에 감동받지 않을 수가 없었다. 나 같은 경우, 보통 길에서 어려운 사람을 보면 도와주고 싶은 마음을 갖지만 바쁘다는 핑계

이것도 인연.

혹은 이게 동정일 수도 있겠다는 생각에 그냥 지나친 적이 많다. 그리고 항상 한참 지나온 후에야 후회를 한다. 그것도 하루 종일. 내가 망설이다 놓친 인연들이 생각났다.

차고지에 자전거를 보관하고 집으로 들어왔다. 그의 이름은 Rocco Augusto Roccoli. 과일과 차를 대접받고, 의사소통이 완벽히 되진 않았지만 대화를 이어 갔다. 한참 후 아내와 아들, 그의 친구들이 들어왔다. 이들이 사는 곳은 원래 다른 곳인데, 매년 이곳에 와 휴가를 즐긴다고 했다. 오늘은 성모 승천축일(Assunzione)이라고 한다. 불꽃축제가 있다 하여 친구들과 간단하게 저녁 식사를 하고 11시에 밖으로 나왔다.

사실 집에서 그냥 쉬고 싶었으나 막상 밖에 나오니까 나오길 잘했다는 생각이 들었다. 사람도 많고, 불꽃축제도 꽤 오랜 시간 동안 진행돼 흥미로웠다. 유럽 몇 나라들은 국경일이면 적어도 한 번 이상 불꽃축제를 하는 듯하다. 우리나라도 국경일에 이런 축제가 있었으면 좋겠다.

 지출

콜라(2.50) + 레스토랑(23.60) + 기념 편지지(2) = 28.10유로

더위를 피해 들어간 카페. 직원들과.

Augusto 가족과 헤어지고 케밥 집을 찾으려 시내 골목길을 쏘다녔다. 나중엔 케밥을 포기하고 아무거나 먹으려 했지만, 뭐 하나 제대로 파는 집이 없었다. 터덜터덜 자포자기 상태로 골목에서 나오자, 그제야 저 멀리 케밥 집이 눈에 들어왔다. 우린 기어가듯 음식점에 들어가 케밥을 시켜 먹었다.

날씨는 우릴 도와주지 않았지만, 평소엔 안 도와주던 의지가 오늘만큼은 도와주는 듯했다. 오늘은 안코나(Ancona)에서 크로아티아로 가는 페리(Ferry)를 타고 싶었다. 의지를 불태운 덕에 저녁이 되기 전 다행히 선착장에 도착했다.

표 창구 앞에는 줄이 길게 늘어져 있었다. 건물 밖 벤치에는 자전거 여행자도 대기하고 있었다. 내가 자릴 비운 사이 재욱 오빠 이 독일 청년 세 명과 대화를 나눴다고 한다. 이 독일인은 휴가 동안 자전거 여행을 하려고 하는데, 인터넷에서 본 가격과 차이가 너무 나서 오늘 페리를 탈지 안 탈지 고민하고 있다고…….

재욱 오빠는 그들과 페리를 같이 타면 재밌을 거라고 했지만, 우리는 조금이라도 싼 가격에 페리를 타기 위해 유료 와이파이를 통해 싼 표를 검색했다. 둘이서 열심히 구글을 뒤진 결과 더 싼 표

생각보다 비싼.

를 찾을 수 있었다. 그런데 날짜가 다음 날짜로 저절로 넘어가는 등 예약 시간이 지체되다 보니 단숨에 표가 사라졌다. 어이없게도 우린 내일 떠나게 됐지만, 오늘보다 싼 표 값에 만족할 수밖에 없었다.

 지출

페리(50, 오빠가 10 내줌) + 와이파이(1) + 케밥 세트 2(12) = 총 63유로

6

11시간의 여정

어젯밤에 라면을 먹고 자서일까? 아님 텐트에서 자서일까? 평소보다
어째 얼굴이 더 부었다. 오빠가 못생겼다며 몇 분째 놀리는데도 난
아침부터 라면 타령을 했다. 그 결과, 중국 라면을 끓여 먹기로 했
다. 처음 먹어 보는 중국 라면. 여태 난 라면이라면 다 좋아하는 줄
알았는데, 라면이 다 같은 라면이 아니라는 걸 오늘 새삼 깨달았다.
향신료 냄새에 콧구멍은 벌렁벌렁. 두 젓가락질도 힘겨웠다.

　점심으로 케밥, 커피를 마시고 유료 와이파이를 이용하며 시간을
보냈다. 선착장으로 가는 길에선 이탈리아 커피에 대한 미련이 남아

페리 타는 날.

마지막으로 한 잔 더 사 먹었다. 페리에 오르는 길엔 차가 길게 줄을 잇고 있었다.

11시간을 이곳에서 보내야 한다.

넷북과 핸들가방을 챙겨 2층으로 올라왔다. 복도 옆에는 의자가 많은 방이 있었는데, 내가 계속 쳐다보자 오빠는 우리가 잘 곳은 여기가 아니라며 못을 박았다. 우리는 저 의자가 있는 방들을 제외한 곳에서 자는 거란다. 층과 층 사이에 있는 복도엔 이미 많은 젊은이들이 매트리스를 깔 상태였다. '갑판(Deck)에서 잔다는 게 이런 거구나.' 빈 공간이 보이자 곧장 달려가 자릴 잡았다. 기분이 썩 좋지 않았다. 이곳보다 더한 데에서도 자 봤지만, 설마 이런 데서 잘 줄이야. 나중엔 이런 데도 없어 방황하는 사람들을 보며 여기라도 빨리 자리 잡길 잘했다 싶었다.

 지출

게밥 & 콜라(오빠) + 커피 2(3) = 3유로

7

고프로(GoPro)야, 안 돼!

그럭저럭 잠은 잘 잤다. 한동안 안 썼던 고프로(Gopro, 소형액션캠)도 충전하고, 이제 또 다른 나라에 도착한다고 생각하니 두근두근 가슴이 설레었다.

페리에서 드디어 내린다! 오랜만에 페리에서 내려 바다를 보니 사진이 찍고 싶어졌다. 핸들가방을 열어 고프로 아래에 깔린 디카를 조심스레 들어 올렸다. 힘 조절에 실패한 나머지, 고프로는 바닥으로 그대로 떨어졌다. 한 손엔 자전거를 잡고 있었기 때문에 바로 주울 순 없었다. 어디서 멈추려는지 어째 내가 지켜보고 있는 고프로는 멈출 줄을 몰랐다.

"…?????"

고프로는 결국 한 번도 쉬지 않고 튀더니 그대로 옆에 있던 바다로 사라져 버렸다. 너무 자연스럽게 바다로 향하던 고프로에 시선이 멍해지고 몸이 굳어 버렸다.

오빠 나보다 더 속상해했다. 자기가 오자고 하지 않았더라면 이런 일도 없었을 거라며 말이다. 난 내가 조금만 조심했더라면 이런 일이 없었을 거라며 괜찮다고 했지만, 사색이 된 오빠의 얼굴은 좀처럼 평온해지질 않았다. 이미 바다에 빠져 버린 건 어쩔 수 없었지만, 오랜만에 충전해서 쓰려고 한 게 이렇게 된 게 안타까웠다. 어제 그 많은

고프로를 바다에 떨어트린 후 기념사진(?).

시간 동안 사진 한 장 옮기지 않은 것에 미련이 남았다.

"아, 고프로……."

크로아티아 화폐는 쿠나(HRK)이다. 오빠는 나라가 바뀔 때 가장 짜증나는 것이 바로 환전이라고 했다. 유로로 통일하면 참 편리할 텐데, 화폐가 바뀌니 물가가 어느 정도인지도 모르는 상태에서 얼마나 머물지도 몰라 환전을 할 때 참 애매했다. 오빠는 환율 계산기 어플을 이용해 같이 쓸 돈을 대략 계산했다. 영국, 스위스 같이 물가가 센 나라를 먼저 갔다 와서 그런지, 크로아티아 물가는 유난히 싸게 느껴졌다.

다음 목적지로 가다 큰 산을 만났다. 세진 않았지만 헤어핀(Hair pin, 'U'자 형태의 커브) 몇 십 개는 돈 것 같았다. 아, 점점 크로아티아가 싫어진다. 그건 도착하자마자 빠트린 고프로 때문도 아니요, 단지 사방

누릴 수 있을 때 누리자구!

이 산이라는 사실 때문이다.

정상을 찍고 내려오자마자 평지 같은 오르막이 또다시 등장했다. 오르다 보니 왼쪽 한 편에선 계곡물이 흐르고 있었다. 오르막을 오르다 힘이 들 때면 나무 사이로 보이는 맑은 물을 힐끔힐끔 쳐다봤다. 빼곡한 나무가 한참 동안 이어져 물이 안 보일 때면 이대로 발도 못 담가 보고 산을 넘는 건 아닌가 조바심이 머리를 들기도 했다.

이대로는 안 되겠다 싶어 트인 길을 따라 계곡으로 내려갔다. 직접 본 물은 생각보다 훨씬 맑았다. 그리고 얼음장 같이 차가웠다. 정신이 번쩍 들다가도 오늘은 그만 이동하고 싶다는 생각에 몸이 도리어 축 늘어졌다. "있을까? 갈까?" 목적지가 정해져 있는 건 아니었지만, 아직 갈 길이 멀다는 것. 특히 라이딩을 마치기엔 아직 시간이 이르다는 것이 가장 마음에 걸렸다.

그러나 그러거나 말거나 우린 이 순간을 누리기로 했다. 운도 좋았다. 옆에서 운영하는 레프팅(Rafting) 주인이 주차장 쪽에 텐트를 쳐도 된다고 하여 잠자리도 단숨에 해결했다. 앞에는 테라스가 있어 부엌도 해결 완료! 오늘은 짜빠구리를 먹기로 했다. 요리는 역시 재욱 오빠가 해야 제맛이다.

#8.
끝날 줄 모르는 오르막

어제 다 오르지 못한 오르막을 마저 오르고 나니 가슴은 더 답답했다. 어딜 둘러봐도 사방이 산이다. 짐을 다 떼고 달려도 힘들 정도로 내겐 너무 버거운 나라, 크로아티아. 이런 데인 줄 진즉 알았더라면 애초에 안 왔을 수도 있겠다 싶었다. 이곳에서 비상식량은 항상 준비되어 있어야 한다.

아침에 조금 먹은 걸로 고꾸라지는 허리를 지탱하기란 쉽지 않았다. 견디고 견디다 오빠도 힘든지 구석에 멈춰 섰다. 드디어 전투식량이 나왔다! 맛다시는 먹어 봤어도 전투식량은 처음이었다. 보기에는 형편없어 보였는데, 배고파서 그런지 막상 먹으니까 꿀맛이었다.

허기진 배는 쉽게 달래지지 않았다.

오늘 과연 보스니아로 넘어갈 수 있을까?

넘고야 말았다!

한 마을의 텅 빈 풀밭에 텐트를 쳤다. 오빠가 알려 준 텐트 치기 좋은 장소(사람이 아주 많거나 아예 없거나) 어느 것에도 해당되진 않지만. 오빠가 스파게티를 만드는 동안 난 씻기로 했다. 겨우 몸을 숨긴 곳은 텐트 뒤. 숨긴 숨은 것 같은데 저 멀리 내가 보지 못하는 누군가가 내 알몸을 보고 있는 건 아닐까, 내 동공은 이리저리 굴러가기 바빴다. 하지만 걱정도 잠시, 사방에서 달려드는 모기에 정신은 온통 이 놈들한테 쏠렸다. 이렇게 지랄발광을 하며 샤워한 게 벌써 두 번째라니. 장소 선정이 잘못된 걸까, 동유럽 모기들이 많이 시장하신 걸까!

모기와의 전쟁.

#9.
보스니아 올드 타운

모스타(Mostar)는 보스니아의 헤르체고비나 지역에서 가장 크고 중요한 도시이다. 우리가 도착한 곳은 이슬람 문화를 가지고 있는 올드 타운(Old town). 입구에서부터 예쁜 머플러를 포함한 천이 여기저기 걸려 있었다. 입구에서 조금만 들어가면 사람들로 붐빈다. 자전거는 사람들이 많은 레스토랑 옆에 세우고 걸어 들어가기로 했다.

얼마 안 가 16세기에 만들어진 오래된 다리라는 뜻의 '스타리 모스트(Stari Most)'가 나왔다. 아래에는 네레트바 강이 흐르고 있다. 얕아 보이지만 강으로 뛰어내리기 위해 모자에 돈을 걷는 사람이 있는 걸 보니, 수심이 꽤 되나 보다. 터키(Turkey) 어느 소도시의 느낌이 난다는 사람들이 많다. 그것이 15세기 오스만튀르크 제국에 의해 만들어진 도시이고 오스만튀르크의 지배를 오랫동안 받아 그런 거일지도 모른다고. 아는 만큼 보인다고, 역시 여행은 그 나라의 역사를 알면 신기하고 더 재밌다.

하늘은 점점 어두워지는데 좀처럼 잘 곳을 찾지 못했다. 애간장이 타면서 차츰 걱정이 되기 시작했다.

우리의 간절한 눈빛이 통한 걸까! 다행히 얼마 안 가 훨씬 더 좋은 장소를 발견할 수 있었다. 자전거를 끌고 숲으로 들어가자, 안쪽에는 더 좋은 자리가 우리에게 손짓하고 있었다. 옆에는 작은 밭이 있었는데, 주인이 잠시 왔다가 쫓겨나는 건 아닌지 걱정이 되기도 했다. 궁금해서 오빠한테 물었다. "이럴 때 땅 주인 만나면 오빠 어떻게 해?" 그럴 땐 살짝 미소를 지으면 된다고 한다.

　저 멀리서 땅 주인으로 보이는 노부부가 우리 쪽으로 다가왔다. '어떡하지?' 눈이 마주쳤지만, 아까 오빠한테 배운 미소로 화답했다. 다행히 그들은 우리가 여기에 있든 말든 별로 신경 쓰지 않았다.

모스타 올드타운.

#10.
한국에서는 못 느꼈을 것들

오늘은 다시 크로아티아로 넘어간다. 작은 검문소를 두고 이렇게 쉽게 국경을 드나드는 유럽인들이 왠지 모르게 부럽다.

검문소.

먹구름이 몰려온다. 무릎도 말썽이다. 비가 오면 무릎이 쑤실라나?

불안하다 싶더니 결국 한바탕 비가 쏟아지기 시작했다. 마침 옆에 카페가 있어 곧바로 피신했다. 옆에 있던 착한 손님이 싼 숙소가 있다며 게스트하우스 위치를 알려 주었다. 그러나 혹시나 하는 마음에서 그가 전화한 게 다행이었다. 그가 막상 전화해 보니 방이 없단다.

운이 따랐던 건지, 비는 적당히 내리다 그쳤다. 시간이 많이 늦어

져 앞으로 얼마 못 가겠지만, 그래도 산 하나는 넘고 하루가 마무리
될 것 같아 속이 후련했다.

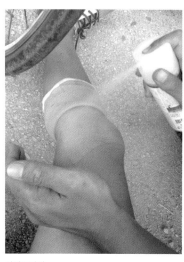
말썽꾸러기.

구불구불한 길을 모두 통과하고 드디어 정상으로 보이는 언덕이 저 멀리 보이기 시작했다. 더 빨리 저곳에 도착하고 싶은 마음이 듦과 동시에 점점 클라이밍(Climbing)의 매력에 빠져들기 시작했다. 오르막을 잘 타는 선수들을 떠올리니, 나도 마치 그들처럼 오를 수 있을 것만 같았다. 내 신발만 쳐다보며 열심히 발길질을 하다보니 어느 순간 누구와 이곳에 왔는지 까먹고 있었다. 그제야 뒤를 돌아보니 오빠는 한참을 뒤처져 있었다. 기다리지 않고 난 더욱더 클라이밍에 열중했다. 이미 이곳은 프랑스 알프 듀 에즈. 난 티봇 피노, 넌 퀸타나!

사고는 내리막에서 난다고. 내리막에서 바람에 흔들리는 자전거를 타고 있을 때마다 온갖 상상을 다 하게 된다. 음주운전자가 날 치고 가면 어떡하지? 그나마 한국 국도가 아닌 건 정말 다행이다. 터널도 하나 없고 말이다. 마치 자전거는 원래 도로 위를 달리면 안 된다는 듯이 갓길로 바짝 붙어 다니는데, 그러다 보니 모래에 미끄러진 적이

한두 번이 아니다. 미끄러져 살짝 삐끗할 때면 온몸에 식은땀이 훅 나는데, 그 느낌이 정말 끔찍하다.

그래도 유럽은 확실히 다른 것 같다. 특히 내가 거쳐 온 나라 중 영국, 프랑스, 스위스는 단연 최고다. 영국 국도에서 달릴 땐 뒤가 조용해 뒤돌아보니 차 열 몇 대가 줄을 잇고 있었던 것은 우리나라에선 상상할 수 없는 일이었다. 특히 프랑스는 라이더에게 (바람)영향이 가지 않게 속도를 줄이거나 한참 떨어져(반대편에 차가 없는 경우 중앙선도 침범한다) 달리곤 했다. 라이더를 피해 갈 때면 하나같이 깜빡이를 켜서 반대편 차량에게 알리는 건 기본이었다. 스위스는 어느 촌 동네를 가도 도로마다 자전거 그림과 선이 그려져 있다. 그리로만 가면 충분히 안전하니, 당연히 좋은 인식뿐이다.

이런 센스 있는 사장님! 'Bikers -10%'라고?

이런 사기꾼! 반가운 광고를 보고 찾아가자 '자전거'는 해당이 안 된단다. 그래도 그들은 나름 합리적인 가격의 방을 소개해 줬다. 사실 우린 시설을 따질 입장은 아니다. 오랜만에 침대에서 자는 것만으로 저절로 신이 났다. 며칠 동안 페트병 샤워에 옷은 아예 빨지도 못하고 모기에 물려 가며 저녁 식사를 했기 때문에 평소엔 당연하게 하던 것들에 더욱더 감사하게 생각한다. 물이 귀한 나라에 오기 전에는 물이 아까운 줄 모르고, 거지가 돼 보기 전엔 거지의 마음을 알 수 없다. 영국에서 거지와 같이 풀에 몸을 숨겨 자 본 건 정말 좋은 경험이었다. 그래 봤기 때문에 텐트에서 자는 것이 얼마나 행복한 것인지 알 수 있던 것이고, 모든 것이 갖춰진 집에서 자는 것이 얼마나 축

소소한 행복.

복받은 건지 알 수 있었다. 하루에 한 끼밖에 안 먹어 봤기 때문에 두 끼에 감사할 수 있는 것이다.

오빠와 헤어질 날이 점점 다가온다. 오빠를 만나 루트(route)와 기간이 많이 변경되었기 때문에 생각보다 곤란한 상황이 됐다. 출국하는 도시에 비해 너무 남북으로 내려온 상황이다. 도로 올라가느라 깨질 돈을 계산해 보니 몸서리가 쳐졌다. 게다가 '유로 바이크 쇼' 날짜가 정해져 있기 때문에 일정에 맞춰 가야 한다.

착잡하긴 해도 한편으론 내 의도대로 돼서 참 좋다. 짧은 기간 동안 세계 자전거 여행자로 빙의할 수 있는 기회가 살면서 얼마나 있겠는가! 같이 다닌 지 십 며칠밖에 되지 않았지만 몇 년씩 하는 세계여행이 어떤 건지 대충 알 수 있었던 기회였다. 아직까지 내게 여행은 적당히 하고 빠지는 게 상책이다.

 지출

숙소 30유로

#11.
멀리서 봐야 드브르보닉(Dubrovnik)

평소에 뱃멀미뿐만 아니라 차멀미가 심한 편이다. 이젠 넘실거리는 물만 봐도 속이 안 좋아진다. 서해안을 따라 달려서 그런 걸까? 안 그래도 계속되는 오르막에 토할 것 같은데, 옆에서 넘실거리는 바다를 보니 괜히 정신이 몽롱하다. 크로아티아를 대표하는 유명한 사이

크로아티아.

클 선수 피터사간(Peter Sagan)이 왜 그렇게 다리 힘이 좋은지 알 것 같기도 하다.

엄청나게 큰 크루즈.

드보르보닉에 다 와 숙소를 잡았다. 이들은 끝까지 한 푼도 안 깎아 주려 했다. 이러는 이유가 있겠거니와 노부부와 달리 자신감 넘쳐 보이는 부자(父子)의 모습에 우린 방도 안 보고 돈을 지불했다. 방으로 와 보니 가격을 안 깎아 주는 이유를 알 수 있었다. 방이 완벽했다. 에어컨에 와이파이, 게다가 깨끗한 화장실까지.

다만, 당황스러운 건 침대가 하나라는 것이었다. 침대를 보자마자 주인 아드님한테 "우리 사귀는 사이 아니야~!"라고 말하자, 그들은 적잖게 당황해 했다. 주인 아들은 마치 한국 영화에서나 나올 법한 드립을 내게 쳤다.

"중간에 물건 놓고 자."

유럽에선 친구끼리도 한 침대에서 같이 잔다고 들은 적이 있다. 어쩌면 우리가 음흉하고 그들이 오히려 건전한 건지도 모른다. 한 침대에서 잔다고 다 이상한 짓을 하는 건 아니지 않은가? 샤워할 때 항상 보지 말라고 말하는 내게 오빠도 늘 하는 대답이 있다.

"볼 것도 없어."

어이가 없네~

#12.
See you, 그대!

드브로브닉(Dubrovnik)은 오빠의 친한 누나가 예쁘다며 죽기 전에 꼭 가야 한다는 곳이래서 아주 오래전부터 오빠가 외쳤던 곳이다. 어떻게 보면 여태 이곳 때문에 동유럽을 달렸다 해도 무방하다. 〈꽃보다 누나〉에도 나왔다는 이곳을 난 미리 인터넷으로 찾아보지 않았다. 그렇기 때문에 드브로브닉이 어떤 곳일지 전혀 감이 오지 않았다.

드브로브닉 골목길.

　입구에서부터 유혹하는 기념품을 뿌리치고 플라차 거리(Placa street)로 들어섰다. 회백색 화강암으로 만들어졌다는 바닥은 딱 봐도 번들번들했다. 그러나 어딜 둘러 봐도, 구석구석 걸어 다녀 봐도 별 감흥이 없었다. 언제부턴가 사람이 많은 관광지는 내게 별로 와 닿지가 않는다. 멋지고 예쁘긴 하지만, 사람들에 가려져 두브로브닉을 제대로 못 보고 있다는 느낌을 받았다.

　오빠와 성 한 바퀴를 돌고 사람들이 안 다니는 계단에 앉아 케밥을 먹었다. 이제야 좀 숨통이 트이는 것 같았다. 이렇게 평화로울 수가 없다. 정해진 길을 피해 조금만 꺾어도 이렇게 조용한데.

두브로브닉을 빠져나와 또 다른 목적지로 향했다. 솔직히 이곳을 그리 기대하지 않았기 때문에 실망도 하지 않았다. 다만, 오르막을 올라 저 멀리 보이는 두브로브닉을 내려다보니 너무도 아름다웠다. 섬을 떠나야 섬이 보인다고 했다!

지겹던 크로아티아를 벗어나 드디어 몬테네그로(Montenegro) 국경을 넘었다. 크로아티아로 넘어가는 차는 굉장히 밀려 있었다. 내리막에서 풍경 사진을 찍기 위해 멈췄을 땐, 옆에서 대기하고 있는 차에 있던 한 사람이 차에서 내리더니 우리에게 말을 건넸다. 차에 이탈리아 국기가 걸려 있었기 때문에 이탈리아 사람이라는 건 단번에 알 수 있었다.

"여기 조심해야 돼. 여기 사람들은 너희 신경 하나도 안 써."

운전을 아주 똥같이(?) 한다는 소리였다. 설마 지나갈 때마다 빵빵 클랙슨을 누르는 보스니아보다 더 할까. 하지만 아저씨의 우려와는 달리, 이곳 운전자들의 운전 실력은 양호했다. 같은 도로 위에 차로 있을 땐 어떨지 모르겠지만, 바람으로 우릴 치고 가거나 경적만 울리지 않으면 땡큐 베리 감사다.

버스터미널에 도착했다. 다행히 버스는 한 시간 뒤에 있었다. 문제는 자전거를 실을 수 없다는 것이었다. 뒷주머니에 5유로를 찔러주면 된다는 재욱 오빠의 말과는 달리 버스기사는 생각보다 호락호락하지 않았다. 처음엔 버스기사가 그저 안 된다고 해서 이 자식을 이해할 수 없었는데, 나중엔 포장을 하거나 20유로를 내라고 했다.

표 값과 맞먹는 값이었다. 표 환불을 요구하자, 창구에 있던 직원은 내일 아침 버스를 타랬다. "그럼 아침에 버스를 타면 (공짜로) 자전거 실을 수 있어?" 그들의 대답은 '확실하지 않다.'였다. 확실하지 않은 상황에서 오늘 숙박비에 내일

맛있는 인스턴트 커피.

오전을 버리고 싶진 않았다. 어차피 내일도 마찬가지라면 오늘 떠나는 게 낫다.

우선, 버거를 먹기로 했다. 근처 가게에서 버거를 먹는 동안 한 숙박집 아줌마는 우리에게 제안을 했다. 2박에 20유로. 와이파이, 아침식사 제공. 좋은 조건이었다. 하지만 오늘 이곳을 떠나는 게 최선이었다. 오빠는 어차피 숙박을 해결해야 했기 때문에 좋은 조건에 짐을 놓으러 아줌마를 따라갔다. 버스 출발시간 십여 분을 남기고 오빠는 다행히 돌아왔고, 상당한 돈을 내고 난 자전거를 실어야 했다. 5유로면 된다고 한 게 미안했는지 오빠는 5유로를 찔러 주고, 자신이 먹지 못한 버거도 가서 먹으라며 챙겨 줬다. 이제 언제 또 볼지 모르는 상황에 오빠 날 꼬옥 안아 줬다. 찡했다.

'그래, 정들었지. 서로 갈 길이 다르고. 이제 점점 더 멀어지겠네.

오빠 적어도 3년 후에나 한국에 들어올 테고⋯⋯.'

　창문 밖으로 보이는 오빠. 내가 창에서 눈을 떼지 못하듯 버스도 좀처럼 출발하지 않았다. 한참 동안 손을 흔들다 이내 고개를 돌렸다. 작지 않은 이별인데도 생각보다 슬프지가 않았다. 앤디와 헤어지며 1시간 내내 버스에서 울며 드라마를 찍던 때가 엊그제 같은데, 그새 이별에 익숙해졌나 보다. 언제 또 보겠냐며 좀 더 잘해 줄 걸 하는 아쉬움에, 울지 않고 함께했던 순간들을 추억하며 창밖을 바라봤다.

오빠와도.

 지출

버스 값(22.50) + 자전거 값(15) = 총 37.50유로

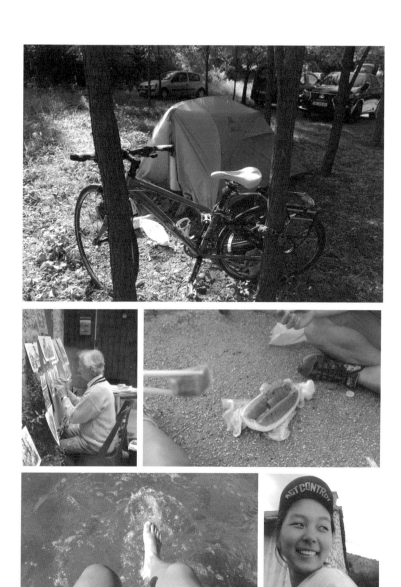

크로아티아에서 오르막이 끝나면 저렇게 실소가 터져 버린다.

6
PART

오늘도 페달을 밟습니다

1

개수작 2

좁은 의자에서 12시간을 앉아 있어야 한다. 자리가 너무 좁아 무릎을 펼 여유조차 없다. 혹시 추울까 챙긴 침낭에 다리를 넣고 창가와 의자 사이에 다리를 끼워 넣었다. 멀리서 보면 다소 건방져 보인다 할지라도 어쩔 수 없었다. 척추와 골반이 심히 걱정됐지만, 현재 무릎만큼 소중한 건 없다.

나에게 다소 생소한 나라, 아침이 돼서야 세르비아 베오그라드에 도착했다. 원래 이곳에 도착하면 바로 다음 도시로 이동할 계획이었

버스 안에서.

는데, 길고 불편한 잠자리에 온몸이 뻐근한데다 피곤하기까지 하니 마음이 흔들리기 시작했다.

생각도 할 겸 공원 벤치에 앉아 아까 먹다 만 버거를 먹는데 몸이 많이 처지는 듯했다. 아까 버스에서 내릴 때 받은 호스텔 전단지가 눈에 들어왔다. 그냥 쉴까? 고민하는 찰나, 드라마틱하게 비가 조금씩 내리기 시작했다. 어떻게 호스텔을 찾아가나 생각하는데, 마치 날 지켜보고 있었다는 듯 아까 내게 전단지를 줬던 아저씨가 내 눈앞에 나타났다.

"비가 와서 쉬어야겠네."

아저씨의 말에 자연스럽게 호스텔로 왔다. 아직 환전을 하지 않아 세르비아 화폐가 없었는데 다행히 여기선 유로도 받는다고 했다. 1박에 9유로. 신선한 가격이었다. 돈을 지불하며 받은 베오그라드 관광지도는 생각보다 크고 볼거리가 많아 보였다. 여행 전에는 세르비아에 대해 잘 몰랐지만, 관광지도를 보니 이제부턴 알아야 될 것 같았다. 이대로 하루를 쉬기는 아쉬울 것 같아 점심시간대로 알람을 맞춰 놓고 한숨 잤다.

적당히 자다 오후 2시가 다 돼 호스텔에서 나왔다. 몸은 여전히 무거웠다. 얼마 안 가 삼분의 일이 무너진 건물 몇 대가 건너편에서 대기하고 있었다. 무식한 난 무슨 일이 있었는지 궁금해 옆에 있던 경찰에게 당장이라도 묻고 싶었다. 그러나 그러다가도 아픔이 있는 건 아닐까 사진만 찍고 지나왔다.

지도를 따라 명소를 다니다 의사당 앞에 도착했다. 들어갈 생각은 없어 반대편 보도에서 사진을 찍고 있었다. 그런 내게 한 남자가 말을 걸었다.

"한국 사람이야?"

한국에 가 봤다는 사람이 아니고선 단번에 한국인으로 알아보는 사람은 여태 단 한 명도 없었다. 그는 어떤 이유에서인지 커피 한 잔을 하지 않겠냐고 했다. 낯선 사람과 대화하는 걸 좋아하는 나는 딱히 거절할 이유가 없어 그러자고 했다. 그는 가까운 카페에 들어가더니 조각케이크와 커피를 사 줬다. 테라스에서 커피와 케이크를 먹으며 대화를 나눴다. 그는 신기하게도 아까와는 달리 영어를 아예 못했다. 마치 아까 한 영어는 작업 걸려고 많이 써 먹던 표현이라는 듯 말이다.

그는 이 카페의 단골손님인 듯 젊은 남직원에게 통역을 시켰다. 말에는 이상한 단어가 자꾸 껴들어갔다. 공원, 호텔, 잠……. 직원은 어떻게 통역해야 하나 싶은 모양인지, 어쩔 땐 망설이기도 했다. 나중에는 여직원이 "그를 조심해."라고 말하기도 했다. 본마음을 숨기고 작업 걸기에는 한계가 있기 때문에 들린 '잠자리'와 관련된 단어는 단연 그의 목적을 단번에 알게 해 주었다. 웃긴 건 한국 사람은 변명, 거짓말 또는 말을 빙빙 돌려가며 말하는데, 유럽인은 내일이면 안 볼 관광객이어서 그런지 의도를 숨기지 않고 대부분 직접적으로 말을 한다는 것이었다. 덕분에 시간 낭비할 것 없이 그의 의도를 알아차릴 수 있어서 좋았다. 난 소심하게도 "네가 가고 싶어 하는 공원이 어딘진 몰라도 내가 가고 싶었던 공원이 있거든. 내가 자전거 타고 빨리 갔다가 호스텔 가서 연락 줄게."라며 거짓말을 했다. 이 말 역시 길거리 통역사를 통해 전달했다.

세르비아 의사당.

조용하고 평화로운 세르비아의 뮤지션 거리. 악기 연주 소리나 노래하는 사람은 볼 수 없었지만, 음악으로 한 방 먹은 듯이 거리는 평온했다.

아무리 피곤해도 바로 잘 수가 없다. 오늘 당장 내일 어떻게 이동할 건지 결정하고 계획해야 한다. 그러지 않으면 내일 하루가 허비될수도 있기 때문이다. 호스텔 사람들이 술을 마시며 클럽놀이를 하는동안 난 컴퓨터를 이용해 계획을 짜기 시작했다. 유로 바이크쇼가 8월 30일에 독일 프리드리히스하펜(Friedrichshafen, Germany)에서 열린다. 6일 동안 남은 거리 천 킬로미터를 달린다는 것은 무리다. 쭉 자

반대편은 무인도.

전거만 타다 남은 거리는 기차를 이용해 간다고 해도 무리가 아닐 수 없다. 가는 길에 있는 헝가리, 체코는 내가 고대하던 나라이기 때문이다. 그래서 생각한 방법 몇 가지.

선택1. 바이크 쇼에 갔다가 헝가리, 체코에 간다.
그러기엔 출국 날짜가 얼마 안 남은 상태인데다 동선이 이미 틀어져 괜한 비용이 들게 된다.

선택2. 바이크쇼를 포기한다.
약 2주의 기간이 생긴다. 내가 생각한 루트대로 죽어라 달릴 수 있는 시간이다. 정말 원 없이 달릴 수 있을 것이다. 그러나 그러자니 이런 여행을 먼저 해본 어느 독일 아저씨의 말이 생각난다. 그의 말을 되새겨 볼 필요가 있다.

개잔치.

나: 유로 바이크 쇼 하는 날까지 독일로 가야 돼.

그: 너도 나와 다를 바가 없구나. 내가 이 레이스(프랑스에서 터키까지 달리는 자전거 대회)를 하느라 달리기만 했어. 그러다 보니 옆에 풍경은 하나도 못 본 거야. 뭐가 있었는지, 뭘 본지 모르겠어.

　오히려 남은 기간 동안 죽어라 도착 지점을 향해 달리는 것보단 빠르게 이동하며 가고 싶었던 핵심 도시만 가는 게 더 효율적이겠다는 생각이 든다. 물론, 가 보면 더 머물고 싶은 도시도 있을 것이다. 기간이 짧아 아쉬운 순간도 있겠지만, 그런 생각이 들 때면 '설마 살면서 여길 또 못 올까?'라는 생각을 하기로 했다.

🪙 지출

호스텔 9유로. 약 35,000원 환전 → 3000RSD(Republic Serbia Dinar)
120디나르=1유로(라 생각하면 편하다.)

2

아무 데나 텐트 치니까 그렇지!

텐트를 쳐도 되겠다고 생각한 곳이 한두 군데가 아니었다. 그래도 조금만 더 가면 더 좋은 캠핑 장소가 나오지 않을까 참고 달렸다. 그렇게 겁 없이 계속 가다 보니 하늘이 어느새 심각할 정도로 어두워져 있었다. 더 이상은 안 되겠다 싶어 도로에서 조금 떨어진, 웬만큼 평평한 땅이 나오자 멈춰 섰다.

그렇게 급하게 잡은 자리는 생각보다 괜찮았다. 다만 예상치 못한 놈이 날 괴롭혔다. 울타리 넘어 살고 있는 개였다. 어찌나 목청이 좋던지 개 얼굴이 궁금할 정도였다. 짖다 말겠거니 생각했지만, 이게

눈인사를 했더니 무슨 문제가 있냐며 뒤쫓아 오던 아저씨.
괜히 나에게도 있는 펌프를 빌려달라고 했다. 아저씨의 뒷태. 하.

웬걸? 반대편 울타리에 있던 개도 따라 짖기 시작했다. 이런 개자식. 적어도 한 시간은 시달린 것 같다.

개를 이기고 겨우 잠들었건만 이번엔 바로 옆에서 낙엽 밟는 소리가 나기 시작했다. 눈이 번쩍 떠지고 심장이 벌렁거렸다. 하필 혼자 있을 때냐고!

딱히 사람을 위협할 수 있는 무기가 없자, 난 숨을 죽이고 바깥소

앞에 도로가 있다.

리에 귀를 기울였다. 처음엔 강아지나 닭인 줄 알고 텐트를 툭툭 쳤지만, 놀라 도망가는 듯한 반응은 없었다. 작전을 바꿨다. "Hello?" 너도 사람이라면 반자동으로 대답하지 않을까? 하지만 돌아오는 대답은 없었다. 밖은 내다보지도 못할 거면서 괜히 텐트 지퍼를 열었다 닫았다를 반복했다.

한 번 났던 낙엽 소리는 이제 더 이상 나지 않았다. 도로에서 한눈에 보이는 위치여서 그런지 은연중에 긴장하고 있었나 보다. 건들라면 또 소리 나겠지! 아까 그 긴장은 온데간데없고 긴장을 풀자, 중간에 깨지도 않고 꿀잠 잤다.

 지출

아점 : 아시아음식(854) + 점심·저녁 : 바나나 3(79.29) + 요거트 (96.99) + 환타(109.0) = 총 1139.28디나르

#3.
벌 수 있었던 하루

노비사드 시내에 도착해 구경을 하다 버스 역으로 갔다. 기차는 이미 운행이 종료된 상태였고, 버스는 오후 10시에 있다고 했다. 오후 10시까지 남은 시간은 7시간. '어제 라이트를 켜고 죽어라 달렸다면 이렇게 7시간을 허비하지 않았을 텐데……' 하는 아쉬움이 많이 들었다. 먼저 표를 사기 전에 버스 기사님한테 자전거를 실을 수 있는지부터 물었다.

나: 자전거 실을 수 있어? 포장해야 돼?
기사님: 응. 포장 안 해도 돼.
나: (감격하며) 우와! 공짜야?
기사님: 아니. 10유로 줘야 돼.

  설령 공짜가 아니더라도 좋다. 몬테네그로에 비해 가격이 엄청 쌌기 때문에 받아들일 수 있었다. 게다가 만나는 직원마다 하나같이 미소로 친절하게 대해 줬다. 그나저나 7시간 동안 뭘 한다냐?
  시내에 도로 갈 힘이 없었기 때문에 맥도날드에서 커피를 마시며 일기를 썼다. 저녁 7시가 됐을 땐 배가 너무 고파 버거를 하나 사 먹었다(여기서 먹은 버거가 유럽에서 먹은 버거 중 가장 맛있었다).

쉬고 있을 때 만난 아저씨들. 사진 잘 찍냐고 묻길래 찰칵!

    이번엔 6시간이 걸린다. 그렇다 보니 헝가리 부다페스트(Budapest)에 도착하면 새벽 5시가 된다. 당연히 노상할 생각이었지만, 내가 생각하던 분위기가 아닐 경우를 대비해 호스텔 주소 하나를 지도 앱에 저장해 놨다.

🪙 지출

요거트(98) + 빵(30) + 과자(65) + 콜라(60) + 밀크쉐이크(100) + 버거세트(540) + 커피(180) + 버스값(2455, 짐400) = 3,928디나르

#4.
헝가리 부다페스트(Budapest, Hungary)

새벽 5시. 갑자기 외딴 곳에 차가 멈추더니 헝가리 부다페스트란다. 어벙한 상태로 내리고 보니 내가 생각하던 동네 분위기가 아니었다. 침낭 하나 덮고 자다 날이 밝으면 자리를 뜨겠다는 내 계획은 버스에서 내리자마자 처참히 무산됐다. '오늘도 밤 새겠구나.' 갑자기 외딴 섬에 떨어진 느낌이었다.

　나와 같이 내린 사람은 고작 네 명이었는데, 내가 멍 때리고 있는 동안 두 명은 사라졌고 나머지 두 명 중 한 명은 친구가 볼일을 보러 갈 동안 벤치에서 기다리고 있었다. 한참 후 나머지 한 명이 돌아왔

버스에서 내린 자리.

다. 이들이 잠을 자기 위해 호스텔로 갈 것 같아 그들에게 주저 없이 다가갔다. "호스텔 가? 같이 가도 될까?" 그들은 상관없다는 듯 대답했다. "응, 그래!"

터키인. 둘은 대학교 친구 사이다. 이들을 보고 있으면 괜히 영화 〈세 얼간이〉가 생각난다. 둘 중 한 명은 특이해 보일 정도로 건물 하나하나를 유심히 보며 걸었다. 건물마다 예쁘다며 사진을 찍었다. 전공이 건축이 아닐까 하는 생각이 들 정도였다. 궁금해서 물어보자 둘 다 엔지니어링이란다. 그는 그냥 이것저것 관심 많은 감성인간일 뿐이었다.

이 오빠들은 굉장히 피곤해했다. 틈만 나면 쉬자고 했다. 일어날 때면 아예 엎드려 누워 가방을 메는 게, 그 가방 무게를 짐작케 했다. 2년 전 배낭여행을 할 때가 생각났다. 그땐 온 짐을 어깨에 짊어지고 다니느라 여행 내내 어깨와 허리 통증이 말이 아니었다. 피곤한 것도 피곤한 거지만 몸체만 한 가방을 메고 다니는 고통은 그들이 드러누울 때부터 느꼈다.

내가 알아 둔 호스텔은 그들이 예약한 호스텔 바로 옆이었다. 대문을 열어 준 주인에게 혹시나 하는 마음으로 남는 방이 있는지 물었다. 없단다. 터키 오빠들과 인사하고 내가 알아 둔 호스텔에도 물어봤지만 없단다. 같이 운영하는 호스텔이 하나 더 있다지만, 이미 돈 주고 자기도 애매한 시간이 되어 포기했다.

눈에 보이는 현금자동입출금기에서 돈을 뽑아 맥도날드가 열리기만을 기다렸다. 7시가 되자 딱 가게 문이 열렸다. 화장실이 급했기 때문에 커피를 하나 주문하고 화장실에 다녀오겠다고 하자, 직원이 영수증을 쥐어 줬다. 아래층으로 내려와 화장실 입구에 서니 직원이 영수증을 쥐어준 이유를 알 수 있었다. 유료 화장실이었던 것이다. 돈을 내거나 영수증에 새겨진 바코드를 기계에 스캔하면 문이 열리는 구조였다. 이 작은 화장실 문 앞에 CCTV가 설치되어 있는 걸 보니, 부다페스트 사람들의 양심이 말이 아닌가 보다.

12시가 다 돼 호스텔로 돌아갔다. 따뜻한 물로 샤워를 하는 건 오랜만인 듯하다. 몸이 스르륵 녹을 것만 같았다. 그나저나 거울 속 내 모습이 어느 때보다 초라해 보였다. 살이 다 어디로 간 건지 몰골이 말이 아니었다. 몽골로 갈 걸 그랬나?

성 이슈트반 성당.

자다 나와 처음으로 간 곳은 호스텔 근처에 있는 성 이슈트반 성당(Szent Lstvan Bazilika)이었다. 오랜만에 성당에 와서 그런지 조용하고 경건한 분위기가 너무 좋았다. 자리에 앉아 기도도 드렸다. 내가 하는 기도의 내용은 항상 똑같다. 여태까지 지켜 주시고 좋은 사람 많이 만나게 해 주셔서 감사하다는 것, 남은 여행도 보살펴 주시고 여태까지 만났던 사람들과 그들의 가족 모두 건강하고 행복하게 해달라는 것. 마지막에는 세계 평화도 잊지 않았다.

그다음으로 오페라를 구경한 후, 한국인 사이에서 맛집이라는 레스토랑에 찾아가 우리나라 육개장과 맛이 비슷하다는 '굴라쉬'와 알 수 없는 고기음식을 주문했다. 고기음식은 어찌나 맛이 없던지 이름조차 알고 싶지 않았다.

지출

헝가리 화폐 : 포린트(HUF)

25,000HUF 환전

맥모닝(720) + 굴라쉬(1190), 고기(α) + 아이스크림(400) + 숙박비(약 3300) = 5610 + (α)

굴라쉬.

#5.
꼬여도 결국엔 풀리는

기차역으로 가는 길, 여러 사람에게 길을 물어보다 지도에 저장해 놓은 역 위치가 잘못되었다는 걸 알게 되었다. 설상가상으로 길을 설명해 주는 사람마다 다른 기차역을 설명해 주는 바람에 시간은 더 지체됐다. 거기다 길치 본능까지 더해지니 가관이었다. 믿을 사람이 없어지고, 아까 만난 아줌마가 한 말을 토대로 한번 가 보기로 했다. 트램(tram)이 역으로 간다니, 방향만 잡으면 길 찾아가는 건 식은 죽먹기였다.

그렇게 트램 길을 쫓아가길 몇 십 분. 드디어 기차 표지판이 나왔다. 고작 2㎞ 떨어진 곳을 이렇게 빙빙 돌아서 왔다니! 내 자신이 한심하기 짝이 없었다. Budhapest—Keleti Railway Terminal. 기차표가 시급했다. 대기 인원은 엄청났지만, 기차 시간 내엔 모두 빠질 듯하다.

그런데 이거 왜 이래? 시간이 지나면 지날수록 아깐 빠르게 다가오던 내 대기 번호가 앞에 열 명을 남기고 줄어둘 줄 몰랐다. 우리나라만큼은 아니지만 일 처리 속도가 빨라 감동을 주던 직원들의 손은 개미핥기처럼 느려 보였다.

그 와중에 만난 한국인 언니 두 명은 기차에다 짐을 놓고 잠깐 나온 사이에 기차가 떠났다며 초조해하고 있었다. 난 어떤 위로의 말도 해 줄 수가 없었다. 내 상황도 마찬가지였다. 기차가 정시에 출발한다는 언니의 말에 나 역시 발만 동동 굴릴 뿐이었다. 말 그대로 모두가 똥줄 타는 시간이었다.

이미 기차 시간이 지난 지 오래. 이젠 내 차례가 되어도 별로 조급하지 않았다. 목적지를 말하자, 직원은 이미 지난 시각의 표를 끊어줬다. '어?' 속으로 가능성이 있나 싶었다. 표도 생각보다 훨씬 쌌다. 현금이 모자랄 것 같아 카드만 쥐고 있었는데, 남은 현금으로 해결하고도 충분히 남는 가격이었다. 이렇게 급한 상황에 돈을 세야 한다니…….

돈을 건넨 후 내 시선은 이미 플랫폼으로, 내 앞길을 막고 있는 사람을 어떻게 피해 가야 할지 동선을 그리고 있었다. 심장은 마치 첫사랑을 만나러 간다는 듯 나대고 있었다. 요이~땅! 거스름돈은 받자마자 아무렇게나 주머니에 쑤셔 넣고 미친 듯이 10번 플랫폼을 향해 뛰었다. 땀은 얼마 뛰지 않았는데도 비 오듯 쏟아져 내렸다. 산을 하나 넘었을 때도 이렇게 땀이 흐르진 않았는데…….

그러나 도착한 플랫폼에는 아무런 기차도 대기하고 있지 않았다. 벌써 떠난 거야? 사람들에게 묻자, 프라하는 1번이란다. 70일 동안 아껴둔 축지법을 사용할 때가 된 듯하다. 난 짧은 다리로 180㎝ 키에나 가능한 엄청난 보폭을 발휘하며 역을 뛰어 다녔다. 아프리카에서 기린 사이를 날뛰어도 사람인 줄 모를 걸! 이런 날뛰기 덕분에 1번 플랫폼에는 아직 기차가 대기하고 있었다.

하지만 기차 위에 자전거를 올리는 일은 날 두 번 죽였다. 가빠진 숨을 가라앉히는 데도 한참이나 걸렸다.

기차를 오랫동안 타는 일은 정말 힘든 일이다. 프라하에 도착하자 거의 자정이 다 돼 있었다. 밀라노에서 만났던 태우 오빠가 알려 준 한인민박집에 찾아갔다.

한국 음식.

깜깜한 밤에 그나마 역 바로 앞에 있어 다행이었다. 더 다행인 것은 시내투어를 하느라 사장님과 한인민박 손님들이 나보다 늦게 집에 도착한 것이었다. 그 덕에 손님들이 맥주를 마시는 동안 난 한국 음식을 먹을 수 있었다. 삼겹살, 닭도리탕, 김치 그리고 미역국까지! 너무 오랜만에 먹어 보는 음식이었다. 맛을 음미할수록 한국이 그리워졌다. 하루 빨리 한국에 가고 싶은 마음뿐이다.

* 호스텔 : Mandarin Hostel Budapest

 지출

아이스크림2(180) + 버거킹(490) + 기차(3000) + 기차친구랑 맥주, 커피

환전한 25,000HUF 중 23,000HUF 씀

#6.
하늘을 날다!

아침밥을 먹고 스카이다이빙을 하러 가기 위해 민박집에서 나왔다. 민박집 근처에서 탄 스카이다이빙 업체의 봉고차에는 한 한국인 언니가 먼저 타 있었다. 약 한 시간 정도 걸려 온 이곳에서 시간을 기다리며 언니와 건물을 구경했다. 여기저기 붙어 있는 한글과 태극기, 한국인이 상공에서 다이빙을 하며 프러포즈한 사진을 보며 이곳에 꽤 많은 한국인이 왔다 갔다는 걸 알 수 있었다. 직원들 역시 한두 단어씩 한국말을 할 줄 알았다.

언니와 다이빙 옷을 덧입은 후, 간단하게 주의사항 및 설명을 듣고 헬기에 올랐다. 헬기가 점점 하늘로 올라갈수록 긴장은 극대화됐고, 헬기가 올라갈수록 멀어져 가는 육지에 속은 울렁대기 바빴다. 바닥에 앉아 여유 있게 책을 읽는 사람의 모습과는 참 대조적이었다. 어느 정도 상공에 도달하자, 헬기 문이 열리고 하나둘 일어서기 시작했다. 개인적으로 뛰어내리는 사람들이었다. 그렇게 같이 탔던 사람들이 우르르 뛰어내리는 데 거침이 없어 차마 눈 뜨곤 못 볼 장면이었다.

남은 사람은 이제 언니와 내 팀뿐. 그제야 같이 뛸 사람과 몸을 묶는데, 열린 문으로 들어오는 바람에 빨려 날아가진 않을까 너무 무서웠다. 동영상 촬영을 신청했기 때문에 나를 찍어 줄 카메라맨이 먼저 문 쪽으로 다가갔다. 다가가는 것만 봐도 심장이 터질 듯 뛰었다. 그리고 슬금슬금 문 쪽으로 걸어 나가는 내 뒤에 달린 분신. 난 눈을 꼬옥 감고 직원의 걸음에 질질 끌려갔다. 다 포기하고 그에게 몸을 맡겼다. 헬기에 걸쳐 있을 땐 아까 배웠듯 고개를 젖히고 발도 젖혔다. 그리고 잠시 후 앞으로 고꾸라지는 몸. 정말 헬기 밖으로 내가 던져졌는지, 몸이 자유로웠다. 그러나 공중에만 떠 있지 내 정신은 온전하지 못했다.

"I believe I can fly~"는 개뿔. 동영상을 찍어 주는 사람이 앞에서 손을 잡아 주는 둥 별짓을 다 해 줘도 정신은 여전히 혼미했다. 옆으로 다 새어 들어오는 바람에 눈은 안 떠지고, 하강하며 받는 압력 때문에 고막은 금방이라도 터질 듯 조여 왔다. 얼마나 정신이 없었는지 난 이대로 계속 떨어지는 줄 알았다. 낙하산은 전혀 생각도 못하던 차에 갑자기 로켓으로 변신!! 10초간 함성 발사!! "꺄!!!!!!! 꺄악!!!!!!!" 하늘을 찌를 듯 우린 미친 듯이 위로 치솟았다. 가지가지

엄마, 눈은 왜 가려!

하네, 정말. 아주 미쳐 버리는 줄 알았다.

로켓 발사가 끝나고 천천히 하강. 그제야 주변이 눈에 들어오기 시작하면서 진정이 됐다. 패러글라이딩이 오히려 속도가 느려 더 무서울 줄 알았는데, 막상 그렇지도 않았다. 정신이 돌아오자, 뒤에 있는 직원에게 난 쉴 새 없이 질문했다.

그렇게 대화를 하다 보니 어느새 착지 준비를 할 때가 되었다. 착지를 하다 다리가 부러지는 건 아닌지 괜한 호들갑을 떨었다. 공중에선 못 느끼다 막상 착지할 때가 되자 엄청난 가속이 느껴졌다.

"살려 줘서 고마워."

내게 무슨 일이 있었던 거지?

카메라에 찍힌 내 모습은 추하기 짝이 없었다. 직원과 악수를 한 뒤, 카메라맨과 악수. 그리고 뒤돌아서 또다시 직원과 악수를 하고 있더라. 직원은 빵 터져서 웃음을 참는 모습까지 사진에 찍혀 있었다. 앞머리는 열 갈래로 갈라져서 사진을 볼 때마다 날 웃게 만든다.

민박집으로 돌아왔을 땐 거의 2시가 다 돼 있었다. 그리고 얼마 안 있어 비가 보슬보슬 내리기 시작했다. 정말 천만다행이었다. 스카이다이빙은 조금만 날씨가 안 좋아도 진행하지 않는다고 한다. 그래서 날씨 때문에 일주일 동안 이곳에 머문 사람도 있다고. 내 나름대로 미리 일기예보를 보고 날짜를 조정하길 잘한 것 같다.

우산도 없는데 비는 오고. 내일 떠나면 유로 바이크 쇼에 늦을 것 같고. 막상 비를 보자 생각이 많아지기 시작했다. 우산을 쓰고 하는 관광에는 한계가 있기 때문에 기차 시간이 빠르다면 빨리 뜨는 게 낫겠다 싶었다. 그렇게 신속히 검색한 결과, 몇 십 분 후에 출발하는 기차를 발견했다. 짐 챙길 것까지 생각하면 시간이 얼마 안 남은 상태였다. 아쉬움이 남을 뻔했지만 스카이다이빙으로 만족할 수 있었던 체코, 프라하. 그리고 헝가리. 사랑하는 사람과 다음에 또 오고 싶다.

 지출

민박 4만 원 + 스카이다이빙(사진, 영상 포함) 5500코루나(카드) + 기차표(체코-뮌헨) 60.40유로. 자전거 1.30유로 = 총 약 40만 원

#7.
유로 바이크 쇼(Eurobike show)와
그렉 미나르(Greg Minaar)

오후 3시에 출발한 기차는 오스트리아를 거쳐 새벽 1시가 돼서야 뮌헨(Munchen)에 도착했다. 도착하자마자 유로바이크 쇼가 열리는 프리드리히스하펜 역(Friedrichshafen Stadt)으로 가는 기차표를 구매했다. 쏟아지는 졸음과 추위에 커피로 겨우 버틴 2시간. 기차 앞뒤 칸 어디에도 자전거 표시가 없었지만, 독일이라면 자전거 탑승이 모두 가능할 줄 알았기 때문에 독일인과 함께 맨 앞 칸에 자전거를 실었다.

그러나 직원은 인정사정 볼 것 없이 우리 둘을 기차에서 내쫓았다. 독일인은 이해할 수 없다며 직원에게 화를 냈지만, 우린 결국 다음 기차를 타야 했다. 다음 기차는 1시간 후. 게다가 가격도 훨씬 싸고 느린 기차였다. "이럴 거면 도대체 왜 가장 비싼 표를 산거야?" 억울한 마음에 표 환불을 요구했지만, 직원은 7시 이후에나 가능하다고 했다. 이 추위에서 1시간을 또 버텨야 하다니.

예민한 시간을 견뎌 내고 2번 기차를 갈아탄 후, 드디어 목적지 역에 도착했다. 유로바이크 행사장까지는 거리가 꽤 되기 때문에 버스를 타기로 했다. 짐은 챙기고 자전거는 역 근처에 묶어 놓았다. 조금 불안하긴 하지만, 독일인의 정직함을 자전거를 걸고 믿기로 했다. 역 앞에는 유로바이크쇼 행사장으로 가는 버스가 거의 5분 간격으로 도착했다. 버스를 타려는 사람들 역시 계속해서 몰려들었다.

몇 대의 버스를 보내고서야 나도 버스에 올랐다. 페니어를 둘 곳이 없을 정도로 버스 안은 사람들로 빽빽했다. 막상 타고 행사장으로 이동하니, 역에서 행사장까지의 거리가 생각보다 상당했다. 자전거를 두고 오길 잘한 것 같다.

출국하는 날 공항에 데려다 주신 승민 아저씨를 두 달 만에 이 먼 타지에서 만나다니! 직원 오빠와 함께 마중을 나온 아저씨는 살이 많이 탄 나를 단번에 알아보지 못했다. 짐을 보관한 후, 오디바이크 수입품 중 하나인 산타크루즈(Santa Cruz) 부스로 향했다. 그곳엔 한 외국인을 두고 사람들이 둘러싸고 있었다. 아저씨한테 여쭤 보니, 유명한 다운힐(Down Hill) 선수라고 했다.

그렉 미나(Greg Minnaar). 몇 번을 들어도 좀처럼 그의 이름이 입에 붙질 않는다. '미나리'라면 모를까! 이 선수를 아는 사람들은 사인을 받고 함께 사진을 찍기에 바빴다.

이제 막 이곳에 도착한 나는 승민 아저씨가 오디바이크에서 출장 온 직원 네 분과 디즈니랜드의 모델인 노이슈반스타인 성(Schloss Neuschwanstein)에 갔다 오는 동안 쇼를 구경하기로 했다. 그런데 아저씨들과 헤어진 장소에서 패션쇼를 본 지 5분 만에 승민 아저씨한테서 전화가 왔다.

"좁긴 한데, 차에 자리가 남는데 같이 갈래?"

어디서부턴가 이 유로바이크쇼를 위해 날짜를 맞춰 왔건만. 다른 곳도 아닌 디즈니 성에 간다는 아저씨 말에 난 곧바로 유로바이크쇼 건물에서 나왔다(Walt Disney가 이 성을 모델로 하여 월트 디즈니의 로고인 '월트 디즈니 성'을 만들었다는 것은 유명한 일화).

키 순서대로 찰칵!

성 구경을 마치고 장을 본 후 펜션으로 왔다. 펜션에는 오디바이크 사장님도 계셨다. 곧 있으면 공항에 가신다고 했다.

이제 내일이면 한국으로 돌아가시는 아저씨. 아저씨는 넘길 짐이 있으면 넘기라고 하셨다. 여행 중 한 번도 안 쓴 물건과 여태 많이 썼지만 남은 기간 동안엔 안 쓸 것 같은 물건까지. 웬만한 짐은 모두 넘긴 듯하다. 얼마 남지 않은 기간 동안엔 조금이라도 편하게 다니자며 텐트와 침낭도 아저씨께 모두 넘겨 버렸다. 덕분에 내 페니어는 가벼워졌지만, 아저씨 캐리어는 수화물 적정 무게를 넘어 직원 아저씨와 나눠 부쳤다고 한다. 아저씨 덕분에 남은 기간은 좀 더 수월하게 다닐 것 같다.

* 유로바이크쇼 : www.eurobike.show.com

 지출

빵 & 커피(4.50) + 크루아상(2.5) + 커피(3.5) + 기차표(54) + 버스(2.0) = 총 66.5유로

#8.
슈투트가르트(Stuttgart),
호스트 Jan Hagelauer

새벽 6시에 떠나는 아저씨. 새벽에 잠깐 일어나 인사를 드리고 다시 잤다. 아침에 다시 일어났을 땐 어제 실패했던 목욕을 다시 시도했다. 일찍 체크아웃을 해야 한다는 아저씨의 말에 누군가 들어올까 겁이 났지만, 오랜만에 하는 목욕에 그 긴장도 잠시였다. 배까지 차는 물에 몸이 스르르 녹아내렸다. 이게 얼마 만인가!

목욕이 끝난 후, 펜션을 뜨기 싫은 마음에 집주인에게 찾아가 몇 시까지 있어도 되느냐고 물었다. 집주인 아들을 대신해 4시까지 있어도 된다는 허락을 받아내고 집으로 돌아와 다음 목적지를 위해 급하게 윔샤워를 뿌리기 시작했다. 답장을 기다리는 동안엔 아저씨들이 놓고 간 라면, 김, 과자 등을 챙겼다. 쪼그라든 페니어는 아저씨들이 놓고 간 식량으로 다시 터질 것 같았다. 페니어가 달린 자전거를 드는 힘만큼 식량을 페니어에 눌러 담았다.

짐 정리를 마치고 냉장고에 있는 고기까지 구워 먹은 후 확인한 메일함에는 답장이 하나 와 있었다. 다행히 다음 희망 목적지였던 슈투트가르트(Stuttgart)에 사는 호스트에게서 온 답장이었다. 와도 좋다는 내용.

기분 좋게 나온 길에선 얼마 못 가 비가 쏟아졌다. 아까 집에서 바

아저씨들이 두고 간 것들.

로 나왔더라면 비를 안 맞을 수도 있었을 텐데……. 마지막 한 점까지 꾸역꾸역 먹다 이 사태가 벌어졌다는 게 어이가 없네, 어이가 없어. 일기예보도 안 보고 방수바람막이는 왜 한국으로 보낸 거야?

빙판을 달리는 기분에 살짝 삐끗하면 미끄러질까 봐 무서웠지만, 평소보다 잘 나가는 자전거에 신이 나기도 했다. 비 때문에 눈이 잘 안 떠져서 답답하다가도 이게 마지막 우중 라이딩이 될 수도 있겠다는 생각에 페달질에 맞춰 고갤 흔들기도 했다. 정말이지, 알다가도 모를 기분이었다.

슈투트가르트 역에 도착했지만, 바로 나가긴 싫었다. 이미 비 맞은 몸이라 해도 또 비를 맞긴 싫었다. 일단 너무 추웠다. 맥도날드에 앉아 커피를 마시며 먼저 몸을 녹이고 밖으로 나왔다. 다행히 비는 멈추었다. 그러나 200m 정도 걸었을 때 또다시 비가 내리기 시작했다. 왠지 독일에 있는 내내 비가 올 것 같은 불길한 예감이 들었다.

'이 터널만 통과하면 바로 호스트 집인데…….' 그러나 내 눈 앞의 터널은 전국일주를 하며 마주한 어느 터널보다도 무시무시했다. 결국 이 짧은 길을 두고 빙빙 돌아 도착한 호스트 집 앞. 초인종을 누른 뒤 얼마 안 있어 누군가 뛰쳐 내려왔다. 호스트였다. 그런데 어째 내가 생각하던 호스트의 모습이 아니다. 웜샤워 프로필상 여자인 줄 알았는데, 이제와 보니 남자였다. 아주 예쁘게 생긴 남자!

그의 이름은 Jan Hagelauer. 컴퓨터 해커(Hacker) 잡는 일을 하는 그는 샤워를 하고 나온 내게 썬 야채에 떡볶이 떡을 같이 볶은 알 수 없는 요리를 준비했다. 맛은? 떡은 괜찮은데 썰어 익힌 이 야채는 도대체 뭔데 이렇게 맛이 이상한 건가! 코로 뱉어 내도 도로 들어오는 이 고약한 냄새는 악마 같았다.

식사가 끝나고 난 그에게 독일에서 살 만한 기념품은 무엇이 있는지 물었다. 그러자 그는 인터넷으로 검색해 정말 이럴 수 있나 싶을 정도로 온 성의를 다해 알려 주었다.

호스트가 만들어준 음식.

호스트는 참 괜찮은 사람인 것 같다. 얘기할 땐 항상 웃는 얼굴로, 질문에 대답해 줄 땐 항상 성의껏. 답답한 영어 실력엔 인내심을, 할 일이 남아 있어도 다시 보기 힘든 사람인 걸 알기에 먼저 대화를 끊지 않고 자리를 함께해 주는 인간성. 최고다!

호스트와의 대화 주제가 고갈되고 넓은 마루에 큰 매트리스를 펼치고 누우니, 이런저런 생각이 들었다. 빨리 집 가고 싶다. 그러니까 조금만 더 힘내자!

 지출

기차표 값(Friedrichshafen-Stuttgart) 23유로 + 커피 1유로 = 총 24유로

#9.
두 번째 호스트, Veronica

힘들게 찾은 벤츠 박물관(Mercedes-Benz Museum). 왠지 사람이 없다 했더니, 직원이 월요일은 휴일이란다. '아, 여기 유럽이지.' 힘들게 온 게 아까워 구석에 있는 의자에 앉아 서러움을 달랬다. 쉬고 있는 동안 10명은 족히 넘는 유럽인이 헛걸음치는 걸 얼떨결에 옆에서 지켜봐야 했다. '나 같은 바보가 또 있구나.' 괜히 입꼬리가 실룩거렸다.

　운이 좋았다. 슈투트가르트에서 Jan Hagelauer 말고 또 다른 호스트가 집에 와도 된다며 초대를 한 것이다. 곧바로 지도 앱을 켜고 출발했다. 웜샤워 대표 호스트는 베로니카(Veronica). 내가 잘 곳은 잠시 휴가를 간 룸메이트의 방이었다. 애가 있는 부부의 방이라 그런지 큼지막했다. 이 3층짜리 건물에는 흥이 많고 자유로운 영혼의 젊은이들이 모여 살고 있다. 집에는 여기저기 자전거 표지판이 걸려 있거나 그림이 그려져 있었고, 화장실에는 동물 보호를 위한 포스터가 여러 개 붙어 있었다. 유독 독일 사람들 중에 채식주의자가 많았던 것 같아 조지에게 물었다. "특히 독일인 중에 채식주의자가 많은 이유는 뭐야?"
　조지는 "동물들이 작은 우리에 갇혀 움직이지도 못하고 지내. 얼마나 불쌍해. 독일 사람들은 동물 보호에 관심이 많아."라고 대답했다. 얘기를 듣는 순간, 그들의 성숙한 시민의식에 독일이 괜히 선진국이 아니라는 생각이 들었다.

베로니카 커플뿐만 아니라 이 건물
에는 곱슬머리를 한 자전거 여행자가
한 명 더 있다. 셋이 모여 감자라면을
시식하고 뽀글 머리 오빠는 내게 클
럽 마테(Club Mate)라는 차를 주었다.
그의 말론 차라는데, 유리병에 음료
의 색깔까지 모두 100% 맥주를 연상
케 하는 비주얼이었다. 그래도 계속

베로니카와 함께 사는 사람들과.

차라고 안심시키기에 조심스럽게 한 모금 들이켜 봤다. 읭? 정말 특
이한 맛이었다.

이야기가 길어지고 술 마시는 분위기가 되자 일어나고 싶었다. 난
술자리에 어울려 노는 걸 별로 안 좋아하기 때문에 이 자리가 괜히
부담스러웠다. 이들은 술을 마시다 카드놀이를 하려고 하는데, 부담
갖지 말라며 안 해도 된다고 했다. 난 억지로 분위기에 끼지 않고 쉬
겠다며 방으로 들어왔다.

불편한 자리에 있지 않고 내 기분 따라 방에 들어오니 너무 편했다.
조명도 딱 적당하고, 특히 침대가 엄청 푹신했다. 그나저나 클럽 마테
의 맛은 먹을 때마다 놀랍다. 카페인이 들어 있어서 그런지, 마시면
마실수록 심장이 요동쳤다. 그래도 자꾸만 들이키게 되는 건 왜일까!

 지출

맥모닝(3.29) + 옷(9.99) + 요거트(0.69) = 총 13.97유로

10

Mercedes-Benz Museum

벤츠 박물관 내부.

어제 한 번 가 봤다고 박물관까지 헤매지 않고 잘 찾아갔다. 1층만
해도 이미 많은 사람들이 구경하고 있었다. 박물관 입장료는 8유로.
오디오 가이드도 함께 구매했다. 티켓을 사고 안내표를 보니 박물관
규모가 엄청났다. 엘리베이터를 타고 맨 꼭대기 층으로 올라갔다. 8
층에는 시대별·종류별로 자동차가 진열되어 있었고, 영상을 보여
주는 자리도 많았다. 차마다 달려 있는 설명에 작은 오디오 기계를
갖다 대면 이어폰에서 영어가 나온다. 차를 먼저 본 후 오디오를 갖
다 대고 설명을 들으며 이동했다.

아래층으로 내려가는 길에도 시대별 사건을 나열하는 등 복도 하나도 놓칠 것이 없었다. 이러니 정말 3시간도 모자란 자리였다. 나 같이 차를 잘 모르는 사람도 이곳에 와서 벤츠 팬이 됐으니, 차를 좋아하는 남자라면 끔뻑 죽을 정도로 박물관 수준은 굉장하다.

 지출

박물관(8) + 아이스크림(2) + 음식(5.09) + 케밥 & 콜라(5.30) = 총 20.39유로

떠나려는 당신에게

벤츠 박물관

주소 : Mercedesstraße 100,70372 Stuttgart,독일
월요일 휴무, 화~일 오전 09:00~오후 18:00

Mercedes-Benz Museum 벤츠 박물관

#11.
50% 확률은 반반

만하임(Mannheim)에 사는 한
호스트는 웜샤워 프로필에 '벨
을 눌러 봐라.'라고 적어 놓았
다. 어차피 마인츠(Mainz)로 넘
어가야 하기 때문에 만하임 구
경도 할 겸 가벼운 마음으로 들
러 보기로 했다. 도시 구경을
하고, 집에 그가 없으면 마인
츠로 이동할 계획이다.

마인츠(Mainz) 시내에 있는 동상.

만하임. 독일 남서부에 바덴
뷔르템베르크 주에 있는 도시.
카를 F. 벤츠(Karl F. Benz)가 1885년 최초의 자동차를 만든 곳이기도 하다.
2차 세계대전이 일어나기 전부터 계획도시처럼 반듯하게 만들어졌다
고 한다. 그래서 '계획도시'라고 불리나 보다. 실제로 이곳을 핸드폰
지도로 축소해서 보면, 무서울 정도로 좌우 대칭이 잘되어 있다.

관광안내소에서 지도를 받고 먼저 프리드리히 광장을 찾아갔
다. 급수탑을 중심으로 계단식 연못과 분수. 그 양편으로는 잔디

밭과 벤치 등이 있다. 사람은 생각보다 없었다. 지도를 따라 가다 'Christuskirche West'라는 교회에서 멈췄다. 여행 중 들르는 마지막 교회이지 않을까 싶다. 다른 때보다 더 진심을 담아 기도했다.

호스트가 사는 건물 앞엔 섰지만, 초인종을 바로 누르지 못했다. 이번에도 너무 급하게 왔나 보다. 아무리 쳐다봐도 벨 옆에 붙어 있는 견출지에 익숙한 이름은 없었다. 괜히 캡처해 놓은 호스트 프로필 사진은 없는지 핸드폰만 만지작거릴 뿐이었다. 핸드폰에 아무것도 없자, 내 정신은 하늘로 붕 뜬 것처럼 그저 멍할 뿐이었다.

어떻게 해야 될지 몰라, 난 일단 옆에서 소시지를 굽고 있는 독일 인에 눈을 돌렸다. 옆에선 아이 두 명이 놀고 있었다. 순간 호스트 프로필에 써져 있는 '아이 때문에 7시에 일어나야 한다.'는 글이 떠올랐지만, 내 아침을 방해할 애들 치곤 꽤 커 보였다. 확실하지 않은 상황에서 로밍을 하긴 돈이 아까워 일단 같은 건물에 사는 사람으로 서 이들도 알지 않을까 싶어 가장으로 보이는 남자에게 다가갔다.

"안녕하세요."

한국말이잖아? 놀랍게도 그는 내가 한국인처럼 보였는지 한국말 로 내게 인사를 건넸다. 당황스럽고 놀라운 나머지 난 속사포로 질문했다.

나 : 어떻게 한국말을 아세요?

그 : 예전에 같이 일했던 동료가 한국 사람이었어. 그래서 한국으로 결혼식장도 갔다 왔어.

질투 많은 첫째 아들.

나 : (멍청한 표정으로) 제가 한국인인 줄 어떻게 알았어요?
그 : 동양인에다 어리고…….

　나도 참 멍청하다. 이쯤 되면 눈치를 챘어야 됐는데. 우연히도 이
분은 웜샤워 호스트였다. 내가 메일에 쓴 특징으로 그가 날 알아본
것이었다. 신기해서 내가 놀란 만큼 그도 아마 적잖게 놀랐을 것이
다. 메일을 보내긴 했지만 호스트 프로필 글만 보고 그냥 찾아왔기
때문에 일단 사과부터 했다. 그러자 그는 괜찮다며, 아내에게 물어
보겠다며 곧장 집으로 들어갔다.
　한참 후에 나온 호스트는 머물러도 괜찮다고 했다. 자전거를 지하
에 보관한 후 들어간 집은 정말 입이 떡 벌어질 정도로 어마어마했
다. 정확히 말하면 방 하나가 20평은 족히 넘는 듯했다. 인테리어나
구조, 그 모든 게 깔끔했다. 여유가 느껴졌다.

호스트의 이름은 Harald Tlatlik. 일단 방에다 짐을 놓고 씻었다. 그리고 다 준비된 식탁에 앉아 호스트의 부모님과 두 아이와 함께 식사를 했다. 독일 소시지도 빠지지 않았다.

식사 후 얼마 안 돼 그의 부모님은 댁으로 가고, 나는 아이들과 진이 빠질 때까지 놀아 주었다. 더 놀아 주고 싶어도 체력이 쟤들 같지 않아 오래가진 못했지만 말이다. 게다가 말까지 안 통하니 나도 답답하고 너도 답답하고. 얘랑 놀아 주면 다른 애가 질투해서 삐지고. 눈치껏 행동하기 참 힘들다.

어느새 저녁이 되고 아이들은 자러 들어갔다. 친구들과 약속이 있는 호스트는 바(Bar)에 같이 가겠냐고 물었다. 술을 못 마시는데다 영화에서만 보던 바(Bar)의 분위기는 상상만으로도 싫었다. 괜히 오랜만에 만나는 친구들 사이에서 짐만 되는 건 아닌가 걱정이 됐다. 내가 심히 고민하자, 호스트는 10분을 줄 테니 생각해 보라고 했다.

10분 후, 같이 가기로 했다. 새로운 사람들과의 자리가 어렵고 불편해서 가기 싫었지만, 이것이 경험과 추억이 될 거라는 생각에서였다.

호스트는 열심히 달리다가도 특이한 건물이 나오면 하나둘 설명해 주었다. 그중 만하임 궁전도 있었다. 평범해 보이는 건물도 조명 때문인지 모두 근사했다.

'아, 뭐야~'

바에 도착해 자전거를 보관하고 안에 들어갔을 땐 내가 괜한 고민을 했구나 싶었다. 그냥 평범한 술집이었다. 게다가 친구들도 내가 생각

이 맥주 덕인지, 돌아가는 길은 매우 행복했다.

했던 것과는 달리 밝고 인상이 좋았다. 남자 두 명, 여자 한 명. 이들
은 모두 동창인데, 이 중 커플도 있었다. 내 옆에 앉은 남자는 워샤워
에 꽤나 관심을 갖고 호스트에게 질문했다.

처음엔 모두 맥주를 시켰다. 호스트는 술을 못 먹는 내게 맥주에
레몬에이드가 들어간 'RADLER'을 시켜 주었다. 자전거 탈 때 기분
이 좋아진다는 맥주라며 말이다. 그러나 한 모금 마시는 순간, 난 더
이상 먹고 싶지 않았다. 레몬에이드를 몇 번 더 넣어도 봤지만 맛없
고 쓰긴 마찬가지였다.

호스트는 우리나라로 동료 결혼식에 왔을 때의 얘기를 들려줬다.
그는 '소주'를 기억하고 있었고, 밤새도록 포차에서 술을 마시는 문화
를 아주 좋아하는 듯했다.

한 모금에 한 번씩 얼굴이 크게 일그러지는 나와 달리, 이들은 맥주를 물처럼 마시며 거뜬히 한 잔을 해치웠다. 대화가 한 번 끊길 즈음 이들은 각자 다 다른 독한 술을 시켰다. 내 맥주를 대신 마신 호스트는 나에게도 알 수 없는 술을 하나 시켜 주었다. 불안함에 적게 한 모금을 삼켰음에도 입안 가득히 퍼지는 알코올, 그에 식도가 타는 느낌까지. 정말 끔찍한 맛이었다. "다른 펍에 갈래? 말래?" 하는 호스트에 난 말없이 고갤 절레절레 흔들었다.

 지출

기차(수투트가르트-만하임) 30 + 맥도날드 치킨버거 TS & 커피그란데 3.58 = 총 33.58유로

#12.
좀처럼 나가질 않는 자전거

어젯밤, 여행 마지막 웜샤워가 될 거라며 페이스북에 아이와 함께 찍은 사진을 올렸다. 댓글엔 같은 해 1월에 이 집에서 머물렀다는 댓글이 달려 있었다. 몇 달 전 유럽 여행을 마친 규범 오빠가 아이를 알아본 것이었다. 어떻게 이런 우연이 있을 수 있는지 그저 신기할 따름이었다. 그래서 아침 식사를 하며 호스트에게 규범 오빠를 기억하냐고 물었다. 호스트는 규범 오빠를 굉장히 재밌는 청년으로 기억하고 있었다.

그런데 전혀 생각도 못한 부분에서 문제가 생겼다. 자신의 가족사진은 절대 SNS에 올리지 말랬다. 미처 생각하지 못한 부분이었다. 사진을 찍을 땐 허락을 맡았지만, 올려도 되는지에 대해선 허락받을 생각을 전혀 하지 못한 것이다.

호스트가 출근할 때 나도 같이 떠나기로 했다. 집에 나와 갈라서는데, 괜히 사진 찍자고 하기가 싫었다. 어째 훨씬 어색했던 베른 호스트와도 사진을 찍었는데, 이 호스트 앞에서 이렇게 소심해지는지 모르겠다. 트라우마가 생긴 것 같다. 아니면, 삐진 건지도!

재욱 오빠가 아는 사이라는 교수님을 만나기 위해 마인츠에 왔다. 출장가신 교수님은 빠르면 내일, 늦으면 모레에 온다고 하셨다. 그런 와중에 자전거 세계 여행을 2년 넘게 하고 있는 정성훈 오빠와 연락이 닿았다. 지금 쾰른에 있다고 했다. 여기에서 쾰른과의 중간 지점은 코블렌츠. 오늘 코블렌츠에서 오빠를 보고 내일 아침에 마인츠로 다시 돌아오는 것이 좋을 듯했다.

하지만 성훈 오빠는 오늘 약속이 있다며 내일 만나자고 했다. 스케줄이 정확하지 않은 교수님이 신경 쓰여 제자리에서 10분 동안 고민도 했지만, 정답은 정해져 있는 듯했다. 기차로 왕복 비용은 50유로. 어차피 내일 코블렌츠에서 오빠를 만날 거라면, 지금 당장 코블렌츠로 이동해야 했다.

핸드폰 배터리를 아끼려 머릿속에 지도를 입력한 게 화근이었다. 그렇게 당하고도 내 머리를 믿다니. 감으로 꺾고 꺾다 보니, 되돌아나가는 것도 장난 아니었다. 설상가상으로 어느 순간부터 자전거까지 안 나가기 시작했다. 여행 중 처음으로 겪는 자전거 문제였다. 처음엔 브레이크 패드를 의심했다. 패드가 림에 닿아 그런 줄 알고 아예 케이블 가이드를 풀고 달려도 봤다. 그러나 자전거가 안 나가긴 마찬가지였다.

스프라켓(뒷바퀴 부분의 톱니바퀴) 쪽에 뭐가 꼈나? 그러나 딱히 눈에 띄는 이물질은 없고. 어디에 문제가 있는 건질 모르니 그저 답답할 뿐이었다. 만일의 사태를 대비해 가져온 정비책도 무용지물. 멀티툴은 두 달 동안 한 번도 쓸 일이 없더니, 핸들가방에서 페니어로 옮기자마자 필요한 건 또 뭐람? 도로 옆 풀밭에서 페니어를 뒤지고 난리도 아니었다.

문제는 결국 해결하지 못했다. 히치하이킹을 할 생각으로 일단 자전거를 끌었다. 히치하이킹? 큰 차가 올 때 팔 '딱!' 뻗고 엄지 '척!' 하면 되는 거 아닌가? 어떻게 보면 아무것도 아닌 동작인데, 어째 시간이 지나도 손 뻗을 용기가 안 났다. 그나마 용기를 내려고 하면 갓길이 없고. 저기서 멈추자며 목표 지점을 정해 놓고선, 막상 도착하면 차를 얻어 탈 필요가 없어 보이는 내리막길이 펼쳐지길 반복됐다.

갈 길은 여전히 멀고 자전거는 안 나가고. 주변에 텐트를 칠 만한 곳은 사방천지였다. 힘들어 쉬고 싶은 마음에, 일찍 집으로 보낸 텐트가 그리웠다. 결국 코블렌츠까지 남은 10㎞는 기차를 타고 이동했다.

코블렌츠에 도착. 다행히 기차역엔 맥도날드가 있었다. 혹시나 하는 마음에 직원에게 언제까지 문을 여는지 물었다.

"Non stop."

패기 넘치는 자식들. 입꼬리가 저절로 올라갔다. 화장실은 유료였지만, 기쁜 마음에 이뇨작용 따위 신경 쓰지 않고 커피에 설탕도 넣어 마셨다.

와이파이 접속을 위해 핸드폰 인증 요청을 했다. 그런데 어쩐 일인지, 몇 번이고 인증 요청을 해도 문자 한 번 오질 않았다. 난관에 부딪히니 이 상황에서 재욱 오빠가 사용한다는 수법을 써 보기로 했다. 곧바로 옆에 앉은 젊은 친구들에게 말을 걸었다. "저, 내 핸드폰으로 코드번호가 안 와서 그런데, 대신 받아 주면 안 될까?" 3명 중 2명은 여자였는데, 모두 날 의심하는 듯했다. 다행히 나머지 남자 한 명은 해 주겠다고 했다. 컴퓨터에 입력하기 위해 그에게 번호를 물었다.

사방이 내 집인데, 텐트야 어딨니~

나: 번호 좀 알려 줘.

그: 지금 내 번호 따는 거야?

비정상회담에 나오는 다니엘은 늘 노잼('재미없다'의 줄임말)이던데, 처음 듣는 독일 유머(?)에 나도 모르게 빵 터지고 말았다.

호스텔까지의 거리는 10㎞. 깜깜한 데다 이미 시간은 새벽 1시를 향해 가고 있었다. 거기다 귀차니즘까지 더해지니 그냥 여기서 밤을 새자는 마음이 커진 대로 커진 상태였다. 그런데 그러기엔 또 몸이 많이 지쳐 있었다. 고생한 만큼 돈도 아꼈겠다, 싼 호텔이 있으면 그냥 그곳에서 자기로 했다.

그렇게 처음으로 찾아간 호텔은 78유로. 10만 원이 넘는다. 깎아 달라 했지만 안 된다는 말만 돌아왔다. 역으로 되돌아오는 길, 역 바로 옆에 있는 호텔로 들어갔다. 이번엔 70유로. 그냥 포기하고 맥도날드에서 밤을 새기로 마음을 굳히고 호텔에서 나오는데, 반대편 건물에 건물 높이만큼 큰 현수막이 걸려 있었다.

"€50~"

고민할 것도 없이 곧장 호텔로 들어갔다. 리셉션에 있는 지배인에게 방 가격을 묻자, 그는 잠깐 고민하더니 종이에 49유로를 적어 주었다. 왠지 더 낮게 부르면 깎아 줄 것 같았다. 과감하게 외쳤다. "Forty!" 지배인은 망설임 없이 곧바로 대답했다. "Okay!" 아, 뭐야. 더 낮춰 불러 볼 걸 그랬나?

엘리베이터를 타고 한 흑인 여자와 함께 위층으로 올라왔다. 잠시 그녀와 와이파이 사용법에 대해 얘기를 나눴다. 대화가 끝나고 헤어질 즈음, 지배인이 계단을 통해 위층으로 올라왔다. 그는 내가 그녀와 갈라서자 곧바로 내게 붙더니 내 키로 방문을 열어 줬다. 이때까지만 해도 그가 문만 열어 주는 줄로만 알았다. 그런데 그는 자연스럽게 방 안으로 들어가더니, 방 안쪽으로 나를 유도했다.

"나랑 술 한 잔 하자. 난 네가 좋아."

어디서 개가 짖나? 그의 덩치가 산만 했기 때문에 힘으로 날 덮치는 건 시간 문제였다. 하지만 그의 선한 인상 때문인지 주눅이 들지 않았다. 이미 그가 힘으로 날 어떻게 하려고 했다면 하고도 남았을 것이다. 난 겁먹지 않고 강하게 내 주장을 말했다.

"미안해. 나, 자야 돼. 나 자야 돼. 나 자야 돼."

그를 무시하지 않으며 기분 나쁘지 않게 말함으로써 그를 더 자극하지 않았다. 자야 된다는 같은 말을 반복하며, 방 가장 안쪽에서 문 앞까지 그를 소몰이하듯 몰아갔다. 문 밖으로 그를 밀어내고 난 그가 나가자마자 곧장 문을 걸어 잠갔다. 그가 나간 지 오래되도록 심장은 쉽사리 진정되질 않았다. 씻을 때도, 옷을 갈아입을 때도 늘 불안했다. 영화를 너무 많이 봤나 보다. 혼자 있는데도 중요 부위는 항상 가리며 움직였다.

욕조가 없어 아쉬웠지만 방이 넓어 좋았다. 침대는 2개였고, 페이스북 '좋아요'를 누르면 와이파이를 이용할 수 있었다. 더 좋았던 건, 이런 일이 또 있진 않았는지 이 호텔을 검색했을 때였다. 우연히 '조식 제공'이라는 글을 봤다. 아깐 얘기를 못 들었기 때문에 난 당연히 해당이 안 될 줄 알았건만, 아침 식사가 공짜다. 공짜! 올레!

 지출

기차 (만하임–마인츠) 18 + 자전거 9 + 커피 1 = 총 28유로

13

자전거 여행자를 만나다 3

기차역에서 성훈 오빠를 기다렸다. 한참 후 후줄근한 옷차림에 키 큰 남자가 짐이 주렁주렁 달린 자전거를 끌고 다가왔다. 내 예상대로의 모습이었다. 오랜만에 만나는 한국인에 그저 반가웠다. 유럽에서 인사할 땐 허리를 굽힐 일이 거의 없었는데, 오랜만에 악수에 폴더 인사까지. 기분이 묘했다.

　마트에서 저녁 재료를 사고 곧장 텐트 칠 곳을 찾아 한 공원으로 들어갔다. 오르막을 타고 계속 올라가다 사람들 눈에 잘 안 띄는 곳을 발견했다. 가릴 것 없이 곧장 풀숲으로 들어갔다. 그러던 중 발목에 풀이 스쳤는데, 살이 타듯 굉장히 따가웠다. 가시가 한 대여섯 개

성훈 오빠.

는 박힌 느낌이 들었다. 그래서 발목을 봤는데 말도 안 되게 내 발목은 깨끗했다. 오빠한테 말하자, 그게 바로 스치기만 해도 타는 느낌이 나는 'Burn plant'랬다. 한 번 당한 이후론 바지밑단을 양말 안에 넣고 조심스레 걸었다.

오빠가 만들어 준 터키 음식, 메네멘(Menemen). 치즈덩어리에 피망 등을 넣더니 음식 하나를 뚝딱 만들어 냈다. 맛은? 오빠랑 난 뭔가 안 맞나 보다. 두 입 먹고 수저를 내려놓자, 오빤 결국 라면을 끓여 줬다. 역시 라면이 최고다.

성훈 오빠는 이 여행에서 만난 사람 중에 내게 가장 많은 영향을 준 사람이다. 히피를 많이 만난 오빠는 어느 누구에게도 들을 수 없었던 경험담을 내게 들려 주었다. 오빠의 이야기는 맥도날드를 이용하지 않는 이유부터 자본주의, 클라이밍 등 그 분야도 다양했다. 어느 누구의 시선도 의식하지 않고 자유롭게 사는 오빠를 만난 이후로 나의 삶은 예전과 많이 달라졌다. 당연하게 생각하던 것들에 대해 비판하는 습관이 생겼고, 삶의 우선순위 역시 바뀌었다. 자유로운 오빠의 삶을 보면서 한 번 뿐인 인생을 심각하게 살거나 어떤 것에 얽매일 필요도 없음을, 그리고 무엇보다 순간을 즐겨야 겠다는 걸 느낀다.

성훈 오빠에게 내 뮤직플레이어에 있는 음악을 들려줬다.

10초가 지나고, 오빠는 엄청난 코골이와 함께 잠이 들었다.

🪙 지출

나사우(Nassau)-코블렌츠(Koblenz)(6.75) + 케밥 & 콜라(5) + 환타(1.9) + 호텔(40) + 맥도날드 커피 2(3) = 총 56.65유로

#14.
개수작 3

기차를 타고 다시 쾰른으로 가는 성훈 오빠. 나를 만나기 위해 이번
여행에서 처음으로 기차를 탔다고 한다. 기차 값이 만만치 않은데 거
금을 들여 와 준 것에 너무 감사했다.

자유인.

프랑크푸르트로 와 박스가 있는 곳을 눈여겨 두고 지하철역으로
돌아왔다. 공항으로 가는 지하철 비용은 4.50유로. 주머니란 주머니
는 다 뒤져 봤지만 5유로 하나 남아 있질 않았다. 밥도 먹었겠다, 그
러려니 하고 카드를 기계에 들이밀었다. 안 먹힌다. 몇 번을 해도 안
된다. 설마 통장에 만 원도 없을까? 믿을 수 없었지만, 그래도 공항

에 가야 하기 때문에 주무시고 계실 어머니한테 문자를 보냈다. 한국 시간은 새벽이기 때문에 구석에 앉아 핸드폰 사진을 보며 시간이 빨리 흐르기만을 바랐다. 어두운 데 앉아 있었건만, 날 어찌 봤는지 한 독일 남자는 내게 다가와 말을 걸었다. 말도 안 되는 소리였다.

그 : 친구랑 파티에 가기로 했는데, 친구가 오다가 다리를 다쳐서 혼자 가야 돼. 너 심심해 보인다. 나랑 같이 파티 가자.

나 : 괜찮아. 나 공항 가야 돼.

그 : 몇 시 비행긴데?

나 : 저녁 7시.

그 : 아직 멀었네. 나랑 호텔에서 TV 보다가 난 3시에 갈 테니까 넌 더 자다가 나와. 네가 걱정돼서 그래.

나 : 에이, 못 믿겠어.

그 : 설마 섹스, 그런 거 생각하는 거야? 난 널 정말 도와주고 싶어.

나 : 그럼 나 지하철 값이 없는데, 지금 나한테 5유로 줄 수 있어?

　순간 그는 머릿속으로 '나 삥 뜯기는 건가?'라고 생각하는 듯했다. 그가 정말로 내가 걱정돼 호텔에서 재워 줄 생각이었다면 5유로쯤은 아무것도 아니잖아? 그도 자신이 망설이는 모습을 보이면 안 될 것 같았는지 잠시 후 쭈뼛쭈뼛거리며 지갑에서 5유로를 꺼내 주었다. 그런 그의 당황하는 모습에 난 속으로 웃겨 죽는 줄 알았다. 아싸!

　그는 가까운 강에 가자고 했다. 그를 따라 일단 역에서 나왔다. 그를 믿는 건 아니었다. 이러다 작은 코를 다칠 수도 있겠지만, 겁나지 않았다. 그는 마트에 들어가더니 캔 네 개를 사 갖고 나왔다. 딱 봐도 맥주 같았지만, 그는 무알콜이라고 했다. 강으로 내려와 대화를 하며 걸었다.

걷다 멈춘 곳은 사람 한 명 없는 곳이었다. 조명은 밝았지만 그가 주위를 자꾸 의식하는 게 보였다. 무알콜이라는 이 음료는 마시면 마실수록 심장을 빨리 뛰게 만들었다. 더 이

그가 준 5유로.

상 마시면 안 될 것 같았다. 그에게 올라가자고 했다. 그는 순순히 나의 말을 들었다. 올라갈 때 자전거를 드는 건 그의 몫이었다. 그는 땀 한 바가지를 흘려 가며 기어코 다리 위로 자전거를 올려 주었다.

그는 다시 역으로 돌아가는 길에 또다시 호텔을 언급했지만 난 공항에 가야 한다며 역에 있겠다고 했다. 난 왜 시간 약속을 잘 지키고 정직하다는 독일 사람의 특징만으로, 그들은 이러지 않을 거라고 생각했던 걸까? 어디를 가나 호의인 척 상대방을 헷갈리게 하고, 이상한 단어를 언급하는 바보들이 있다. 한층 더 피곤해졌지만 또 한 번 독일 사람에 대한 편견이 깨진 좋은 경험이었다.

 지출

기차표 값(코블렌츠-프랑크푸르트) 25.50

#15.
하루 종일 돌아 버리겠네

공항에 도착하니 마음이 한결 편안해졌다. 화장실 때문에 병 걸릴 것 같은 적이 한두 번이 아니었기 때문이다. 누군가는 얼마 안 하는 화장실 요금에 그냥 가라고 하겠지만, 한국에선 당연하게 열려 있는 화장실, 어딜 가나 먹을 수 있는 물을 막상 돈 주고 이용하려 하면 선뜻 돈 쓰기가 망설여지곤 한다. 항상 화장실에 시달리다 24시간 열려 있는 화장실이 있는 공항에 오니, 이렇게 마음이 편안할 수가 없다.

일단 벤치에 앉아 잠을 청했다. 어두운 곳은 찾기 힘들었다. 그래서 그런지 잠에 쉽게 들지 못하고 금세 다시 일어났다. 이 김에 사람이 없는 틈을 타 머리를 감기로 했다. 오늘 못 감으면 한국에 도착했을 땐 머릴 못 감은 지 4일째가 되는 것인데, 차마 나흘 묵은 정수리 냄새는 감당할 자신이 없었다. 시간이 조금이라도 더 지체되면 안 될 것 같아 화장실로 직행했다.

화장실은 생각보다 훨씬 넓어 자전거도 들여놓을 수 있었다. 페니어에서 세면도구를 하나둘 꺼냈다. 내게 언젠가 이런 날이 올 줄은 알았지만, 비참함은 감출 수 없었다. 누군가 들어오기 전에 최대한 빨리 머리를 감아 내기로 했다. 집이었음 하루 종일 걸렸을 머리 감기가 30초도 안 돼 끝났다. 내 살면서 이렇게 간결하고 빠르게 감은 적은 처음이리.

공항진상. 스미마셍~

물기를 짜 내고 미리 준비해 둔 스포츠 타월로 머리를 감싸는 순간, 한 남성이 화장실 문을 열고 들어왔다. 아뿔싸. 공항 직원이었다.

"Sorry…"

그러나 예상 외로 그는 마치 한두 번 보는 광경이 아니라는 듯 대수롭지 않게 할 일을 하고 나갔다. 앞으로 이런 거지같은 상황이 오지 않았으면 좋겠다고 생각하면서도 의외로 이런 상황을 즐기고 있는 내 모습에 나도 모르게 웃음이 나왔다. 이런 게 여행의 묘미지!

그놈의 자전거 포장! 벤치에 앉아 쪽잠을 자다가도 자전거 포장 때문에 벌떡 일어났다. 체력적으로나 정신적으로나 많이 지쳐 있기 때문에 마지막이라는 핑계로 공항박스를 이용하기로 했다. 그리고 수소문한 끝에, 박스를 파는 곳에 도착했다.

그러나 가격은 생각보다 비쌌다. 30유로. 게다가 박스가 너무 커 딱 봐도 허용된 박스 크기를 넘을 것 같았다. 그렇게 되면 추가 요금까지 내야 하니, 공항 자전거 박스에 대해 고민해 볼 필요가 있었다. 마지막이니까 그냥 돈 쓰고 편하게 공항 박스를 쓰느냐, 마지막까지 수고를 하느냐. 그것이 고민이로다. 짧은 고민 끝에 다시 시내로 가 보기로 했다.

문제는 돈이었다. 시내로 갔다 돌아올 때 필요한 돈이 부족했다. 웬만하면 무임승차를 하지 않으려 했건만, 처음이자 마지막으로 하기로 했다. 거리도 워낙 짧고 기차 개념이 아니어서 걸릴 위험도 낮아 보였다. 기차에 타고 있는 내내 긴장했지만, 다행히 표 검사를 하는 사람은 없었다.

하지만 문제는 프랑크푸르트에 다 와서 발생됐다. 불안한 마음에, 옆에 있는 사람에게 표 검사를 하냐며 물은 것이 화근이었다. 걱정하는 내게 그는 "No problem."을 연신 말했고, 그렇게 몇 마디 나눈 게 다였는데 아저씨는 나를 졸졸 따라다녔다. 시간이 아직 많이 남아 있는 상태였지만, 박스 포장하는 것이 만만치 않다는 걸 알기

술은 말렸어야 됐는데.

때문에 난 한시가 급했다. 아저씨는 계속 자신이 사는 곳에 가자고 했지만, 난 어제 봐 둔 마트에 눈을 두고 가기 바빴다.

아뿔싸. 마트 앞에 있던 박스가 담긴 카트는 온데간데없고 마트 주변은 어제와 달리 깨끗했다. 심지어 길거리에조차 박스 하나 주울 게 없었다. 날 따라오던 폴란드 아저씨는 가방이 무거웠는지 빠르게 걷는 내게 계속 쉬자고 했다. 한 번은 마트 앞에 멈춰 가방을 열더니 빈 병을 꺼내기 시작했다. 그는 나에게 무엇을 마시고 싶은지 물었고, 빈 병으로 자신이 먹을 맥주와 내가 마실 콜라를 사 갖고 나왔다. 독일에서는 빈 병을 돌려주면 보증금을 돌려받는 제도(Pfand, 판트)가 있어 이게 가능한 것이었다.

아저씨는 공항에 가야 한다는 내 말에도 계속 따라왔다. 공항까지 데려다 주겠다며 말이다. "시간 낭비하지 마. 그럴 필요가 없어."라고 말하면 그는 내가 거짓말을 한다고 생각하는 듯했다. 쓸데없는 실랑이가 길어지면서 진이 빠진 나는 자포자기 상태로 공항까지 같이 가자고 했다. 그러나 이마저도 안 도와줘, 그는 기차를 잘못 타 버렸다. 외딴 곳에 내렸다가 시간 낭비만 하고, 우린 다시 프랑크푸르트로 되돌아왔다.

아무리 사람이 좋아도 그렇지, 술 취한 사람에 시간 낭비하는 내가 참 멍청하게 느껴졌다. 이성적으로 행동해야겠다고 마음을 먹은 후, 그를 따돌리기 위해 빠르게 걷다 옆쪽에 있는 작은 전시관으로 쏙 들어갔다. 그가 오른쪽 길로 지나갈 걸 생각해, 반대로 왼쪽 편으로 몸을 숨겼다. 어느 쪽으로든 그가 지나가길 숨죽여 기다렸다.

얼마 안 지나 전시관 옆을 지나가는 남성과 눈이 마주쳤다. 헉! 그였다. 허무하게 내 작전은 2분 만에 실패로 끝이 났다. 이대로는 안될 것 같아 난 그대로 공항으로 가는 지하철을 타러 내려왔다. 포기하고 갔을 줄 알았건만, 그도 화가 났는지 저 멀리서 내게 소리쳤다.

"Bad girl!"

그 와중에 그가 다시 돌아와 혹시 날 한 대 치지는 않을까 무서웠다. 지하철을 타고도 미친 듯이 뛰는 가슴은 쉽사리 진정되질 않았다. 내 날뛰는 심장을 알 리 없는 한 청년은 내게 자전거 여행을 하는 거냐고 물었다. 훈남과 대화하다 보니 조금씩 긴장이 풀리기 시작했다. 사람이 밉다가도 참 좋다.

박스 하나 구하지 못한 나는 결국 공항에서 30유로를 주고 박스를 샀다. 칼집은 나 있었지만 모양은 직접 잡아야 했다. 그래도 시간 여유가 있어서 다행이었다. 여행하기 전에 배운 대로 자전거 핸들을 꺾고, 바퀴를 빼 프레임에 고정시켰다. 호민 오빠가 얼마나 세게 조여 놨는지, 페달은 결국 빼지 못했다. 혹시나 직원이 자전거를 던

완료!

지다가 박스가 터지지는 않을까, 아낌없이 테이프를 붙였다. 자꾸 끊기는 테이프 소리가 거슬렸는지, 나중에는 직원이 나와 빠르게 마무리해 주었다.

남은 돈을 쓰기 위해 한 레스토랑에 자리를 잡고 앉았다. 생각보다 가격이 세 고민하고 있는데, 구석에 밀어 놓은 짐카트 앞에서 꽤 많은 경찰이 서 있었다. 왠지 가 봐야 될 것 같았다. 거침없이 그들에게 다가가자, 한 남성이 내게 물었다.

그 : 네 거야?

나 : 응.

그 : A little crazy? (너 미쳤어?)

나 : 아니.

그 : 이거 누가 가져가면 어떻게 하려고 여기다 놨어?

나 : 음……. (이걸 누가 가져가.)

그 : 우리 따라와. 짐 딴 데다 보관해 놔.

　두 명의 경찰만 남은 채 나머지 경찰은 모두 흩어지고, 처음에 대화하던 경찰은 잠시 화장실에 다녀오겠다고 했다. 그가 화장실에 간 사이 남은 한 경찰에게 물었다.

나 : 나 조금 있다가 짐 부칠 건데, 너희 안 따라가도 되지?

그 : 응. 몇 시 비행기야?

나 : 7시 비행기.

　그와 헤어지고 짐을 부치기 위해 전광판을 바라봤다.

"What the……."

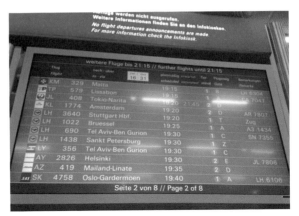

섭섭하게시리.

    하필 내가 탈 비행기만 연착 표시가 되어 있었다. 그것도, 몇 분도 아니고 2시간 25분씩이나. 꼬여도 단단히 꼬였네! 그래도 배는 고픈지 뭐라도 챙겨 먹기 위해 스타벅스를 찾아갔다. 커피를 사기엔 배가 너무 고팠기 때문에 샌드위치를 사서 자리에 앉았다. 와이파이를 이용해 넷북을 하는데, 한 남성이 앞에 앉아도 되냐며 물었다.

    "Of course!"

    Erwan. 말레이시아인인 그는 사업 때문에 북유럽에 갔다 돌아가는 길이라고 했다. 그는 거의 비행기를 기다리는 1시간 동안 돈으로도 살 수 없는 인생 얘기를 들려주었다. 그가 하는 말은 모두 받아 적고 싶을 정도로 모두 다 명언이었다.

    그의 비행기 시간이 다가오고, 그는 터미널 이동도 마다하고 텍스 리펀드를 받는 과정과 수화물 부치는 걸 도와주었다. 예상대로 오버사이징이 나는 바람에 추가 요금을 내야 했을 때, 그는 직원에게 애교를 부려 가며 흥정을 시도해 주기도 했다. 물론 실패였지만 말이다.

그러나 직원은 연착이 돼서 미안하다며 내게 10유로 쿠폰을 주었다. 뜻밖의 기쁨이었다. 그는 자기 일 같이 함께 기뻐해 줬다. 모든 걸 해결해 주고 나서야 그는 가야겠다며 자리를 떴다. 발리에 놀러오면 연락하라며. 그와 막상 헤어지려 하니, 뭔가 도움만 받고 헤어지는 것 같아 너무 미안했다.

나도 곧바로 출국장으로 입장했다. 먼저 텍스 리펀드를 받기 위해 서류 제출을 한 뒤 10유로 쿠폰을 쓰기 위해 탐색에 나섰다. 급한 대로 게이트로 가는 길에 있는 마지막 레스토랑에 들어갔다. 카푸치노와 샌드위치를 시켜 일단 앉았다. 시간은 조금 걸렸지만, 양도 많고 굉장히 맛있는 샌드위치였다. 축구를 보며 먹어서인지 시간은 빠르게 흘렀다. 결국 샌드위치 한쪽은 싸 갖고 뛰었다. 오랜만에 또 마지막으로 비행기 탑승을 마무리 지었다.

카푸치노와 샌드위치.

공항에 도착할 때만 해도 10시간 비행에 몸서리 쳤었는데, 이번엔 어떻게 시간이 갔는지 모르게 어느새 일본에 도착했다. 인천으로 가는 비행기로 환승하기 위해 긴 거리를 이동해야 했다. 내가 비행기를 타게 될 게이트 앞에는 이미 많은 사람들이 도착해 있었다.

자리는 비좁고 빈자리는 많았다. 비행기가 이륙할 때까지도 남은 빈자리가 채워지지 않자, 나는 가장 넓고 편한 자리를 찾다 탈출구 옆자리를 발견했다. 탈출구와 나란히 있는 좌석은 여유 공간이 충분했다. 어차피 사람도 없어 맘 편히 자리를 옮기는데, "어????" 네가 왜?

이렇게 보니 전용기에 탄 것 같다.

상상도 못할 일이었다. 내가 앉으려던 자리 옆에는 초등학교 동창 친구가 앉아 있었다. 이용국. 심지어 몇 분 전까지만 해도 페이스북에 올라온 이 친구의 공항 사진에 '좋아요'를 눌렀단 말이지! 어떻게 이럴 수가 있냐며 한참을 호들갑 떨었다. 친구는 아예 한참 동안 멍 때리고 있었다. 친구는 캐나다로 어학연수 3개월을 하고 돌아가는 거라고 했다.

비행기에서 내려 아버지께 용국이를 만났다고 문자를 보냈다. 내 문자를 못 본 아버지는 전화로 용국네 아버지를 만났다고 말씀하셨다. 아버지끼리도 아는 사이이기 때문에 아마 두 분 모두 깜짝 놀라셨을 것이다. 이 큰 자전거 때문에 입국장으로 나가기까지 꽤 오랜 시간이 걸렸다. 레이저 검사까지 하고서야 밖으로 나올 수 있었다. 그때까지 친구 용국이는 옆에서 묵묵히 기다려 줬다.

드디어 입국장으로 나가는 문이 열리고, 자전거 때문에 가려 있던 시야가 점점 열리면서 몇 달 동안 보지 못했던 부모님과 용국이네 가족이 눈에 들어왔다. 그새 부모님은 조금 늙으신 듯했다. 아마 블로그에 올라오는 여행기를 꼬박꼬박 읽으신 이상 어머니의 주름은 늘어날 수밖에 없었을 것이다. 여행은 마치 짧았다는 듯 부모님을 뵈도 덤덤했다. 그것보다 한국 사람만 보이고 한국말만 들리는 그 희열이 굉장했다. 드디어 도착했다는 알 수 없는 안도감이란.

한밤에 차로 도로를 달리는데, 어째 기분이 이상하다. 한국에 도착했다고 어제까지 했던 여행이 꿈같이 느껴졌다. 분명 며칠 전까지만 해도 이제 여행이 끝나 간다며 기뻐하던 나였는데, 막상 이렇게 여행이 끝나고 나니 70일 동안 전혀 상상하지 못했던 감정이 들기 시작했다. 분명 하나도 안 아쉬울 줄 알았는데…….

그때 그냥 재욱 오빠를 따라 소피아까지 갔으면 어땠을까, 그때 그랬다면 어땠을까, 그때 거길 안 갔으면 어땠을까. 나조차 예상 못한 내 감정에 어색해 어벙벙했다.

패션테러리스트의 공항 패션.

에필로그

지금 다시
생각해 보면

여행이 끝난 지도 어느덧 몇 년이 흘렀다.

4년 전 유럽 배낭여행 때도 그랬듯이 숙소 하나 예약하지 않고, 길 찾아가는 방법도 모르는 채로 시작했던 이번 여행은 역시 순탄할 일이 없었다. 계획대로 움직이는 여행이 제아무리 싫다 해도 이번 여행은 지금 다시 생각해도 참 무모했다. 특히 적응 기간이 필요했던 초반엔 다행히 권주영 언니, 노라 가족, 앤디 등을 만나서 다행이지, 그런 좋은 사람들을 만나지 않았더라면 아마 난 곧장 한국으로 돌아왔을 것이다.

첫 일주일은 글로 설명하지 못할 만큼 내게 너무나도 힘든 시간이었다. 파리에서 캠핑 생활을 하며 보낸 시간 역시 괴로운 나날이었다. 그러나 그럴 때마다 길에서 만나는 인연은 이 여행을 그만두고 싶어 하는 내 흔들리는 마음을 다잡아 주는 역할을 했고, 내가 이 여행을 해야 하는 이유와 내가 이 여행을 계속하고 싶게 만드는 이유가 되어 주었다. 이는 내가 전국 일주를 완주할 수 있었던 이유와도 같다. 하루도 쉬지 않고 매일 그렇게 열심히 달렸던 것 역시 새로운 사람을 만나는 그 즐거움에 재미 들렸기 때문이었다. 그렇게 내일은 어떤 사람을 만날까 하는 호기심으로 두 여행 모두 무사히 마칠 수 있었던 것이다.

그러나 유럽 자전거 여행은 전국 일주와는 차원이 달랐다. 불필요한 것을 빼고 뺐음에도 불구하고 미련이 가져온 무게는 여행이 끝날 때까지 내가 짊어지기엔 엄청났다. 초경량 텐트와 침낭에 자전거는 훨씬 가벼웠음에도 불구하고 해외에서 자전거로 여행한다는 것은 결코 쉬운 일이 아니었다. 여행을 많이 해 본 사람만이 무엇이 진짜 필요하고 안 필요한지를 아는 것 같다. 무언가에 대한 집착은 내려놓을수록 좋다.

여행을 떠날 땐 가끔 구체적으로 계획을 짜지 않는 것이 좋다고 생각한다. 사실 여행이란 게 계획한 대로 될 리가 없다(그렇다고 사서 고생할 필요까진 없었는데……). 난 완벽한 여행은 있을 수 없다고 생각한다. 완벽한 여행을 하기 위해 계획을 짜고 또 그 계획대로 매번 움직이고 행동했다면 아마 매번 내게 교훈을 줬던 상황도 오지 않았을 것이고, 잊을 수 없는 행복한 순간도 있을 수 없었을 것이다.

내가 처음에 유럽 여행 티켓을 편도로 끊었다면 어땠을까 언젠가 생각해 본 적이 있다. 내가 독일 프랑크푸르트를 아웃으로 해놓지 않았더라면, 물론 오디바이크 직원분들과 정성훈 오빠 같은 감사한 분들을 못 만날 수도 있었겠지만 재욱 오빠를 따라 불가리아 소피아까지 같이 갈 수도 있지 않았을까 생각하며 말이다(이는 실제로 그때 고민했던 부분이기도 하다). 그리고 아프리카까지 쫓아갔을지도. (누가 데려가 준대?)

내년에는 늦게 찾아온 목수의 꿈을 키우기 위해 캐나다로 떠날 예정이다. 그 전에는 미국 LA에서 알래스카로 올라가는 자전거 여행을 생각하고 있다. 가끔 자전거 여행에 기차를 타면 그것이 반칙이라고 생각하는 사람들이 있다. 완벽한 여행을 꿈꾸는가? 나 역시 유럽 자전거 여행을 계획할 당시 불가피한 구간을 제외하곤 자전거로만 유럽을 누빌 수 있을 줄 알았다. 그런데 여행 첫 날부터 난 그런 완벽한 여행을 할 수 없다는 걸 알았다. 기차를 한 번도 안 탔고, 돈은 얼마나 안 썼으며 얼마나 험한 여행을 했고 총 얼마를 달렸네 마네는 결코 내 여행에 있어서 중요한 부분이 아니라는 걸 여행 초에 이미 느낀 것이다. 물론, 자전거로만 그 넓은 땅을 교통수단 한 번 이용 없이 달린 것은 엄청나게 대단한 일이다. 난 그런 여행을 할 수 없기 때문에. 그러나 난 이 여행을 통해 내가 어떤 여행을 해야 되는지, 이게 어떤 여행이 돼야 되는지, 어떻게 여행해야 되는지, 앞으로 어떻게 살아가야 되는지 알게 되었다.

"완벽한 여행이 아니어도 괜찮아."(뭣이 중헌디!?)

마지막으로 많은 분들에게 이 자릴 빌려 다시 한번 감사 인사를 드리고 싶다. 먼저, 여행 당시 블로그를 통해 가슴 졸이시며 응원해 주셨던 어머니와 이 여행을 허락해 주셨던 아버지 그리고 친오빠, 항상 도움 많이 주시는 승민 아저씨, 자전거 여행 때마다 정말 천사 같이 도움을 주셨던 마바이크 사장님 그리고 여행 초반에 여행을 포기하려 했을 때 격려와 응원을 해 주셨던 블로그 이웃님들 그리고 끝까지 댓글로 힘을 주셨던 분들, 감사합니다. 아마 그때 달아 주신 댓글이 없었다면 이 멋진 여행은 없었을 겁니다. 친척, 친구, 언니 오빠들, 여행 중 만난 모든 분들, 웜샤워 호스트 분들, 갈 때마다 응원해 주시는 상일여중, 상일여고 선생님들, 너무 감사합니다. 호상사, 이원택 님, 트렉코리아,

스미스옵틱스, 세파스, 르꼬끄 모두 머리 숙여 감사합니다. 또 이 책을 출간하는 데 도움을 주신 책과나무 양옥매 실장님, 남다희 님, 조준경 님 모두 인내심을 갖고 작업해 주셔서 너무 감사합니다.

    모든 인연에 감사하며
    항상 감사히 사는 사람이 되겠습니다.

part1 #3 맨체스터에 나온
Bei Zhao. 맨체스터 호스텔에서 짜오.

이번 해 8월에 중국 상해에서 다시 만났다.
감회가 어찌나 새롭던지.

part2 #5 여행의 의미에 나온
디아비 마하메(Diaby Mahamet).

여행 당시 파리로 돌아오면 들르겠다고 약속했지만
계획을 바꾸는 바람에 약속을 지키지 못했다.
그 후 이메일도 보내 봤지만 답장은 없다.
친구 경수가 이번 해 파리로 여행을 갔다.
친구에게 나의 메시지를 전해 줄 것을 부탁하자.
친구는 내 부탁을 들어주었다.
그가 나에게 케이크와 쿠키를 주었듯
친구에게도 바게트와 연어샌드위치를 선물해 주었다.

"Happiness is only real when shared."

영화 〈Into the wild〉 中